U0908347

职业教育会计专业课程改革规划新教材

基础会计

第2版

主　编　周会林

参　编　徐晓云　金　兢　裴　畅

李　蓉　冯　欣　曹金融

褚　莹　顾关胜　邱　燕

机械工业出版社

本书内容包括总论、会计要素与会计等式、账户和复式记账、会计凭证、主要经济业务的核算、会计账簿、财产清查、财务会计报告、会计核算程序、会计档案共十个项目。

本书在总结和改进第1版的基础上，全面、系统地讲解了会计工作的基本原理、会计核算的基本方法和基本技能，以实际应用为目的，理论联系实际；强调由技能渐进到理论，模拟训练与教师指导相结合，文字通俗易懂、由浅入深；注重培养学生的理解和实践能力，是会计专业采用项目化教学的一次创新。

为了帮助读者夯实基础，提高学习效率，有效检验成果，本书不仅提供电子课件，还配备了习题集及参考答案，供读者同步练习。

本书可供中等职业学校会计专业学生使用，也可作为相关职业培训教材。

图书在版编目（CIP）数据

基础会计/周会林主编 .—2 版 .—北京：机械工业出版社，2015.5（2017.10 重印）

职业教育会计专业课程改革规划新教材

ISBN 978-7-111-51680-4

Ⅰ.①基… Ⅱ.①周… Ⅲ.①会计学—中等专业学校—教材 Ⅳ.①F230

中国版本图书馆 CIP 数据核字（2015）第 225607 号

机械工业出版社（北京市百万庄大街 22 号 邮政编码 100037）

策划编辑：李 兴 责任编辑：李 兴

版式设计：霍永明 责任校对：张 薇

封面设计：马精明 责任印制：李 飞

北京机工印刷厂印刷

2017 年 10 月第 2 版第 2 次印刷

184mm×260mm · 19.75 印张 · 476 千字

3 001—4 500 册

标准书号：ISBN 978-7-111-51680-4

定价：45.00 元

凡购本书，如有缺页、倒页、脱页，由本社发行部调换

电话服务 网络服务

服务咨询热线：010-88379833 机 工 官 网：www.cmpbook.com

读者购书热线：010-88379649 机 工 官 博：weibo.com/cmp1952

教育服务网：www.cmpedu.com

封面无防伪标均为盗版 金 书 网：www.golden-book.com

第2版前言

2014年5月，国务院印发了《国务院关于加快发展现代职业教育的决定》(国发〔2014〕19号，以下简称《决定》)。《决定》强调，加快发展现代职业教育，是党中央国务院作出的重大战略部署，而中等职业教育是现代职教体系的重要基础。本书是在上述良好发展前景的激励下，为适应中等职业学校教育教学方式、方法的改革，打破传统的教学模式，更好地开展中等职业学校财经类专业“基础会计”课程的教学，按照中职会计专业最新的教学要求，在第1版《基础会计》的基础上修订而成的，是中等职业教育会计专业系列规划教材之一，也是课程改革创新成果。中职会计专业的培养目标定位为会计员，就业单位为小企业。本书按照最新税法中有关“营业税”改“增值税”规定进行编写，使得会计处理方法与税法规定相一致。

本书的编写严格遵循《中华人民共和国会计法》以及《会计基础工作规范》的要求，以财政部最新颁布的《企业会计准则》为指导，同时根据企业会计业务的实际需要编写，注重实用性。每项经济业务均提供或注明了原始凭证，实现了教学与实际工作的零距离对接，做到了理论实践一体化，使学生能学以致用。为加强技能训练，每个项目后均附有仿真训练题。建议教学学时分配如下表所示。

教学学时分配表

项　　目	名　　称	建议教学、实训课时
一	总论	6
二	会计要素与会计等式	8
三	账户和复式记账	8
四	会计凭证	16
五	主要经济业务的核算	60
六	会计账簿	14
七	财产清查	10
八	财务会计报告	10
九	会计核算程序	6
十	会计档案	2
机动部分		4
合　　计		144

本书由江苏省中职会计专业特级教师、注册会计师、高级会计师、南京财经学校会计系主任周会林担任主编。参加编写的有徐晓云、金兢、裴畅、李蓉、冯欣、曹金融、褚莹、顾关胜、邱燕。

本书在修订过程中，吸纳了许多教师、学生的意见和建议，得到了有关领导、专家的帮助和支持，在此谨表谢意。鉴于编者水平有限，不足之处，敬请读者批评指正。

编　者

第1版前言

以就业为导向是当今世界职业技术教育的发展趋势。中等职业教育坚持以就业为导向，有利于学校正确把握中等职业教育的人才观、质量观和发展观，找准中等职业教育的定位和发展方向；有利于促进学校教育面向经济建设的主战场，主动适应社会、适应市场，准确把握市场对人才规格的要求，培养出国家经济建设需要、社会欢迎的人才。

本书突出的特色是采取任务驱动法，以“做中学、做中教”为理念，融“先理论后实践”、“边实践边理论”和“先实践后理论”为一体。在教学环境上，我们克服单纯学院式、课堂化教学环境的弊端，尽可能创设与实际工作环境接近的教学环境，实现学校环境与工作环境、校园文化与企业文化的有机融合。

本书包括十个项目，每个项目一般包括具体会计业务、会计理论知识、会计基础工作规范操作要求、案例分析和实务操作等内容。本教材将会计专业的学历教育内容与会计从业资格考试的内容进行了有机的整合，可谓一举两得，让学生既掌握会计基本理论知识又获得基本操作技能，为以后进一步学习其他会计专业知识奠定了基础。

本书的编写遵循了下列原则：

1）坚持以能力为本位，重视实践能力的培养。

2）坚持会计从业资格要求与学历要求并重。

3）在教材编写模式方面，坚持图文并茂，通俗易懂。

本书体现了下列特点：

1）针对性强。参加编写工作的各位作者都是来自教学一线的专业教师，有着丰富的教学和实践经验，对中等职业教育的教学要求和教学内容非常熟悉，因而教材的编写富有针对性。

2）实践性强。本书按照突出应用性、实践性的原则，在理论与实践相结合的基础上，适当压缩理论知识，扩展实践内容，注重培养学生的实践操作能力。

3）内容新颖。本书的内容体现了当前中职教学的新知识、新方法，利于学生综合素质和科学思维方式的形成以及创新能力的培养。

4）难易适度。本书主要满足中职会计专业的教学需求，对基础理论的讲解以应用为目的，以必需、够用为度，内容深入浅出，通俗易懂。

本书由南京财经学校高级讲师、注册会计师周会林老师主编，并参与项目五的编写工作。项目一和项目十由扬州生活科技学校褚莹老师编写，项目二由张家港职业教育中心校顾关胜老师编写，项目三由南京财经学校裴畅老师编写，项目四和项目六由南京财经学校李蓉老师编写，项目七和项目九由南京财经学校冯欣老师编写，项目八由南京财经学校曹金融老师编写。全书由周会林老师负责统稿。

选用本书作为教材的中等职业学校及其老师，可以通过机械工业出版社教材服务网（http：//www.cmpedu.com）获取助教课件。

本书在编写过程中，得到教育行政部门和相关行业、企业的专家就本书的编写理念、写作思路和框架结构等方面的方向性意见和指导性建议，在此表示感谢。由于编者水平有限，编写时间仓促，书中错误和不当之处在所难免，敬请广大读者批评指正。

编 者

目　录

项目一　总　　论 01

项目导航

学习目标

- 掌握会计的概念
- 掌握会计的基本职能
- 了解会计的对象
- 理解会计核算的基本前提
- 理解权责发生制和收付实现制的区别
- 熟悉会计核算的七种方法

具体任务

任务一　知悉会计的概念
任务二　理解会计核算的基本前提
任务三　掌握会计的核算基础
任务四　初识会计核算方法

任务一　知悉会计的概念

任务要求

1. 掌握会计的概念
2. 掌握会计的基本职能
3. 理解会计核算和监督内容
4. 了解会计的对象
5. 熟悉资金运动过程

知识储备

什么是会计？会计就是记账、算账、报账？会计就是财务部门工作的人？

说起会计，相信很少有人不知道，起码听说过，不少人还同它打过交道。但如果问一下什么是会计？恐怕许多人就不一定能确切地说出来了。

有人说，在财务部门工作的人就是会计。

不对，他说的是会计人员，这是一种职业。

又有人说，会计就是记账、算账、报账。

这也不全面，因为他只看到了会计人员所做的一些具体工作，还没有涉及会计的本质。

那么到底什么是会计？会计究竟是做什么工作？

一、会计的概念

会计是人类社会发展到一定历史阶段的产物，是随着社会生产的发展和经济管理的需要而产生、发展并不断完善起来的。在生产活动中，人类为了获得一定的劳动成果，必然要耗费一定的人力、物力和财力。

会计的概念可以表述为：会计是以货币为主要计量单位，反映和监督一个单位经济活动的一种经济管理工作。其含义包括以下四层，见表1-1。

表1-1 会计概念的四层含义

关 键 词	详 细 描 述
会计本质	会计是一种经济管理活动，它属于管理的范畴
会计主体	会计工作所服务的特定单位或组织，可以是一个企业或企业内部的一个独立核算的部门
货币计量	会计是以货币作为主要计量单位。除货币计量以外，还可运用实物计量（千克、吨、米、台、件等）和劳动计量（工作日、工时等）。但只有借助于统一的货币计量，才能取得经营管理上所必需的连续、系统、综合的会计资料
会计作用	会计的主要作用是反映和监督单位的经济活动

二、会计的基本职能

会计管理是通过会计的职能来实现的。会计的基本职能包括进行会计核算和实施会计监督两个方面。

（一）进行会计核算

会计核算贯穿于经济活动的全过程，是会计最基本的职能，也称反映职能。它是指会计以货币为主要计量单位，通过确认、计量、记录、报告等环节，对特定主体的经济活动进行记账、算账、报账，为各有关方面提供会计信息的功能。会计核算的四个环节见表1-2。

表1-2 会计核算的四个环节

关 键 词	详 细 描 述
确认	运用特定会计方法，以文字和金额同时描述某一交易或事项，使其金额反映在特定主体财务报表的合计数中的会计程序
计量	在会计确认过程中，用以描述某一交易或事项金额的会计程序
记录	对特定主体的经济活动采用一定的记账方法，在账簿中进行登记的会计程序
报告	在确认、计量和记录的基础上，对特定主体的财务状况、经营成果和现金流量情况以财务报表的形式向有关方面报告

会计核算的内容包括：①款项和有价证券的收付；②财物的收发、增减和使用；③债权、债务的发生和结算；④资本、基金的增减和经费的收支；⑤收入、费用、成本的计算；⑥财务成果的计算和处理；⑦其他需要办理会计手续、进行会计核算的事项。

（二）实施会计监督

会计的监督职能是指会计人员在进行会计核算的同时，对特定主体经济活动的合法性、合理性进行审查的功能。

会计监督的内容包括：①监督经济业务的真实性；②监督财务收支的合法性；③监督财产的完整性。

会计监督是一个过程，它分为事前监督、事中监督和事后监督。

会计监督职能要求会计人员在进行会计核算的同时，也要对特定主体经济业务的合法性、合理性进行审查。合法性审查是指保证各项经济业务符合国家有关法律法规，遵守财经纪律，执行国家有关方针政策，杜绝违法违纪行为；合理性审查是指检查各项财务收支是否符合特定主体的财务收支计划，是否有利于预算目标的实现，是否有奢侈浪费行为，是否有违背内部控制制度等现象，为增收节支、提高经济效益把关。

会计的两项基本职能是相辅相成、辩证统一的关系（见图 1-1）。会计核算是会计监督的基础，没有核算所提供的信息，监督就失去了依据；而会计监督又是会计核算质量的保障，只有核算没有监督，难以保证核算所提供信息的真实性、可靠性。

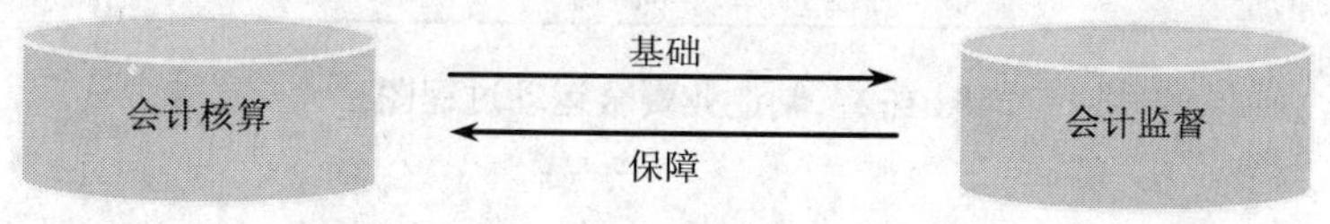

图 1-1　会计监督与会计核算的关系

除了上述两个基本职能外，会计还具有预测经济前景、参与经济决策和评价经营业绩等拓展职能。

三、会计的对象

会计的对象是指会计工作所要核算和监督的内容。凡是特定主体能够以货币表现的经济活动，都是会计核算和监督的内容，也就是会计的对象。

以货币表现的经济活动通常又称为价值运动或资金运动。企业的资金运动表现为资金投入、资金运用和资金退出的过程。

以制造业为例，其资金运动包括资金的投入、资金的循环与周转（包括采购过程、生产过程和销售过程）以及资金的退出三部分。

资金的投入包括企业所有者投入的资金和债权人投入的资金两部分。投入企业的资金按不同的资金占用形态表现为货币资金、原材料、机器设备等经济资源。

资金的循环和周转分为采购、生产、销售三个阶段。在采购过程中，企业要购买原材料等劳动对象，为生产储备必要的物资，由货币资金转化为储备资金；在生产过程中，劳动者借助于劳动资料对劳动对象进行加工，生产出产成品，同时发生各种耗费，如原材料消耗的材料费、机器设备磨损的折旧费、生产工人劳动耗费的人工费等，使储备资金及一部分货币资金转化为生产资金，进而转化为成品资金；在销售过程中，企业出售产品，收回货款，又使成品资金转化为货币资金。制造业的经营活动，使资金从货币资金依次经过储备资金形态、生产资金形态、成品资金形态再回到货币资金形态的资金运动过程，称为资金循环。随着企业生产经营过程的不断进行，资金运动周而复始地不断循环，称为资金周转。

资金的退出，包括偿还各项债务、上缴各项税费、向所有者分配利润等，使得部分资金退出本企业的资金循环与周转。

制造业资金运动过程如图1-2所示。

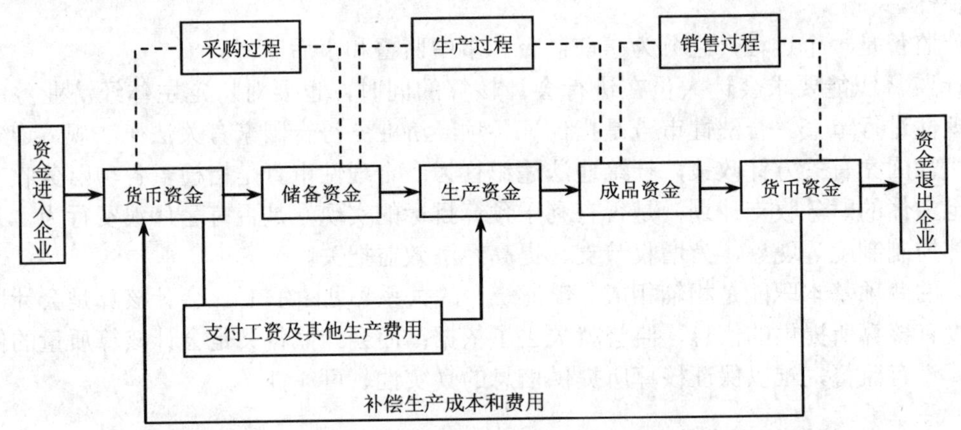

图1-2 制造业资金运动过程图

任务二 理解会计核算的基本前提

任务要求

1. 知悉会计主体、持续经营、会计分期和货币计量的概念
2. 理解会计核算的基本前提

知识储备

如果一个企业花了80 000元购买了20台计算机，那么该企业是按照80 000元记账还是按20台记账？什么时候记账呢？

本任务学习会计核算的基本前提，帮你解决这个疑惑。

会计核算的基本前提又称为会计假设，是进行会计核算时必须明确的前提条件。明确会计核算基本前提的主要目的是当会计实务中出现一些不确定因素时，为了能进行正常的会计业务处理，而对会计领域里存在的某些尚未明确且无法正面论证和证实的事项所做的符合客观情理的推断和假设。会计核算的基本前提包括会计主体、持续经营、会计分期和货币计量四项，如图 1-3 所示。

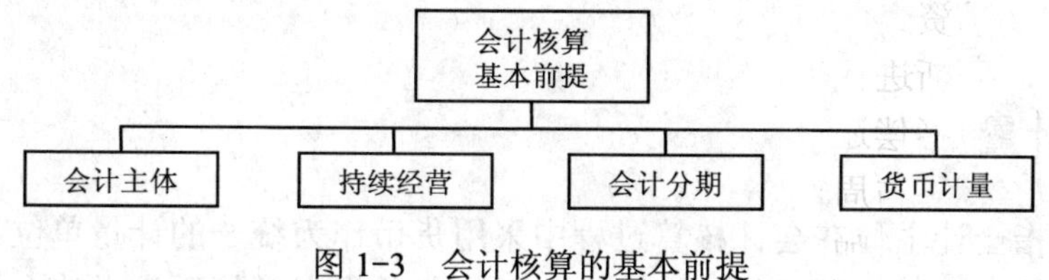

图 1-3 会计核算的基本前提

一、会计主体

会计主体，是指会计工作所要核算和监督的特定单位或者组织，它界定了从事会计工作和提供会计信息的空间范围。

只有明确会计主体，才能界定不同会计主体会计核算的范围，把握会计处理的角度。通过界定会计核算的范围，才能正确反映会计主体的资产、负债和所有者权益情况，才能准确提供反映企业财务状况和经营成果的财务报表，才能提供会计信息的使用者所需要的信息资料。

然而，会计主体与法律主体（法人）并非是对等的概念，法人可作为会计主体，但会计主体不一定是法人。

例如，在企业集团中，一个母公司拥有若干个子公司，企业集团在母公司的统一领导下开展经营活动。母子公司虽然是不同的法律主体，但为了全面地反映企业集团的财务状况、经营成果和现金流量，就有必要将这个不是法律主体的企业集团作为会计主体，编制合并会计报表。又如，独立核算的生产车间、销售部门也可以作为一个会计主体来反映其财务状况，但它们都不是法律主体。

二、持续经营

持续经营是指会计主体在可以预见的未来，将根据正常的经营方针和既定的经营目标持续经营下去，即在可预见的未来，该会计主体不会破产清算，所持有的资产将正常营运，所承担的债务将正常偿还。

会计核算上所使用的一系列的会计处理方法和原则都是建立在持续经营的基础上，明确这个基本前提，就意味着会计主体将按照既定的用途使用资产，按照既定的合约条件清偿债务，会计人员就可以在此基础上选择会计原则和方法。

三、会计分期

会计分期是指将一个会计主体持续经营的生产经营活动划分成若干相等的会计期间，以便分期结算账目和编制财务会计报告。

根据我国《企业会计制度》的规定，会计期间分为年度、半年度、季度和月度。年度、半年度、季度和月度均按公历起讫日期确定。以一年作为一个会计期间称为会计年度，我国的会计年度从每年1月1日至12月31日，短于一年的会计期间统称为会计中期。

会计期间的划分，有利于企业及时结算账目、编制财务报告以及提供反映企业经营情况的财务信息。

四、货币计量

货币计量是指会计主体在会计核算过程中采用货币作为统一的计量单位。

企业的会计核算应以人民币作为记账本位币。业务收支以外币为主的企业也可以选择某种外币作为记账本位币，但编制的财务会计报告应当折算为人民币。在境外设立的中国企业向国内报送的财务会计报告，也应当折算为人民币。

上述会计核算的四项基本前提，具有相互依存、相互补充的关系。会计主体确立了会计核算的空间范围，持续经营与会计分期确立了会计核算的时间长度，而货币计量则为会计核算提供了必要手段。没有会计主体，就不会有持续经营；没有持续经营，就不会有会计分期；没有货币计量，就不会有现代会计。

任务三 掌握会计的核算基础

任务要求

理解权责发生制和收付实现制的区别

知识储备

如果本月收到上月销售产品的5 000元货款并存入银行，那么这5 000元是属于本月的收入还是上月的收入？

请看一看会计的核算基础，本任务会解决你的疑问。

会计的核算基础一般有权责发生制和收付实现制（见图1-4）。在我国，企业应当采用权责发生制作为会计核算基础。

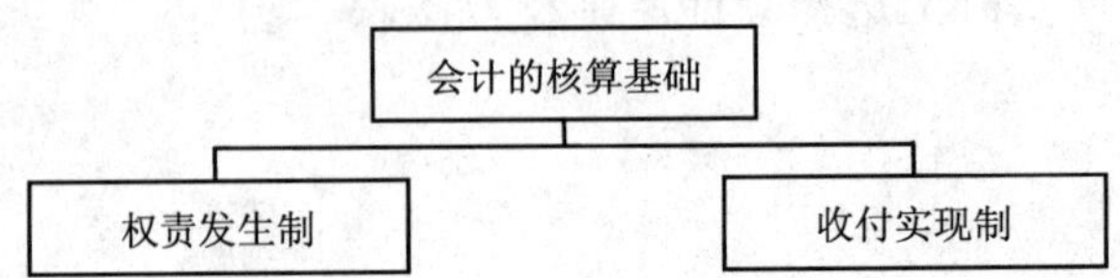

图1-4 会计的核算基础

权责发生制是指以收入和费用是否已经发生为标准来确认收入和费用归属时期的一种

会计处理方法。其主要内容是：凡是当期已经实现的收入和已经发生或应当负担的费用，不论款项是否收付，都应作为当期的收入和费用处理；凡是不属于当期的收入和费用，即使款项已经在当期收付，也不应作为当期的收入和费用处理。

收付实现制是指以实际收到或付出款项的日期确认收入或费用归属期的一种会计处理方法。权责发生制原则主要是从应收应付的时间上规定会计确认的基础，其核心是根据权责关系的实际发生期间来确认收入和费用。

例如，本月收到上月销售产品的 5 000 元货款存入银行，在这种情况下，如果采用收付实现制，这笔货款应当作为本月的收入，因为货款是本月收到的；如果采用权责发生制，则此项收入不能作为本月收入，因为它不是本月实现的。

根据权责发生制进行收入与成本费用的核算，能够更加准确地反映企业一定会计期间的经营成果。

任务四　初识会计核算方法

任务要求

1. 了解会计的方法
2. 初识会计核算方法

知识储备

三百六十行，行行出状元，各行工作都有各自的工作技巧。会计发展到今天，一定有其独到的工作方法。那么会计的工作方法是什么呢？会计人员又是如何记账呢？

本任务会告诉你会计的核算方法。

一、会计的方法

会计的方法是履行会计职能、完成会计任务、实现会计目标的方式，是会计管理的手段。会计方法具体包括会计核算方法、会计分析方法和会计检查方法。其中，会计核算方法是会计方法中最基本的方法，本书主要学习会计核算方法。

二、会计核算方法

会计核算方法是对经济业务进行全面、连续、系统的记录和计算，为经营管理提供必要的信息所应用的方法，是整个会计方法体系的基础。会计核算方法一般包括设置账户、复式记账、填制和审核凭证、登记账簿、成本计算、财产清查和编制财务会计报告七种方法。其具体内容见表1-3。

表1-3 会计核算方法的内容

会计核算方法	概念	内容链接
设置账户	是指对会计对象要素的具体内容进行归类、核算和监督的一种专门方法	详见项目三
复式记账	是指对每一笔经济业务，以相等的金额在两个或两个以上相互联系的账户中进行登记的一种专门方法	详见项目三
填制和审核凭证	是记录经济业务、明确经济责任的书面证明，是登记账簿的依据	详见项目四
登记账簿	登记账簿就是在账簿中连续、完整、科学地记录和反映经济活动及财务收支的一种方法	详见项目六
成本计算	是指按照一定的成本对象，对生产经营过程中所发生的成本、费用进行归集，以确定各对象的总成本和单位成本的一种专门方法	详见项目五
财产清查	是指通过盘点实物、核对往来款项等，以查明财产实有数的一种专门方法	详见项目七
编制财务会计报告	是指以书面报告的形式，定期总括反映生产经营活动的财务状况和经营成果的一种专门方法	详见项目八

上述会计核算的各种专门方法，是一个完整的方法体系。对于日常所发生的各种经济业务，都要填制和审核凭证；按照规定的账户，运用复式记账法记入有关账簿；对于经营过程中发生的各项费用，应当进行成本计算；一定时期终了，通过财产清查，在账证相符、账账相符、账实相符的基础上，根据账簿记录编制财务会计报告。

项目总结

会计是指以货币为主要计量单位，反映和监督一个单位经济活动的一种经济管理工作。会计管理是通过会计的职能来实现的，主要通过进行会计核算和实施会计监督两个基本职能体现，也就是对特定主体能够以货币表现的经济活动进行会计核算和监督，即会计的对象。

进行会计核算时必须明确会计主体、持续经营、会计分期和货币计量四个前提条件，会计主体确立了会计核算的空间范围，持续经营与会计分期确立了会计核算的时间长度，而货币计量则为会计核算提供了必要手段。

会计核算的基础一般有权责发生制和收付实现制。在我国，企业应当采用权责发生制作为会计核算基础，能够更加准确地反映特定会计期间企业真实的财务状况及经营成果。

会计核算方法是对经济业务进行全面、连续、系统的记录和计算，为经营管理提供必要的信息所应用的方法，它是整个会计方法体系的基础。会计核算方法一般包括设置账户、复式记账、填制和审核凭证、登记账簿、成本计算、财产清查和编制财务会计报告七种方法。

项目二　会计要素与会计等式 02

项目导航

学习目标

- 熟悉会计要素的定义
- 掌握反映企业财务状况的会计要素
- 掌握反映企业经营成果的会计要素
- 掌握经济业务对会计等式产生的影响

具体任务

任务一　知悉反映企业财务状况的会计要素
任务二　知悉反映企业经营成果的会计要素
任务三　掌握静态会计等式
任务四　掌握动态会计等式

任务一　知悉反映企业财务状况的会计要素

任务要求

1. 熟悉资产、负债和所有者权益的定义
2. 了解资产、负债和所有者权益的分类
3. 知悉资产、负债和所有者权益的具体内容

知识储备

什么是会计要素？会计要素就是会计、笔、账本吗？

会计要素是对会计对象进行的基本分类，是会计核算对象的具体化。会计要素的分类可

以包括两大类六个具体会计要素，见表 2-1。

表 2-1 会计要素的分类

关 键 词	具 体 内 容	作 用
静态会计要素	资产、负债、所有者权益	反映企业的财务状况
动态会计要素	收入、费用、利润	反映企业的经营成果

财务状况是指企业某一特定日期的资产、负债和所有者权益情况，是资金运动的静态表现。反映财务状况的会计要素包括资产、负债和所有者权益三项，见表 2-2。

表 2-2 资金运动的静态会计要素

关 键 词	详 细 描 述
资产	资产是指企业过去的交易或者事项形成的、并由企业拥有或者控制的、预期会给企业带来经济利益的资源
负债	负债是指企业由过去的交易或者事项形成的、预期会导致经济利益流出企业的现时义务
所有者权益	所有者权益又称为净资产，是指企业资产扣除负债后由所有者享有的剩余权益。公司的所有者权益又称为股东权益

一、资产

资产是什么？以前的、现在的、未来将拥有的资产都是企业的资产吗？

（一）资产的特征

资产的确认应当具备下列三个特征，具体内容见表 2-3。

表 2-3 资产的特征

关 键 词	详 细 描 述
经济利益	预期会给企业带来经济利益，是指直接或者间接导致现金或现金等价物流入企业的潜力。资产都应能够为企业带来经济利益，如企业通过收回应收账款、出售商品等直接获得经济利益，也可以通过对外投资以获得股利或参与分配利润的方式间接获得经济利益
拥有或控制	由企业拥有或者控制，是指企业享有某项资源的所有权，或者虽然不享有某项资源的所有权，但该项资源能被企业所控制
过去	资产是由过去的交易或事项形成的。也就是说，资产是过去已经发生的交易或事项所产生的结果，资产必须是现实的资产，而不能是预期的资产。未来交易或事项可能产生的结果不能作为资产确认。只有过去发生的交易或者事项才能增加或减少企业的资产，而不能根据谈判中的交易或计划中的经济业务来确认资产

1．资产是预期能给企业带来经济利益的经济资源

按照这一特征，那些已经没有经济价值、不能给企业带来经济利益的资产，就不能继续将其确认为企业的资产。如企业已经报废的机器设备，已不能给企业带来经济利益，所以就不能再将其确认为企业的资产。

【例 2-1】 下列各项中，不符合资产要素定义的是（　　）。

A．库存商品　　B．委托加工物资　　C．库存原材料　　D．毁损的材料

本例中，正确选项是 D。因为“毁损的材料”预期不能给企业带来经济利益，因此不符合资产要素的定义。而选项 A“库存商品”、选项 B“委托加工物资”和选项 C“库存原材料”

都是企业控制或拥有的、并能够为企业带来经济利益的资源，因此均符合资产要素的定义。

2．资产是企业拥有或控制的资源

【例 2-2】 甲企业的加工车间有两台设备。A 设备是从乙企业融资租入获得，B 设备是从丙企业以经营租入方式获得，目前两台设备均投入使用。A、B 设备是否为甲企业的资产？

这里应注意区分经营租入与融资租入。甲企业对经营租入的 B 设备既没有所有权也没有控制权，因此 B 设备不应确认为甲企业的资产。而甲企业对融资租入的 A 设备虽然没有所有权，但享有与所有权相关的风险和报酬的权利，即拥有实际控制权。因此应将 A 设备确认为甲企业的资产。

3．资产是由过去的交易或事项形成的

【例 2-3】 甲企业计划在 10 月份购买一批机器设备，5 月份与销售方签订购买合同，但实际购买行为将在 10 月份发生，因此甲企业不能在 5 月份将该批机器设备确认为资产。

（二）资产的分类

资产按其流动性不同，可以分为流动资产和非流动资产。流动性是指它们变为现金或被耗用的难易程度（变现能力）。变现快，说明流动性强；变现慢，说明流动性弱。资产的具体分类见表 2-4。

表 2-4　资产的分类

类　别	概　念	分类内容	详细描述	举　例
流动资产	是指预计在一个正常营业周期中变现、出售或耗用，或者主要为交易目的而持有，或者预计自资产负债表日起一年内（含一年）变现的资产，以及自资产负债表日起一年内交换其他资产或清偿负债的能力不受限制的现金或现金等价物	库存现金	是指由企业出纳人员保管并存放在企业内部保险柜里的现钞（即钞票），包括人民币和各种外币	人民币现钞、美元现钞等
		银行存款	是指企业存放在银行的货币资金	企业在农业银行的人民币存款、在中国银行的美元存款等
		应收票据	是指企业因销售商品、提供劳务等而收到的商业汇票	商业承兑汇票、银行承兑汇票
		应收及预付款项	是指企业在日常生产经营过程中发生的各种债权，包括应收账款、预付款项、其他应收款等	某企业欠本企业的货款、出差人员预借的差旅费
		存货	是指企业为生产或销售而储存的各种原材料、在产品、产成品等流动资产	仓库中可以出售的产品、生产用的原材料
非流动资产	是指流动资产以外的资产	固定资产	是指同时具有以下两个特征的有形资产：为生产商品、提供劳务、出租或经营管理而持有的；使用寿命超过 1 个会计年度	房屋及建筑物、机器设备、运输设备等
		无形资产	是指企业拥有或者控制的没有实物形态的可辨认非货币性资产	专利权、非专利技术、商标权、著作权、土地使用权和特许权等

二、负债

负债是指企业由过去的交易或者事项形成的、预期会导致经济利益流出企业的现时义务。

（一）负债的特征

负债是企业承担的，以货币计量的，将来需要以资产或劳务偿还的债务。它代表着企业偿债责任和债权人对资产的求索权。

负债的具体特征见表2-5。

表2-5 负债的特征

关键词	详细描述
现时义务	负债是企业承担的现时义务。现时义务是指企业在现行条件下已承担的义务。未来发生的交易或者事项形成的义务不属于现时义务，不应当确认为负债
流出	负债的清偿预期会导致经济利益流出企业。清偿负债导致经济利益流出企业的形式多种多样，如用现金偿还或以实物资产偿还、以提供劳务偿还、部分以资产偿还部分以提供劳务形式偿还、将负债转为所有者权益等
过去	负债是由过去的交易或事项形成的。作为现时义务，负债是过去已经发生的交易或事项所产生的结果。只有过去发生的交易或事项才能增加或减少企业的负债，而不能根据谈判中的交易或事项或计划中的经济业务来确认负债。如企业计划明年1月向银行贷款10万元，则该项贷款就不能作为企业的负债

（二）负债的分类

负债按偿还期的长短不同，可以分为流动负债和非流动负债。

负债的具体分类见表2-6。

表2-6 负债的分类

类别	概念	分类内容	详细描述	举例
流动负债	是指预计在一个正常营业周期中偿还，或者主要为交易目的而持有，或者自资产负债表日起1年内（含1年）到期应予以清偿，或者企业无权自主地将清偿期推迟至资产负债表日后1年以上的负债	短期借款	是指企业向银行或其他金融机构等借入的期限在1年以下（含1年）的各种借款	期限为6个月的流动资金借款
		应付票据	是指企业因购买材料、商品、接受劳务供应等而开出的商业汇票	本单位因支付货料款而签发给某单位的商业承兑汇票
		应付账款	是指企业因购买材料、商品、接受劳务供应等而应付给供应单位的款项	本单位购买材料，货款尚未支付
		预收款项	是指企业按照合同规定向购货单位预收的款项	按合同规定预收某购货企业3万元货款
		应交税费	是指企业应向国家缴纳的各种税费	本单位上月所欠增值税8万元
		应付职工薪酬	是指企业根据有关规定应付给职工的各种薪酬	应支付的职工工资20万元
		应付利息	是指企业按照合同约定应支付的利息	向银行借款应支付的借款利息
		应付股利	是指企业应付给投资者的现金股利或利润	应向投资者支付的现金股利60万元
		其他应付款	是指企业除应付票据、应付账款、预收款项、应付利息、应付股利等以外的其他各种应付及暂收款项	收到的出借包装物的押金1万元

（续）

类　别	概　念	分类内容	详细描述	举　例
非流动负债	是指流动负债以外的负债	长期借款	是指企业向银行或其他金融机构等借入的期限在1年以上的各种借款	向银行借入的期限为5年的基本建设资金借款100万元
		应付债券	是指企业发行的1年期以上的债券	企业发行的期限为5年的债券1 000万元

三、所有者权益

所有者权益又称为净资产，是指企业资产扣除负债后由所有者享有的剩余权益。公司的所有者权益又称为股东权益。

（一）所有者权益的构成

所有者权益的来源包括所有者投入的资本、直接计入所有者权益的利得和损失、留存收益等。所有者权益的来源见表2-7。

表2-7　所有者权益的来源

关键词	详细描述		涉及科目
所有者权益	所有者投入的资本		实收资本
			资本公积——资本溢价
	直接计入所有者权益的利得		资本公积——其他资本公积
	直接计入所有者权益的损失		资本公积——其他资本公积
	留存收益	盈余公积	法定盈余公积、任意盈余公积
		未分配利润	利润分配——未分配利润

（二）所有者权益的特征

所有者权益与债权人权益比较，一般具有以下基本特征，见表2-8。

表2-8　所有者权益的特征

关键词	详细描述
剩余权益	权益可分为债权人权益（负债）和所有者权益。债权人的权益优先于所有者权益，即企业的资产必须在保证企业所有的债务得以清偿后，才归所有者享有。因此，所有者权益在数量上等于企业的全部资产减去企业的全部负债后的余额，它是在保证了债权人权益之后的一种权益，即剩余权益
不需偿还	除非发生减资、清算，否则企业不需要偿还所有者权益
参与分配	所有者凭借所有者权益能够参与企业利润的分配

（三）所有者权益的内容

所有者权益一般分为实收资本（或股本）、资本公积、盈余公积和未分配利润等项目。所有者权益的内容见表2-9。

表2-9 所有者权益的具体内容

类别	概念	分类内容	详细描述	举例
实收资本	是指所有者投入的构成企业注册资本或者股本部分的金额	实收资本（或股本）	是指所有者投入的构成企业注册资本或者股本部分的金额	企业投资者投入设备一套，价值100万元
资本公积	包括资本溢价（或股本溢价）以及直接计入所有者权益的利得和损失等	资本溢价（或股本溢价）	是指所有者投入的资本中超过注册资本或股本部分的金额	投资协议规定A向B单位投资1 000万元，A单位实际投资1 050万元，则50万元为B单位的资本溢价
		直接计入所有者权益的利得	利得是指由企业非日常活动所形成的、会导致所有者权益增加的、与所有者投入资本无关的经济利益的流入	可供出售金融资产公允价值的增加部分
		直接计入所有者权益的损失	损失是指由企业非日常活动所发生的、会导致所有者权益减少的、与向所有者分配利润无关的经济利益的流出	可供出售金融资产公允价值的损失部分
盈余公积	是指企业按规定从净利润中提取的企业积累资金	法定盈余公积	根据公司法规定从税后净利润中提取的企业积累资金	上市公司按照税后利润的10%比例提取的积累资金
		任意盈余公积	根据企业自身要求从税后净利润中提取的企业积累资金	上市公司按照股东大会的决议提取税后利润的20%的积累资金
未分配利润	是企业留待以后年度分配的利润或本年度待分配利润	反映企业累计未分配利润或累计未弥补亏损	是期初未分配利润加上本期实现的净利润，减去提取的各种盈余公积和分出的利润后的余额	企业尚未分配的利润250万元

任务二 知悉反映企业经营成果的会计要素

任务要求

1. 熟悉收入、费用和利润的定义
2. 了解收入、费用和利润的分类
3. 知悉收入、费用和利润的内容

知识储备

哪些是反映企业经营成果的会计要素？企业生产出来的产品是企业经营成果吗？

一、收入

收入是指企业在日常活动中形成的、会导致所有者权益增加的、与所有者投入资本无关的经济利益的总流入。其中，日常活动是指销售商品、提供劳务及让渡资产使用权等活动。

1．收入的特征

要确认企业的收入，应当符合收入的具体特征，见表 2-10。

表 2-10　收入的特征

关 键 词	详 细 描 述
日常经营活动	收入是从企业的日常经营活动中产生的，而不是从偶发的交易或事项中产生的
增加	收入能引起所有者权益增加
经济利益流入	收入的取得会导致经济利益流入企业，表现为资产的增加或负债的减少，或者两者兼而有之
	收入只包括本企业经济利益的流入，不包括为第三方或客户代收的款项
无关	收入与所有者投入资本无关

2．收入的分类

按照企业从事日常活动的性质及其重要性可将收入分为不同的类别。收入的具体分类见表 2-11。

表 2-11　收入的分类

分类标准	类　别	特　征	举　例
收入在企业所处的地位	主营业务收入	企业经常发生的、主要业务所产生的收入，它一般占企业营业收入的比重很大	销售产品获得的收入、提供工业性劳务获得的收入
	其他业务收入	从日常经营活动中取得的主营业务以外的兼营收入，它一般占企业营业收入的比重不大	工业性企业销售原材料获得的收入、出租包装物获得的收入、工业企业提供运输业务获得的收入
收入的性质	商品销售收入	是销售商品、自制半成品而取得的收入	服装厂销售成衣、纱厂销售棉纱
	提供劳务收入	是指提供劳务而取得的收入	服装厂代客户加工成衣而收取的加工费
	让渡资产使用权收入	让渡资产使用权收入，包括利息收入、使用费收入等	转让专利权的使用权获得的收入

二、费用

费用是指企业在日常活动中发生、会导致所有者权益减少、与向所有者分配利润无关的经济利益的总流出。费用只有在经济利益很可能流出，从而导致企业资产减少或者负债增加，且经济利益的流出额能够可靠计量时才能予以确认。

1. 费用的特征

要确认企业的费用，应当具备费用的特征。费用的具体特征见表2-12。

表2-12 费用的特征

关键词	详细描述
日常经营活动	费用是从企业的日常经营活动中发生的
流出	费用会导致经济利益流出企业，表现为企业资产的减少或负债的增加，或者两者兼而有之
减少	费用会导致企业所有者权益的减少
无关	与所有者分配利润无关

2. 费用的分类

费用按其经济用途可分为生产费用（计入产品成本的费用）和期间费用（不计入产品成本的费用）。费用的具体分类见表2-13。

表2-13 费用的分类

分类标准	类别	特征	具体构成
费用的经济用途	生产费用	计入产品成本	直接材料
			直接人工
			制造费用
	期间费用	不计入产品成本，计入当期损益	销售费用
			管理费用
			财务费用

三、利润

利润是指企业在一定会计期间的经营成果，包括收入减去费用后的净额、直接计入当期利润的利得和损失等。

利润可分为营业利润、利润总额和净利润。利润的具体计算方法见表2-14。

表2-14 利润的计算方法

计算项目	计算公式
营业利润	营业利润=营业收入-营业成本-税金及附加-期间费用（包括销售费用、管理费用和财务费用）-资产减值损失+公允价值变动净收益+投资净收益
利润总额	利润总额=营业利润+营业外收入-营业外支出
净利润	净利润=利润总额-所得税费用

任务三　掌握静态会计等式

任务要求

1. 理解并掌握静态会计等式
2. 理解并掌握经济业务对静态会计等式的影响

知识储备

一、静态会计等式的建立

六项会计要素反映了资金运动的静态和动态两个方面，具有紧密的相关性，它们在数量上存在着特定的平衡关系，这种平衡关系用公式来表示就是会计等式。会计等式是反映会计要素之间平衡关系的计算公式，是各种会计核算方法的理论基础。

任何企业要正常地开展经营活动，必须拥有一定数量的经济资源，如库存现金、房屋、机器设备、场地等。只有拥有了经济资源，企业才能取得经济效益，而这些经济资源在会计上称为资产。企业的这些资产又必然有其来源渠道，归纳起来一般有两种：一是由投资人提供，如政府部门、其他企业、个人等；二是由债权人提供，如企业向银行借款、向社会公众发行债券等。为企业提供资产来源的人，对企业的资产就具有索偿权，这种索偿权在会计上称为权益。其中，属于投资人提供的，在会计上称为所有者权益；属于债权人提供的，在会计上称为债权人权益，对企业而言，又称为负债。

由此可见，资产和权益是同一资金的两个方面。资产表示企业拥有的经济资源，权益则表示经济资源的来源。因此资产和权益相互依存，没有权益就没有资产，没有资产也就无所谓权益，两者在数量上体现为必然相等的关系。这种关系可用公式表达如下：

资产=权益

由于权益由所有者权益和债权人权益两部分组成，因此上述公式可进一步表述为：

资产=债权人权益+所有者权益

即

资产=负债+所有者权益

上述会计等式称为会计基本等式，又称为第一会计等式。这一等式反映企业资金运动过程中某一特定时点上资产的分布和权益的构成。资产、负债和所有者权益是企业资金运动在相对静止状态下的基本内容，是资金运动的静态表现。资产与权益的恒等关系是复式记账法的理论基础，也是企业会计中设置账户、试算平衡和编制资产负债表的理论依据。

二、经济业务对静态会计等式的影响

经济业务是指能引起会计要素发生增减变化的一切业务事项。企业经济业务的发生对资

产、负债和所有者权益的影响归纳起来有四大类型，具体内容见表2-15和表2-16。

表2-15 经济业务对会计要素的四类影响

序号	影响方式
(1)	资产与权益同时增加，增加的金额相等
(2)	资产与权益同时减少，减少的金额相等
(3)	资产内部有增有减，增减金额相等
(4)	权益内部有增有减，增减金额相等

这四大类型的经济业务进一步展开，又可出现以下九种情形，具体见表2-16。

表2-16 经济业务对会计要素影响的九种情形

序号	影响方式
(1)	资产与负债同时增加，增加的金额相等
(2)	资产与所有者权益同时增加，增加的金额相等
(3)	资产与负债同时减少，减少的金额相等
(4)	资产与所有者权益同时减少，减少的金额相等
(5)	一项资产增加，一项资产减少，增减金额相等
(6)	一项负债增加，一项负债减少，增减金额相等
(7)	一项所有者权益增加，一项所有者权益减少，增减金额相等
(8)	一项所有者权益增加，一项负债减少，增减金额相等
(9)	一项负债增加，一项所有者权益减少，增减金额相等

无论经济业务引起资产、负债和所有者权益发生怎样的增减变化，都不会破坏会计等式的平衡关系。下面举例说明经济业务对会计等式的影响。

【例2-4】 佳佳数码相机有限公司2015年1月31日资产总额为500万元，负债和所有者权益总额为500万元，资产与权益总额相等。假如佳佳公司2015年2月份发生以下引起资产、负债、所有者权益变动的经济业务事项：

1）佳佳公司收到B公司投入资金10万元，款项已存入银行。

这笔经济业务发生后，佳佳公司资产中的银行存款和所有者权益中的实收资本同时增加了10万元。由于资产与所有者权益都以相等的金额同时增加，因此资产与权益的数量关系变成了：资产=权益=510万元，资产与权益仍然相等。

2）佳佳公司向银行借入3个月期限的短期借款2万元，存入银行存款账户。

这笔经济业务发生后，佳佳公司资产中的银行存款和负债中的短期借款同时增加了2万元。由于资产与负债都以相等的金额同时增加，因此资产与权益的数量关系变成了：资产=权益=512万元，资产与权益仍然相等。

3）佳佳公司以银行存款偿还上月所欠C公司材料款2万元。

这笔经济业务发生后，佳佳公司资产中的银行存款和负债中的应付账款同时减少了2万元。由于资产与权益都以相等的金额同时减少，因此资产与权益的数量关系变成了：资产=权益=510万元，资产与权益仍然相等。

4）佳佳公司因缩小经营规模，经批准减少注册资本 5 万元，并以银行存款发还给投资者。

这笔经济业务发生后，佳佳公司资产中的银行存款和所有者权益中的实收资本同时减少了 5 万元。由于资产与所有者权益都以相等的金额同时减少，因此资产与权益的数量关系变成了：资产=权益=505 万元，资产与权益仍然相等。

5）佳佳公司向银行提取现金 12 万元。

这笔经济业务发生后，佳佳公司资产中的库存现金增加了12 万元，资产中的银行存款同时减少了 12 万元，该业务属于资产内部有增有减，不影响资产和权益总额的变化，因此资产与权益的数量关系仍然为：资产=权益=505 万元，资产与权益仍然相等。

6）经批准佳佳公司将盈余公积 8 万元转增资本。

这笔经济业务发生后，佳佳公司所有者权益中的实收资本增加了 8 万元，所有者权益中的盈余公积同时减少了 8 万元，属于所有者权益内部有增有减，不影响资产和权益的总额变化，因此资产与权益的数量关系仍然为：资产=权益=505 万元，资产与权益仍然相等。

7）经协商，银行同意将佳佳公司所欠 3 个月期限的短期借款10 万元延迟偿还，期限为两年。

这笔经济业务发生后，佳佳公司负债中的长期借款增加了10万元，同时负债中的短期借款减少了 10 万元，该业务属于负债内部有增有减，不影响资产与权益的总额变化，因此资产与权益的数量关系仍然为：资产=权益=505 万元，资产与权益仍然相等。

8）经与债权人协商并经有关部门批准，佳佳公司将所欠 4 万元的应付账款转为资本。

这笔经济业务发生后，佳佳公司负债中的应付账款减少了 4 万元，所有者权益中的实收资本增加了 4 万元，该业务属于负债减少，所有者权益增加，但增减金额相等，所以不影响资产和权益的总额变化，因此资产与权益的数量关系仍然为：资产=权益=505 万元，资产与权益仍然相等。

9）经股东会议决议，佳佳公司准备向投资者分配利润 3 万元。

这笔经济业务发生后，佳佳公司负债中的应付股利增加了 3 万元，所有者权益中的未分配利润减少了 3 万元，该业务属于负债增加，所有者权益减少，但增减金额相等，所以不影响资产和权益的总额变化，因此资产与权益的数量关系仍然为：资产=权益=505 万元，资产与权益仍然相等。

由此可见，企业的经济业务无论怎样发生，能引起资产和权益发生增减变动的，归纳起来为四大类型，而这四大类型的经济业务又无论怎样变化都不会破坏上述会计等式的平衡关系。企业在任何时点所有的资产总额总是等于负债加所有者权益总额。

以上类型的经济业务对静态会计等式的影响如图 2-1 所示。

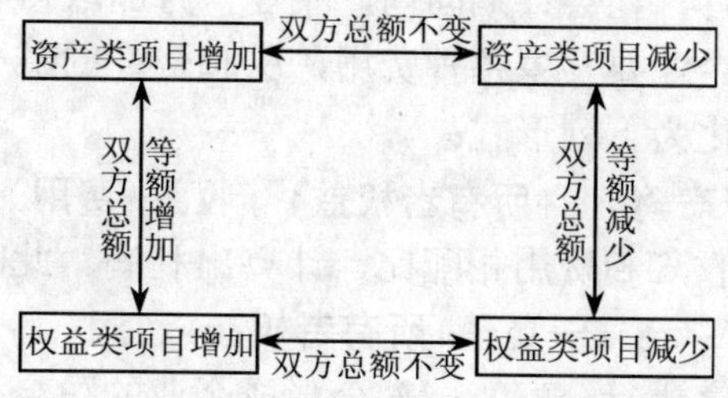

图 2-1 经济业务对静态会计等式的影响

任务四 掌握动态会计等式

任务要求

1. 理解并掌握动态会计等式
2. 理解会计要素之间的关系
3. 了解会计静态等式和动态等式的内在规律

知识储备

一、动态会计等式的建立

企业经营的目的是为了获取收入，实现盈利。企业在取得收入的同时，也必然要发生相应的费用。通过收入与费用的比较，才能确定企业一定时期的盈利水平。

广义而言，企业一定时期所获得的收入扣除所发生的各项费用后的余额，即表现为利润。在实际工作中，由于收入不包括处置固定资产净收益、固定资产盘盈、出售无形资产收益等，费用也不包括处置固定资产净损失、自然灾害损失等。所以，收入减去费用并经过调整后才等于利润，用公式表示为：

收入−费用=利润

这一会计等式可称为第二会计等式，是资金运动的动态表现，体现了企业一定时期内的经营成果。收入、费用和利润之间的上述关系，是企业编制利润表的理论依据。

二、全部会计要素之间的关系

在会计期初，资金运动处于相对静止状态，企业既没有取得收入，也没有发生费用，因此会计等式就表现为：

资产=负债+所有者权益

随着企业经营活动的进行，在会计期间内，企业一方面取得收入，并因此引起资产的增加或负债的减少；另一方面企业要发生各种费用，引起资产的减少或负债的增加。因此，在会计期间内，会计等式就转化为下列形式：

资产=负债+所有者权益+（收入−费用）

到了会计期末，企业将收入和费用相配比，计算出利润。此时会计等式又转化为：

资产=负债+所有者权益+利润

企业的利润按规定的程序进行分配，一部分形成企业的盈余公积和未分配利润，归入所有者权益；另一部分按照比例分配给投资者，使企业的资产减少或负债增加。在会计期末结账之后的会计等式又恢复到会计期初的形式：

资产=负债+所有者权益

可以看出，全部会计要素之间的会计等式全面、综合地反映了企业资金运动的内在规律，即企业的资金总是以动静结合的方式持续不断地运动。从某一具体时点上观察，可以看出资金的静态规律；从某一时期内观察，又可以总结出资金的动态规律。

项目总结

企业的会计对象表现为资金运动。会计的具体对象即为会计要素。会计要素包括资产、负债、所有者权益、收入、费用和利润六项要素。

资产、负债、所有者权益三项要素反映企业的财务状况。资产是指企业过去的交易或者事项形成的、并由企业拥有或者控制的、预期会给企业带来经济利益的资源。负债是指企业由过去的交易或者事项形成的、预期会导致经济利益流出企业的现时义务。所有者权益又称为净资产，是指企业资产扣除负债后由所有者享有的剩余权益。公司的所有者权益又称为股东权益。

收入、费用、利润三项要素反映企业一定时期的经营成果。收入是指企业在日常活动中形成的、会导致所有者权益增加的、与所有者投入资本无关的经济利益的总流入。费用是指企业在日常活动中发生的、会导致所有者权益减少的、与向所有者分配利润无关的经济利益的总流出。利润是指企业在一定会计期间的经营成果，包括收入减去费用后的净额、直接计入当期利润的利得和损失等。

会计等式亦称会计平衡公式，是用数学方程的原理来描述会计要素之间的相互关系的一种表达方式。会计等式可表述如下：资产=负债+所有者权益，收入−费用=利润，资产=负债+所有者权益+（收入−费用），其中，“资产=负债+所有者权益”是最基本的会计等式。

项目三 账户和复式记账 03

项目导航

学习目标

- 了解会计科目的概念和分类
- 了解账户的概念和分类
- 理解账户的基本结构
- 了解复式记账法的概念
- 了解借贷记账法的概念
- 掌握借贷记账法的记账规则
- 掌握借贷记账法下的账户结构
- 掌握借贷记账法的试算平衡
- 掌握会计分录的编制要领

具体任务

任务一　设置会计科目
任务二　设置账户
任务三　知悉复式记账法
任务四　应用借贷记账法
任务五　编制会计分录

任务一 设置会计科目

任务要求

1. 熟悉会计科目的概念
2. 熟悉会计科目的分类

知识储备

什么是会计科目？学基础会计为什么要从学习会计科目开始？

会计的首要任务是正确地记录经济业务和反映经济活动情况，为经济管理工作提供系统的核算资料和经济信息。核算资料和经济信息主要来源于各个账户，为此，企业必须设置账户。为了设置账户，首先要确定会计科目，因为账户是根据会计科目开设的。

一、会计科目的概念

会计科目是对会计要素按经济内容和会计管理要求进一步地分类后形成的项目，是对会计要素的具体内容进行分类核算的项目。

企业会计核算的对象是会计要素。在六项会计要素中，每项要素都包括许多具体内容，如资产要素包括现金、银行存款、应收账款和固定资产等；负债要素包括短期借款、应付账款和应交税费等。若把企业所发生的每一笔经济业务都清楚地记录下来，就必须对会计要素作进一步分类，并对这种分类赋予一个既简明扼要又通俗易懂的名称。会计科目的描述见表 3-1。

表 3-1 会计科目的描述

会计科目	描述
库存现金	存放于出纳保险柜里的现金
银行存款	存放在银行里的货币资金
固定资产	厂房、建筑物、机器设备和运输工具
实收资本	投资者投入的资本

二、会计科目的分类

会计科目按其所提供信息的详细程度，可分为总分类科目和明细分类科目；按经济内容，可分为资产类科目、负债类科目、所有者权益类科目、成本类科目和损益类科目五大类。会计科目分类情况见表 3-2。

表 3-2 会计科目分类情况

分类标准	具体分类	具体内容	科目举例
提供信息的详细程度	总分类科目	总分类科目也称“总账科目”或“一级科目”，它是对会计要素具体内容进行总括分类、提供总括信息的会计科目	如“应收账款”“库存商品”等科目
	明细分类科目	明细分类科目也称“明细科目”，它是对总分类科目作进一步分类，提供更详细、更具体会计信息的科目。为了适应管理工作的要求，对于明细科目较多的总账科目，可在总分类科目与明细分类科目之间设置二级（子目）或多级科目	如“应收账款”科目按债务人名称设置明细科目，反映应收账款的具体对象

（续）

分类标准	具体分类	具体内容	科目举例
经济内容	资产类科目	是对资产要素的具体内容进行分类核算的项目	如“原材料”“固定资产”等科目
	负债类科目	是对负债要素的具体内容进行分类核算的项目	如“短期借款”“长期借款”等科目
	所有者权益类科目	是对所有者权益要素的具体内容进行分类核算的项目	如“实收资本”“利润分配”等科目
	成本类科目	是对可归属于产品生产成本等费用的具体内容进行分类核算的项目	如“生产成本”“制造费用”等科目
	损益类科目	是对收入和费用要素的具体内容进行分类核算的项目，包括收入类科目和费用类科目	如“主营业务收入”“其他业务收入”“主营业务成本”“其他业务成本”等科目

总分类科目与明细分类科目既有联系又有区别，总分类科目是概括地反映会计对象的具体内容，提供的是总括信息，而明细分类科目是详细地反映会计对象的具体内容，提供的是比较详细具体的信息。总分类科目对明细分类科目具有统驭控制作用，而明细分类科目则是总分类科目的具体化和详细说明。

三、常用会计科目

参照我国《企业会计准则——应用指南（2006）》的规定，企业部分常用的会计科目见表3-3。

表3-3 常用会计科目表

顺序号	编号	名称	顺序号	编号	名称
		一、资产类	27	2211	应付职工薪酬
1	1001	库存现金	28	2221	应交税费
2	1002	银行存款	29	2232	应付股利
3	1012	其他货币资金	30	2231	应付利息
4	1121	应收票据	31	2501	长期借款
5	1122	应收账款			三、所有者权益类
6	1221	其他应收款	32	4001	实收资本
7	1123	预付账款	33	4002	资本公积
8	1401	材料采购	34	4101	盈余公积
9	1402	在途物资	35	4103	本年利润
10	1403	原材料	36	4104	利润分配
11	1411	周转材料			四、成本类
12	1405	库存商品	37	5001	生产成本
13	1601	固定资产	38	5101	制造费用
14	1602	累计折旧			五、损益类
15	1606	固定资产清理	39	6001	主营业务收入
16	1604	在建工程	40	6011	其他业务收入
17	1605	工程物资	41	6301	营业外收入
18	1701	无形资产	42	6111	投资收益
19	1702	累计摊销	43	6401	主营业务成本
20	1801	长期待摊费用	44	6402	其他业务成本
21	1901	待处理财产损溢	45	6403	税金及附加
		二、负债类	46	6601	销售费用
22	2001	短期借款	47	6602	管理费用
23	2201	应付票据	48	6603	财务费用
24	2202	应付账款	49	6711	营业外支出
25	2203	预收账款	50	6801	所得税费用
26	2241	其他应付款			

任务二　设置账户

任务要求

1. 熟悉账户的概念
2. 熟悉账户的分类

知识储备

什么是账户？有了会计科目为什么还需要设置账户？

设置会计科目只是规定了对会计对象具体内容进行分类核算的项目。按照规定的会计科目在账簿中开设账户，是为了全面、连续、系统地记录由于经济业务的发生而引起的会计要素的增减变动。

一、账户的概念

账户是根据会计科目设置的，具有一定格式和结构，用于分类反映会计要素增减变动情况及其结果的载体。设置账户是会计核算的重要方法之一。

二、会计科目与账户的联系和区别

会计科目与账户之间的联系和区别见表 3-4。

表 3-4　会计科目与账户之间的联系和区别

联　　系	区　　别
会计科目与账户都是对会计对象具体内容的科学分类，两者口径一致，性质相同。会计科目是账户的名称，也是设置账户的依据；账户是会计科目的具体运用	会计科目仅仅是账户的名称，不存在结构，因为会计科目只能界定经济业务发生变化所涉及会计要素具体内容的项目，但不能对其加以记录；而账户则具有一定的格式和结构，是用来记录经济业务发生变化及其结果的载体

注：由于二者名称一致，在实际工作中，对会计科目和账户不加严格区分，相互通用。

三、账户的分类

同会计科目的分类相对应，账户按其提供信息的详细程度不同，可分为总分类账户和明细分类账户；账户按其所反映的经济内容分类就是账户按会计要素的分类，可分为资产类账户、负债类账户、所有者权益类账户、成本类账户和损益类账户五类。账户的分类见表 3-5。

表 3-5 账户分类表

分类标准	具体分类	具体内容
提供信息的详细程度	总分类账户	总分类账户是指根据总分类科目设置的，用于对会计要素具体内容进行总括分类核算的账户，简称总账账户或总账
	明细分类账户	明细分类账户是根据明细分类科目设置的，用来对会计要素具体内容进行明细分类核算的账户，简称明细账户或明细账
经济内容	资产类账户	资产类账户是指根据资产类会计科目设置的，用以核算资产会计要素内容的账户
	负债类账户	负债类账户是指根据负债类会计科目设置的，用以核算负债会计要素内容的账户
	所有者权益类账户	所有者权益类账户是指根据所有者权益类会计科目设置的，用以核算所有者权益会计要素内容的账户
	成本类账户	成本类账户是指根据成本类会计科目设置的，用以核算成本会计要素内容的账户
	损益类账户	损益类账户是指根据损益类会计科目设置的，用以核算损益会计要素内容的账户

四、账户的基本结构

为了反映特定的经济内容，在账户中正确地记录各笔经济业务，以便取得必要的会计信息，就必须为账户确定相应的格式，这种格式称为账户的结构。

1. 账户的基本结构

账户的基本结构是由会计要素的数量变化情况决定的。由于经济业务发生所引起的各项会计要素的变动，从数量上看不外乎增加和减少两种情况。因此，账户的结构也相应地分为左方、右方两个方向，一方登记增加，另一方登记减少，其基本结构如图 3-1 所示。

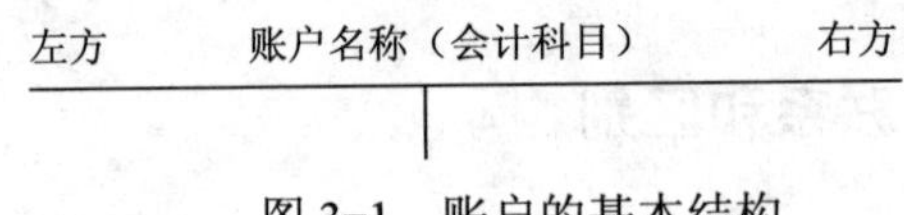

图 3-1 账户的基本结构

至于账户中哪一方登记增加，哪一方登记减少，取决于所记录的经济业务和账户的性质。其中，登记本期增加的金额称为本期增加发生额；登记本期减少的金额称为本期减少发生额；增减相抵后的差额，称为余额，反映由于增加或者减少而引起的会计要素增减变动的结果。

余额按照表示的时间不同，分为期初余额和期末余额，发生额与余额之间的基本关系是：

期末余额=期初余额+本期增加发生额−本期减少发生额

上式中的四个部分称为账户的四个金额要素。由于企业的经营活动是持续不断地进行，并且以此作为假定前提，所以，本期的期末余额必然是下期的期初余额，上期的期末余额必然是本期的期初余额。

2. 账户的格式

（1）简化格式，即 T 字形账户或丁字形账户如图 3-1 所示。使用这种格式可以很方便地将会计要素所发生的增减变动情况予以记录，并对其进行汇总。在实际工作中，为了详细记录经济业务，并保证会计信息的真实、完整，各企业、单位按照《中华人民共和国会计法》（以下简称《会计法》）和国家统一会计制度的要求，必须使用规范的会计账户格式。

（2）标准格式，即书面格式，具体包括账户名称（会计科目）、记录经济业务的日期、记账凭证的编号、经济业务摘要、增减金额和余额等，其格式见表 3-6。

表 3-6 账户名称（会计科目）

年		凭证编号	摘要	借方	贷方	借或贷	余额
月	日						

任务三 知悉复式记账法

任务要求

熟悉复式记账法的概念

知识储备

某个企业从工商银行取得一笔 6 个月到期的借款 50 000 元，然后存到建设银行，会计该如何记账呢？

经济业务的发生会引起某些会计要素项目发生增减变动，也明确了这种数量上的变动应当在相应的账户中加以记录。那么企业从银行取得借款如何处理？这就涉及记账方法。

一、记账方法

记账方法就是根据一定的原理、记账符号，采用一定的计量单位，利用文字和数字，将经济业务发生所引起的各会计要素的增减变动在有关账户中进行记录的方法。在会计发展过程中，有两种记账方法：一种是单式记账法，另一种是复式记账法。

二、单式记账法

单式记账法是一种原始的、简单的、不完整的记账方法。其特征是对发生的每一笔经济业务，都只在一个账户中加以记录。单式记账法仅涉及现金、银行存款的收支及债权、债务款项的结算。例如，用现金购买原材料，只在库存现金账户中登记因购买原材料而支付的金额，至于原材料的增加则不予以单独记录。

单式记账法手续较为简单，但账户的设置不完整，无法反映发生经济业务涉及的账户之间的关系，不能全面、系统地反映经济业务的来龙去脉，也不便于检查账户记录的正确性。在15世纪末、16世纪初，单式记账法逐渐被复式记账法所取代。

三、复式记账法

1．复式记账法的概念

复式记账法是以资产与权益平衡关系作为记账基础，对于每一笔经济业务都在两个或两个以上相互联系的账户中进行登记，系统地反映资金运动变化结果的一种记账方法。例如，用现金购买原材料，单式记账法只记库存现金的支出，而不记原材料的收入；复式记账法则不仅要在库存现金账户上反映减少，还要同时以相等的金额在原材料账户上反映增加。由此可见，复式记账法的产生是会计史上的一大进步。复式记账法的流程如图3-2所示。

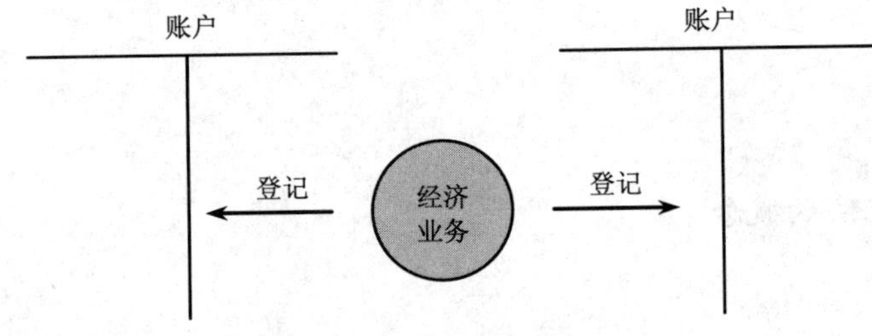

图3-2 复式记账法

2．复式记账法的意义

（1）复式记账法能相互联系地记录每一笔经济业务，如实反映资金运动的来龙去脉。

（2）复式记账法使有关账户之间形成了清晰的对应关系，便于了解交易或事项的内容，检查交易或事项是否合理合法。

（3）复式记账法下，账户形成了一个完整的体系，并可利用各账户发生额及余额之间相互联系的关系进行试算平衡，检查账户记录是否正确。

相关链接

复式记账法的种类

在中国历史上，复式记账法主要有借贷记账法、增减记账法和收付记账法三种。借贷记账法是在15世纪形成于意大利，是以“借”“贷”作为记账符号的一种记账方法，现为世界各国广泛采用。增减记账法是在20世纪60年代我国设计提出的一种记账方法，是以“增”“减”作为记账符号的一种记账方法。收付记账法是以“收”“付”作为记账符号的一种记账方法。

任务四 应用借贷记账法

任务要求

1. 熟悉借贷记账法的概念和特点
2. 掌握借贷记账法的账户结构和应用
3. 掌握借贷记账法的试算平衡

知识储备

目前借贷记账法是各国通用的记账方法，也是最为流行的一种记账方法，其奥妙何在？

一、借贷记账法的概念

借贷记账法是以“借”“贷”为记账符号，对每一笔经济业务都要在两个或两个以上相互联系的账户中以借贷相等的金额进行登记的一种复式记账方法。

相关链接

借贷记账法 20 世纪初由日本传入我国，目前已成为我国法定的记账方法，所有企事业单位在进行会计核算时，都必须统一采用借贷记账法。

二、借贷记账法的特点

1. 以“借”和“贷”作为记账符号

初学者不要从字面上去理解这里的“借”就是“我借别人的”，“贷”就是“别人借我的”，或者相反。借贷记账法的“借”和“贷”仅仅代表记账符号，而不具有任何内在的含义。借贷记账法以“借”“贷”为记账符号，分别作为账户的左方和右方，如图 3-3 所示。至于“借”表示增加还是“贷”表示增加，则取决于账户的性质及结构。

借方	账户　　　　　　贷方
借方发生额	贷方发生额
借方余额	贷方余额

图 3-3　借贷记账法

在借贷记账法下，一般“借”表示资产、费用的增加和权益、收入的减少；“贷”表示资产、费用的减少和权益、收入的增加，具体内容见表3-7。

表3-7 “借”和“贷”表示的增减含义

借方	账户类别	贷方
增加	资产	减少
增加	费用	减少
减少	负债	增加
减少	所有者权益	增加
减少	收入	增加

2. 以“有借必有贷，借贷必相等”作为记账规则

采用借贷记账法，对于每笔经济业务，都要在记入一个账户借方的同时，记入另一个或几个账户的贷方，或者在记入一个账户贷方的同时，记入另一个或几个账户的借方，而且记入借方的金额必须等于记入贷方的金额。也就是说，任何一笔经济业务所引起的相关账户借方的变化应该等于对应账户贷方的变化，任何时候都不得例外。

下面以佳佳数码相机有限公司2017年2月份发生的部分经济业务为例，说明借贷记账法的记账规则。

【例3-1】 1日，佳佳公司向中信银行借入3个月期限的短期借款30 000元，存入工商银行存款账户。

该笔经济业务涉及“银行存款”和“短期借款”两个账户，它使银行存款增加了30 000元，短期借款增加了30 000元。银行存款的增加属于资产的增加，应记入“银行存款”账户的借方；短期借款的增加属于负债的增加，应记入“短期借款”账户的贷方。因此，该笔经济业务在账户中应作如下记录，如图3-4所示。

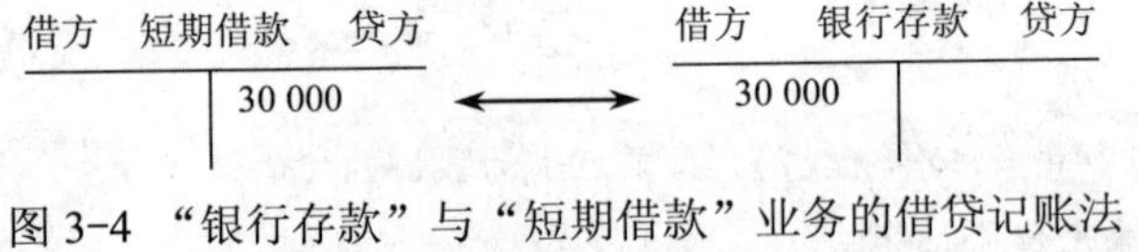

图3-4 “银行存款”与“短期借款”业务的借贷记账法

【例3-2】 5日，佳佳公司收到B公司投入资本200 000元，款项已存入银行。

该笔经济业务涉及“银行存款”和“实收资本”两个账户，它使银行存款增加200 000元，实收资本增加了200 000元。银行存款的增加属于资产的增加，应记入“银行存款”账户的借方；实收资本的增加属于所有者权益的增加，应记入“实收资本”账户的贷方。因此，该笔经济业务在账户中应作如下记录，如图3-5所示。

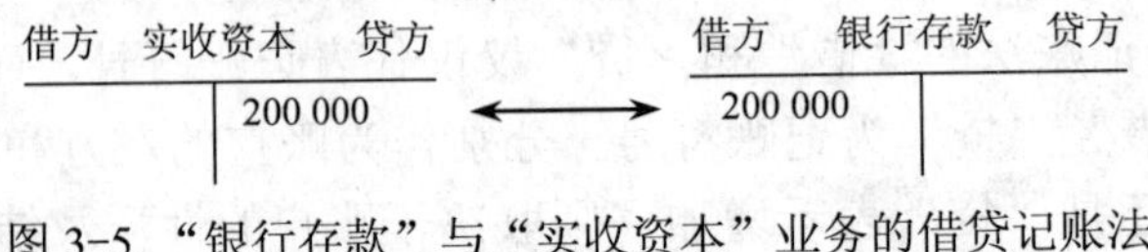

图3-5 “银行存款”与“实收资本”业务的借贷记账法

【例3-3】 6日，佳佳公司以银行存款偿还上月所欠C公司材料款30 000元。

该笔经济业务涉及“银行存款”和“应付账款”两个账户，它使银行存款减少了30 000元，应付账款减少了30 000元。银行存款的减少属于资产的减少，应记入“银行存款”账户

的贷方；应付账款减少属于负债的减少，应记入“应付账款”账户的借方。因此，该笔经济业务在账户中应作如下记录，如图 3-6 所示。

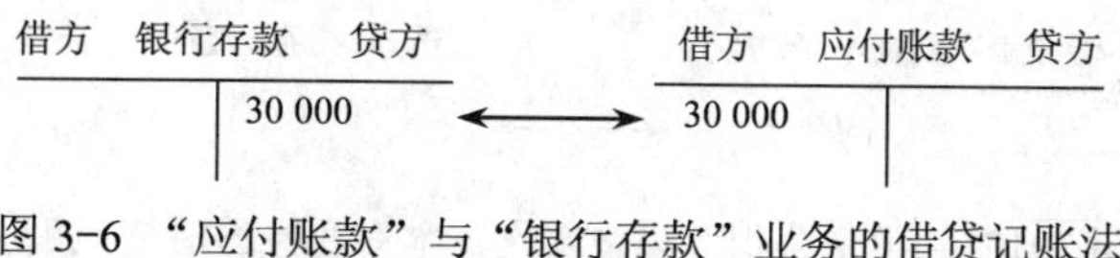

图 3-6 “应付账款”与“银行存款”业务的借贷记账法

【例 3-4】 15 日，佳佳公司因缩小经营规模，经批准减少注册资本 60 000 元，并以银行存款发还给投资者。

该笔经济业务涉及“银行存款”和“实收资本”两个账户，它使银行存款减少 60 000 元，实收资本减少了 60 000 元。银行存款的减少属于资产的减少，应记入“银行存款”账户的贷方；实收资本的减少属于所有者权益的减少，应记入“实收资本”账户的借方。因此，该笔经济业务在账户中应作如下记录，如图 3-7 所示。

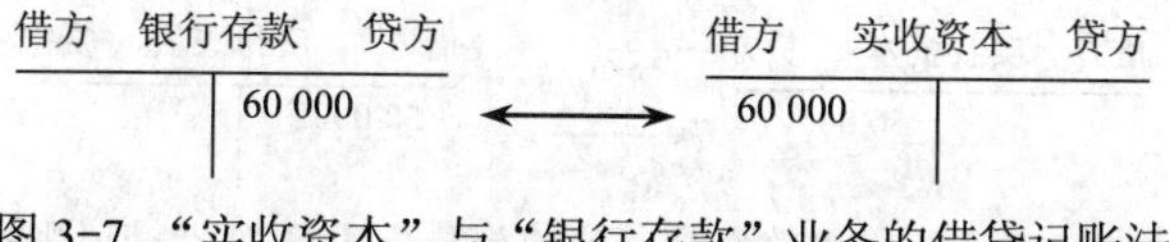

图 3-7 “实收资本”与“银行存款”业务的借贷记账法

【例 3-5】 18 日，佳佳公司向银行提取现金 30 000 元。

该笔经济业务涉及“库存现金”和“银行存款”两个账户，它使库存现金增加 30 000 元，银行存款减少了 30 000 元。库存现金的增加属于资产的增加，应记入“库存现金”账户的借方；银行存款的减少属于资产的减少，应记入“银行存款”账户的贷方。因此，该笔经济业务在账户中应作如下记录，如图 3-8 所示。

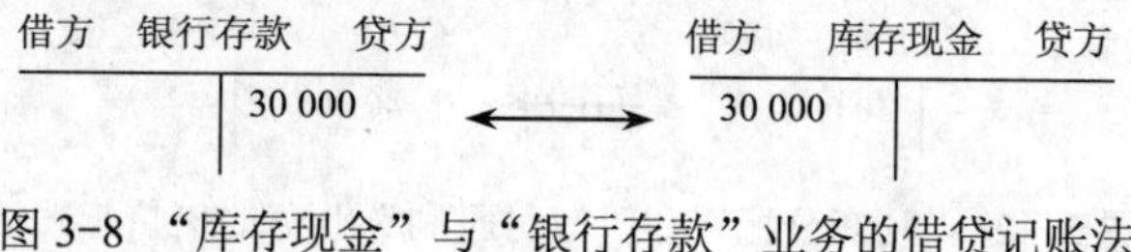

图 3-8 “库存现金”与“银行存款”业务的借贷记账法

【例 3-6】 20 日，佳佳公司经与银行协商，银行同意将佳佳公司所持 3 个月期限的短期借款 120 000 元延缓偿还，期限为 2 年。

该笔经济业务涉及“短期借款”和“长期借款”两个账户，它使长期借款增加 120 000 元，短期借款减少了 120 000 元。长期借款的增加属于负债的增加，应记入“长期借款”账户的贷方；短期借款的减少属于负债的减少，应记入“短期借款”账户的借方。因此，该笔经济业务在账户中应作如下记录，如图 3-9 所示。

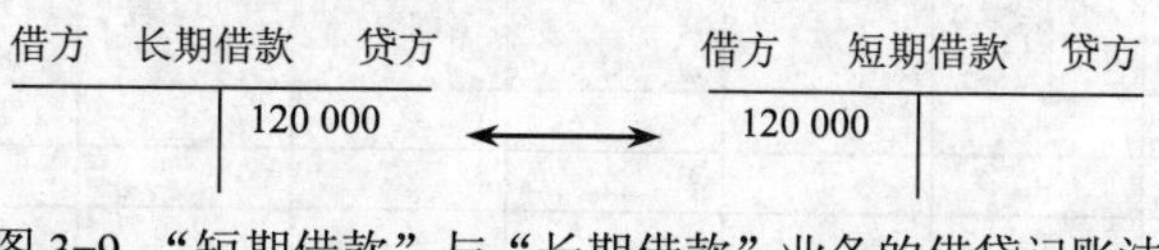

图 3-9 “短期借款”与“长期借款”业务的借贷记账法

【例 3-7】 28 日，经批准佳佳公司将盈余公积 90 000 元转增资本。

该笔经济业务涉及“盈余公积”和“实收资本”两个账户，它使盈余公积减少 90 000 元，实收资本增加了 90 000 元。盈余公积的减少属于所有者权益的减少，应记入“盈余公积”

账户的借方；实收资本的增加属于所有者权益的增加，应记入“实收资本”账户的贷方。因此，该笔经济业务在账户中应作如下记录，如图 3-10 所示。

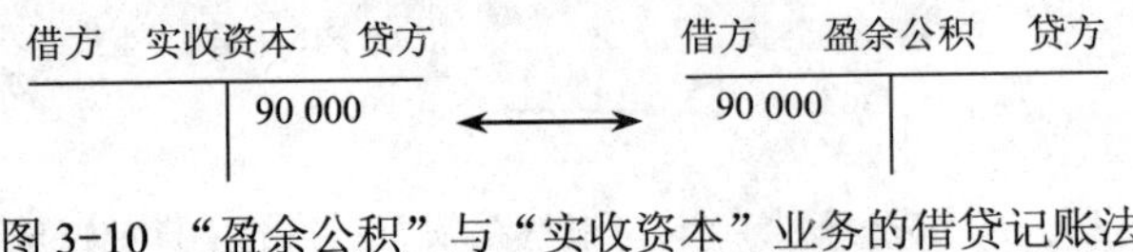

图 3-10 “盈余公积”与“实收资本”业务的借贷记账法

【例 3-8】 28 日，经与债权人协商并经有关部门批准，佳佳公司将所欠 50 000 元应付账款转为资本。

该笔经济业务涉及“应付账款”和“实收资本”两个账户，它使应付账款减少了 50 000 元，实收资本增加了 50 000 元。应付账款的减少属于负债的减少，应记入“应付账款”账户的借方；实收资本的增加属于所有者权益的增加，应记入“实收资本”账户的贷方。因此，该笔经济业务在账户中应作如下记录，如图 3-11 所示。

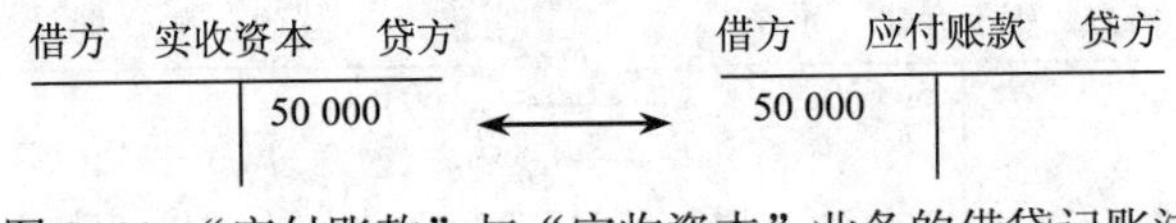

图 3-11 “应付账款”与“实收资本”业务的借贷记账法

【例 3-9】 28 日，经研究决定，佳佳公司向投资者分配利润 40 000 元。

该笔经济业务涉及“利润分配”和“应付股利”两个账户，它使未分配利润减少 40 000 元，应付股利增加了 40 000 元。利润的分配属于所有者权益的减少，应记入“利润分配”账户的借方；应付股利的增加属于负债的增加，应记入“应付股利”账户的贷方。因此，该笔经济业务在账户中应作如下记录，如图 3-12 所示。

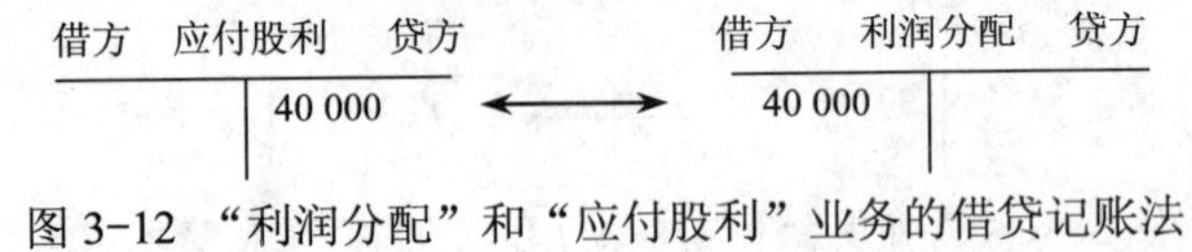

图 3-12 “利润分配”和“应付股利”业务的借贷记账法

以上举例，代表了经济业务所引起的资产、负债和所有者权益增减变化的情况。从这九个例子可以看出，不论经济业务的类型如何，在借贷记账法下，对于发生的每一笔经济业务都是按照“有借必有贷，借贷必相等”的记账规则来记账的。在会计等式下，四大类型九种情况的经济业务用“借”和“贷”表示的含义见表 3-8。

表 3-8 四大类型九种情况的经济业务

会计等式		资产		=	负债		+	所有者权益	
经济业务类型 \ 借贷方向		借	贷		借	贷		借	贷
第一大类	例 3-1	+				+			
	例 3-2	+							+
第二大类	例 3-3		−		−				
	例 3-4		−					−	
第三大类	例 3-5	+	−						
第四大类	例 3-6				−	+			
	例 3-7							−	+
	例 3-8				−				+
	例 3-9					+		−	

3．以“借方金额等于贷方金额”作为试算平衡公式

借贷记账法对每笔经济业务都以相等的金额在相互对应账户的借方和贷方进行登记，这就保证了每一笔经济业务借、贷双方的平衡。因此，在一个会计期间内发生的经济业务全部登记入账后，所有账户的本期借方发生额合计数与所有账户的本期贷方发生额合计数必然相等，所有账户的借方期末余额合计数与所有账户的贷方期末余额合计数也必然相等，用等式表示如下：

全部账户本期借方发生额合计=全部账户本期贷方发生额合计

全部账户借方期末余额合计=全部账户贷方期末余额合计

三、借贷记账法的账户结构

在借贷记账法下，各类不同性质账户的基本结构如下。

1．资产类账户的基本结构

资产类账户的借方登记资产的增加数、贷方登记资产的减少数，期初及期末余额一般在借方，表示资产的结存数。资产类账户的发生额及余额之间的关系，可用公式表示如下：

资产类账户期末借方余额=期初借方余额+本期借方发生额–本期贷方发生额

资产类账户的结构用 T 字形账户表示如图 3-13 所示。

借方　　（资产类）账户名称　　贷方

借方	贷方
期初余额 本期增加数	本期减少数
本期发生额	本期发生额
期末余额	

图 3-13　资产类账户结构

2．权益类账户的基本结构

权益类账户包括负债类账户和所有者权益类账户。权益类账户的借方登记权益的减少数、贷方登记权益的增加数，期初及期末余额一般在贷方，表示权益的实际数额。权益类账户的发生额及余额之间的关系，可用公式表示如下：

权益类账户期末贷方余额=期初贷方余额+本期贷方发生额–本期借方发生额

权益类账户的结构用 T 字形账户表示如图 3-14 所示。

借方　　（权益类）账户名称　　贷方

借方	贷方
本期减少数	期初余额 本期增加数
本期发生额	本期发生额
	期末余额

图 3-14　权益类账户结构

3．费用类账户的基本结构

费用类账户的结构与资产类账户的结构基本相同，即借方登记费用的增加数、贷方登记费用的减少数以及期末结转入“本年利润”账户的数额，期末结转后该账户无余额。

费用类账户的结构用 T 字形账户表示如图 3-15 所示。

借方	（费用类）账户名称　　　　贷方
本期增加数	本期减少数或转销数
本期发生额	本期发生额

图 3-15　费用类账户结构

4．收入类账户的基本结构

收入类账户的结构与权益类账户的结构基本相同，即借方登记收入的减少数以及期末结转入“本年利润”账户的数额，贷方登记收入的增加数，期末结转后该类账户无余额。

收入类账户的结构用 T 字形账户表示如图 3-16 所示。

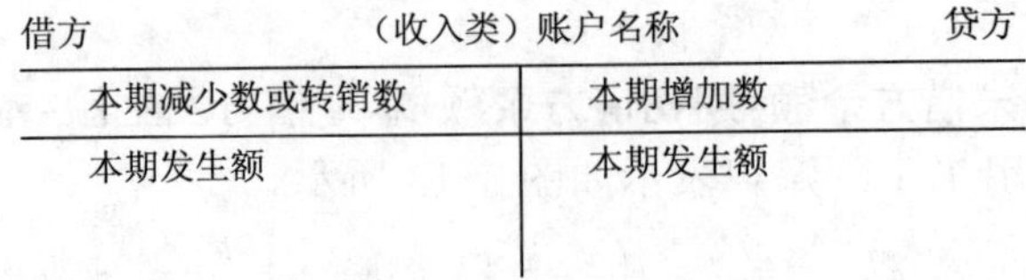

图 3-16　收入类账户结构

四、借贷记账法的试算平衡

1．试算平衡的概念

试算平衡是指根据资产与权益的恒等关系以及借贷记账法的记账规则，检查所有账户记录是否正确的过程。

2．试算平衡的具体方法

试算平衡包括发生额试算平衡法和余额试算平衡法两种方法。

（1）发生额试算平衡法。它是根据本期所有账户借方发生额合计与贷方发生额合计的恒等关系，检查本期发生额记录是否正确的方法，其公式为：

全部账户本期借方发生额合计=全部账户本期贷方发生额合计

发生额试算平衡法的理论依据是“有借必有贷，借贷必相等”的记账规则。在借贷记账法下，每一笔经济业务都要以相等的金额，分别记入两个或两个以上相关账户的借方和贷方，借贷双方的发生额必然相等。推而广之，将一定时期内的经济业务全部记入有关账户之后，所有账户的借方发生额合计与贷方发生额合计也必然相等。

发生额试算平衡法是通过编制发生额试算平衡表进行的，发生额试算平衡表的格式见表 3-9。

表 3-9　本期发生额试算平衡表

年　　月　　　　　　　　单位：元

会计科目	借方发生额	贷方发生额
合　计		

（2）余额试算平衡法。它是根据本期所有账户借方余额合计与贷方余额合计的恒等关系，检查本期账户记录是否正确的方法。

根据余额时间不同，余额试算平衡又可分为期初余额平衡与期末余额平衡两类。期初余额平衡是期初所有账户借方余额合计与贷方余额合计相等，期末余额平衡是期末所有账户借方余额合计与贷方余额合计相等，这是由“资产=负债+所有者权益”的恒等关系决定的，其公式为：

全部账户的借方期初余额合计=全部账户的贷方期初余额合计

全部账户的借方期末余额合计=全部账户的贷方期末余额合计

实际工作中，余额试算平衡是通过编制余额试算平衡表的方式进行的。余额试算平衡表的格式见表 3-10。

表 3-10　余额试算平衡表

年　　月　　　　　　　　单位：元

会计科目	期初余额		本期发生额		期末余额	
	借方	贷方	借方	贷方	借方	贷方
合　计						

在编制试算平衡表时，还应注意以下几点：

首先，必须保证所有账户的余额均已记入试算平衡表。因为会计等式是对六项会计要素整体而言的，缺少任何一个账户的余额，都会造成期初或期末借方余额合计与贷方余额合计不相等。

其次，如果试算平衡表借贷不相等，账户记录肯定有错误，应查找，直到借贷余额实现平衡为止。

最后，即便实现了有关三栏的平衡关系，并不能说明账户记录绝对正确，因为有些错误并不会影响借贷双方的平衡关系。如漏记、重记某笔经济业务，借贷方向颠倒，或记错有关账户等，试算依然是平衡的。

任务五　编制会计分录

任务要求

1. 熟悉会计分录的概念和分类

2. 掌握编制会计分录的要领

知识储备

什么是会计分录？从事会计工作的人经常会提及，它有什么特别之处？

一、会计分录的概念

会计分录是指对某类经济业务事项标明其应借应贷账户及其金额的记录。因此，会计分录是由应借应贷方向、对应账户（科目）名称及应记金额三要素构成的。

二、会计分录的分类

按照所涉及账户的多少，会计分录分为简单会计分录和复合会计分录两类。会计分录的分类见表3-11。

表3-11 会计分录分类表

分类项目	具体内容
简单会计分录	是指只涉及一个账户借方和另一个账户贷方的会计分录，即一借一贷的会计分录
复合会计分录	是指由两个以上（不含两个）对应账户所组成的会计分录，即一借多贷、一贷多借或多借多贷的会计分录

注：一般来讲，复合会计分录可以分解为若干简单会计分录。

【例3-10】 某企业购入原材料120 000元，材料验收入库，以银行存款支付货款100 000元，其余20 000元暂欠。账户结构如图3-17所示。

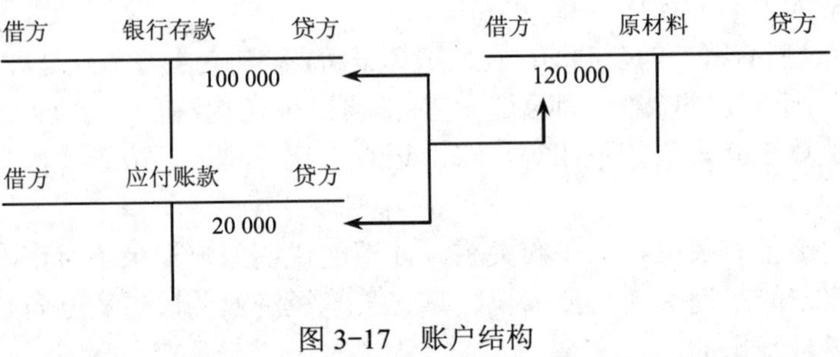

图3-17 账户结构

需要注意的是，多借多贷会计分录只有在某一笔经济业务比较繁杂、确实需要时才可以编制，一般不允许将不同的经济业务合并编制多借多贷会计分录。

三、会计分录的编制步骤

编制会计分录，应按以下步骤进行：

（1）分析经济业务事项涉及的会计要素。

（2）确定涉及哪些账户，是增加，还是减少。

（3）确定记入哪个（或哪些）账户的借方，哪个（或哪些）账户的贷方。

（4）确定应借应贷账户是否正确，借贷方金额是否相等。

无论简单会计分录还是复合会计分录，编制步骤都是相同的，如图 3-18 所示。

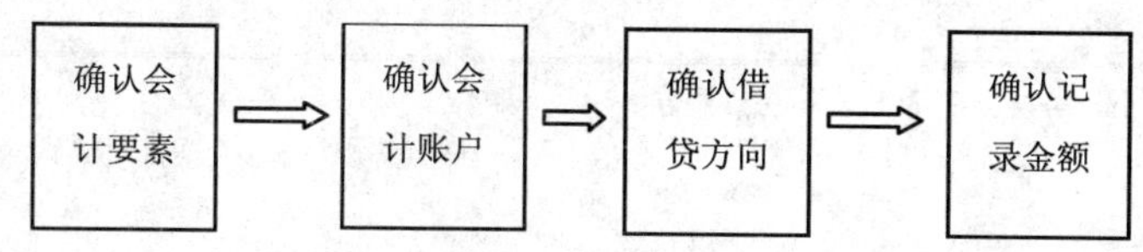

图 3-18　会计分录编制步骤

四、会计分录的编写要领

编制会计分录时，借方写在上面，贷方写在借方的下面，每一个会计科目占一行，借方与贷方应错位列示，以便醒目、清晰。注明应记的会计科目，如需注明明细科目的，应在一级科目后面加一破折号，写上明细科目；金额使用阿拉伯数字，数字后不写元等单位，借方和贷方的金额应错位列示。

以下为【例 3-1】至【例 3-10】中所述经济业务的会计分录。在实际工作中，会计分录是通过填制记账凭证来完成的。

【例 3-1】 该笔业务应编制如下会计分录:

借：银行存款　　30 000

　　贷：短期借款　　30 000

【例 3-2】 该笔业务应编制如下会计分录:

借：银行存款　　200 000

　　贷：实收资本　　200 000

【例 3-3】 该笔业务应编制如下会计分录:

借：应付账款　　30 000

　　贷：银行存款　　30 000

【例 3-4】 该笔业务应编制如下会计分录:

借：实收资本　　60 000

　　贷：银行存款　　60 000

【例 3-5】 该笔业务应编制如下会计分录:

借：库存现金　　30 000

　　贷：银行存款　　30 000

【例 3-6】 该笔业务应编制如下会计分录:

借：短期借款　　120 000

　　贷：长期借款　　120 000

【例 3-7】 该笔业务应编制如下会计分录:

借：盈余公积　　90 000

贷：实收资本　　90 000

【例3-8】 该笔业务应编制如下会计分录：

借：应付账款　　50 000

　　贷：实收资本　　50 000

【例3-9】 该笔业务应编制如下会计分录：

借：利润分配　　40 000

　　贷：应付股利　　40 000

【例3-10】 该笔业务应编制如下会计分录：

借：原材料　　120 000

　　贷：银行存款　　100 000

　　　　应付账款　　20 000

上述复合分录，可以分解为两个简单分录：

借：原材料　　100 000

　　贷：银行存款　　100 000

借：原材料　　20 000

　　贷：应付账款　　20 000

从前面的举例中可以看出，每笔经济业务发生后所登记的账户之间存在着相互依存的关系，有时是一个账户的借方对另一个账户的贷方；有时是一个账户的借方（或贷方）对几个账户的贷方（或借方）。账户之间这种相互依存的关系，称为账户对应关系。存在着对应关系的账户，称为对应账户。

项目总结

会计科目是对会计要素进行分类核算的项目。会计科目按对应账户的性质分为资产类科目、负债类科目、所有者权益类科目、成本类科目和损益类科目五大类；会计科目按其提供会计信息资料的详细程度分为总分类科目和明细分类科目。账户是根据会计科目在账簿中开设的记账单元。会计科目和账户是两个既有区别又有联系的概念。账户具有一定的结构。

复式记账法是对发生的每一笔经济业务所引起会计要素的增减变动，都以相等的金额同时在两个或两个以上的账户中相互联系进行记录的一种方法。借贷记账法是以“借”“贷”二字作为记账符号，反映会计要素增减变动情况的一种复式记账方法。借贷记账法的借方登记资产增加、负债减少、所有者权益减少、成本和费用支出增加、收入减少或转出；贷方登记资产减少、负债增加、所有者权益增加、成本和费用支出减少或转出、收入增加。借贷记账法的记账规则为“有借必有贷，借贷必相等”。会计分录是指按借贷记账法记账规则的要求，对发生的经济业务列示出应借、应贷的账户和金额的记录。会计分录分为简单会计分录和复合会计分录。试算平衡是指在会计核算中，根据会计等式和记账规则，检查账户记录正确与否的一种验证方法。借贷记账法的试算平衡有发生额试算平衡法和余额试算平衡法两种。

项目四 会计凭证 04

项目导航

学习目标

- 了解会计凭证在会计循环中的地位和作用
- 理解会计凭证的概念和种类
- 理解原始凭证的概念和种类
- 会填制和审核原始凭证
- 理解记账凭证的概念和种类
- 会填制和审核记账凭证
- 了解会计凭证的传递程序和保管方法
- 会装订会计凭证

具体任务

任务一　知悉会计凭证
任务二　学会填制与审核原始凭证
任务三　学会填制与审核记账凭证
任务四　学会装订会计凭证

任务一　知悉会计凭证

任务要求

1. 理解会计凭证的概念
2. 了解会计凭证的种类

知识储备

什么是会计凭证？生活中的发票都是会计凭证吗？

项目三介绍了复式记账法的基本原理，即企业首先根据《企业会计准则》和国家统一会计制度并结合自身业务特点设置会计科目和账户，然后在经济业务发生后按照借贷记账法的记账规则编制会计分录，最后将各会计分录登记到相应的账户并进行试算平衡。在实际工作中，这些方法都是借助一定的载体进行的。也就是说，明确经济业务发生情况的记录、会计分录的编制、账户的设置和登记等，都是在事先印制好的、具有专门格式的纸张上进行的，这些具有专门格式的纸张，就是本项目和项目六将要介绍的会计凭证和会计账簿。

一、会计凭证的概念

会计凭证是记录经济业务事项发生或完成情况的书面证明，也是登记账簿的依据。

填制和审核会计凭证，是会计核算的专门方法之一，也是会计核算工作的起点。任何单位在处理经济业务时，都必须由执行和完成该笔经济业务的有关人员从外单位取得或自行填制有关凭证，以书面形式记录和证明所发生经济业务的性质、内容、数量、金额等，并在凭证上签名或盖章，对经济业务的合法性和凭证的真实性、完整性负责。

在日常生活中，会计凭证的种类繁多，形式多样。例如，在商场购买了商品，你可以要求商场开具一张发票，上面载明所购买商品的名称、数量、单价和金额，那么，这张发票就是你购买该商品的凭据；开学了，你交纳本学期学杂费后，学校开具一张收据，这张收据证明你已经交纳了学费；到外地出差，你所买的飞机票、火车票、汽车票以及住宿发票等，这些单据都属于会计凭证。

二、填制和审核会计凭证的意义

填制和审核会计凭证是进行会计核算的一种专门方法，是会计核算工作的起始环节，对会计信息质量和整个会计工作有着至关重要的影响。具体来说，加强会计凭证的管理，具有以下几个方面的意义。

1. 记录经济业务，提供记账依据

会计凭证是登记账簿的依据，没有凭证就不能记账。通过填制会计凭证，可以及时地反映各笔经济业务的发生和完成情况，保证会计信息的真实可靠。

2. 明确经济责任，强化内部控制

任何会计凭证除记录有关经济业务的基本内容外，还必须由有关部门和人员签章，对会计凭证所记录经济业务的真实性、正确性、合法性、合理性负责，防止舞弊行为，强化内部控制。

3. 监督经济活动，控制经济运行

通过会计凭证的审核，可以查明每一笔经济业务是否符合国家有关法律、法规、制度的规定，是否符合计划、预算进度，是否有违法乱纪行为等。对于查出的问题，应积极采取措施予以纠正，实现对经济活动的事中控制，保证经济活动的健康运行。

三、会计凭证的种类

在实际经济活动中，会计凭证是多种多样的，为便于区分使用，一般按照会计凭证的填制程序和用途的不同，将其划分为原始凭证和记账凭证两类。会计凭证种类情况见表4-1。

表 4-1　会计凭证种类情况

分类标准	具体分类	具体实例
按照会计凭证的填制程序和用途	原始凭证	购买商品时，商场开出的发票；交纳学杂费时，学校开具的收据；外地出差，所买的飞机票、火车票、汽车票以及住宿发票
	记账凭证	通用记账凭证、收款凭证、付款凭证、转账凭证

任务二　学会填制与审核原始凭证

任务要求

1. 理解原始凭证的概念
2. 理解原始凭证的种类
3. 了解原始凭证的基本内容
4. 掌握原始凭证的填制方法
5. 掌握原始凭证的审核内容

知识储备

什么是原始凭证？我们所见过的发票、收据都是原始凭证吗？

一、原始凭证的概念

原始凭证又称单据，是在经济业务发生或完成时取得或填制的，用以记录或证明经济业务的发生或完成情况的文字凭据。原始凭证是编制记账凭证和登记账簿的原始依据，是会计核算资料中最具有法律效力的一种书面证明。

二、原始凭证的种类

企业的经济活动是多种多样的，因此，原始凭证的格式，填制手续、方法等也不尽相同，下面就将同类型原始凭证进行归纳、分析。原始凭证的种类情况见表 4-2。常见原始凭证格式见表 4-3～表 4-12。

表 4-2　原始凭证的种类情况

分类标准	具体分类	具体内容	举　例
取得的来源渠道	外来原始凭证	指在经济业务发生或完成时，从其他单位或个人直接取得的原始凭证	如供货单位提供的发票、收款单位开出的收款收据、职工出差取得的飞机票、火车票、住宿发票等；增值税专用发票格式见表 4-3、收款收据格式见表 4-4、进账单格式见表 4-5
	自制原始凭证	指由本单位内部经办业务的部门和人员，在执行或完成某笔经济业务时填制的、仅供本单位内部使用的原始凭证	如收料单、领料单、限额领料单、产品入库单、产品出库单、借款单、折旧计算表、制造费用分配表等；领料单格式见表 4-6、借款申请格式见表 4-7、收料单格式见表 4-8

（续）

分类标准	具体分类	具体内容	举例
填制手续及内容	一次凭证	指一次填制完成、只记录一笔经济业务的原始凭证。是一次有效的凭证，其填制手续是一次完成的	如收据、领料单、收料单、发货票、借款单、银行结算凭证等；银行结算凭证有现金支票、转账支票、银行信汇凭证等，其中银行信汇凭证格式见表4-9、转账支票格式见表4-10
	累计凭证	指在一定时期内多次记录发生的同类型经济业务的原始凭证。特点是在一张凭证内可以连续登记相同性质的经济业务，随时结出累计数及结余数，并按照费用限额进行费用控制，期末按实际发生额记账。是多次有效的原始凭证	如限额领料单，格式见表4-11
	汇总凭证	指对一定时期内反映经济业务内容相同的若干张原始凭证，按照一定标准综合填制的原始凭证。既可以提供总量指标，又可以简化核算手续	如收料凭证汇总表（格式见表4-12）、工资结算汇总表、差旅费报销单、发料凭证汇总表
格式	通用凭证	指由有关部门统一印制、在一定范围内使用的具有统一格式和使用方法的原始凭证	如税务部门统一制定的增值税专用发票、由中国人民银行统一制定的支票、商业汇票等结算凭证等
	专用凭证	指由单位自行印制、仅在本单位内部使用的原始凭证。是相对通用凭证而言的，只在本单位内部使用	这种凭证一般在凭证名称之前写上企业单位名称，如某企业的收料单

表4-3 增值税专用发票格式

3200052170　　**增值税专用发票**　　No. 03178149

抵扣联

开票日期：

<table>
<tr><td>购货单位</td><td colspan="5">名　　称：
纳税人识别号：
地址、电话：
开户行及账户：</td><td>密码区</td><td colspan="3">（略）</td></tr>
<tr><td colspan="2">货物或应税劳务名称

合　　计</td><td>规格型号</td><td>单位</td><td>数量</td><td>单价</td><td>金额</td><td>税率</td><td>税额</td><td></td></tr>
<tr><td colspan="2">价税合计（大写）</td><td colspan="8">（小写）</td></tr>
<tr><td>销货单位</td><td colspan="5">名　　称：
纳税人识别号：
地址、电话：
开户行及账户：</td><td>备注</td><td colspan="3"></td></tr>
</table>

收款人：　　复核：　　开票人：　　销货单位（章）：

注：增值税专用发票由计算机统一开具。相关栏目的说明如下：①购货单位由操作员录入；②密码区在开票完成时自动生成，不需要录入；③货物或应税劳务名称、规格型号、单位、数量、单价和税率由操作员录入，其他栏目数据由计算机自动生成；④销货单位及开票人这些资料在企业购买IC卡时，基础信息注册后自动生成，不需要输入。

表 4-4 收款收据格式

收 款 收 据 No. 00000210

日期： 年 月 日

交款单位______________________收款方式______________

人民币（大写）______________________________

收款事由______________________________

年 月 日

单位盖章 财会主管 记账 出纳 审核 经办

表 4-5 银行进账单格式

中国银行进账单（回单）1

年 月 日

<table>
<tr><td rowspan="3">出票人</td><td>全 称</td><td></td><td rowspan="3">收款人</td><td>全 称</td><td colspan="10"></td><td rowspan="7">此联是开户银行交给持（出）票人的回单</td></tr>
<tr><td>账 号</td><td></td><td>账 号</td><td colspan="10"></td></tr>
<tr><td>开户银行</td><td></td><td>开户银行</td><td colspan="10"></td></tr>
<tr><td rowspan="2">金额</td><td rowspan="2">人民币（大写）</td><td colspan="3" rowspan="2"></td><td>千</td><td>百</td><td>十</td><td>万</td><td>千</td><td>百</td><td>十</td><td>元</td><td>角</td><td>分</td></tr>
<tr><td></td><td></td><td></td><td></td><td></td><td></td><td></td><td></td><td></td><td></td></tr>
<tr><td colspan="2">票据种类</td><td></td><td>票据张数</td><td></td><td colspan="10" rowspan="2">开户银行签章</td></tr>
<tr><td colspan="2">票据号码</td><td colspan="3"></td></tr>
<tr><td colspan="2">复核</td><td colspan="3">记账</td><td colspan="10"></td></tr>
</table>

表 4-6 领料单格式

领 料 单

领用部门： 年 月 日

用途：

编号：

材料编号	名称	规格	计量单位	请领数量	实发数量	单位成本	金额	备注

审批人： 领料人： 发料人： 领料部门负责人：

表 4-7 借款申请格式

借 款 申 请

年 月 日

借款人			
用途			
金额（大写）			
还款计划			
领导批示		借款人签章	

表 4-8 收料单格式

收 料 单

供应单位： 年 月 日

发票号： 编号：

材料编号	名称	规格	单位	数量		实际成本			
				应收	实收	单价	发票价格	运杂费	合计
备注									

收料人： 交料人：

表 4-9 银行信汇凭证格式

中国银行信汇凭证（回单）

<table>
<tr><td rowspan="4">汇款人</td><td>全 称</td><td colspan="2"></td><td rowspan="3">收款人</td><td>全 称</td><td colspan="11"></td><td rowspan="8">此联汇出行给汇款人的回单</td></tr>
<tr><td>账 号</td><td colspan="2"></td><td>账 号</td><td colspan="11"></td></tr>
<tr><td>住 址</td><td colspan="2"></td><td>住 址</td><td colspan="11"></td></tr>
<tr><td>汇出地点</td><td colspan="2">省 市/县</td><td colspan="2">汇入地点</td><td colspan="11">省 市/县</td></tr>
<tr><td colspan="2">汇出行名称</td><td colspan="2"></td><td colspan="2">汇入行名称</td><td colspan="11"></td></tr>
<tr><td rowspan="2">金额</td><td rowspan="2">人民币
（大写）</td><td colspan="4" rowspan="2"></td><td>亿</td><td>千</td><td>百</td><td>十</td><td>万</td><td>千</td><td>百</td><td>十</td><td>元</td><td>角</td><td>分</td></tr>
<tr><td></td><td></td><td></td><td></td><td></td><td></td><td></td><td></td><td></td><td></td><td></td></tr>
<tr><td colspan="4">汇出行签章</td><td colspan="13">支付密码
附加信息及用途：
复核 记账</td></tr>
</table>

委托日期 年 月 日

表 4-10　转账支票格式

中国农业银行 转账支票存根（苏） 支票号码: 附加信息 出票日期:　年　月　日 收款人: 金额: 用途: 单位主管　会计	本支票付款期限十天	中国农业银行转账支票（苏）　支票号码 出票日期（大写）：　年　月　日　开户行名称: 收款人:　出票人账号: 人民币（大写）　亿 千 百 十 万 千 百 十 元 角 分 用途 上列款项请从我账户内支付 出票人签章　复核　记账

表 4-11　限额领料单格式

限额领料单

年　月　日

领料部门:　发料仓库:　产品名称:　计划产量:　单耗定额:
材料编号:　名称规格:　计量单位:　领用限额:

日　期		请领数量	实发数量	累计实发数量	限额结余	领料人签章	备　注
合　计							

生产计划部门:　供销部门:　仓库:

表 4-12　收料凭证汇总表

收料凭证汇总表

年　月　日

材料来源 材料类别	材料采购	委托加工	自制材料	投资者投入	合　计	凭证张数
原料及主要材料 辅助材料 外购半成品 修理用备件 包装材料 燃料 ……						
合　计						

三、原始凭证的基本内容

由于企业发生的经济业务是多种多样的，反映的具体内容也不尽相同，其原始凭证的内容、格式也各不相同。但是无论哪种原始凭证，其在会计核算过程中所起的作用是一致的。因此，一般来说，各种原始凭证都应具备原始凭证名称、填制原始凭证的日期、接收原始凭证的单位名称、经济业务内容（包含数量、单价和金额）、填制单位签章、有关人员签章、凭证附件等基本内容。

四、原始凭证的填制要求

原始凭证反映的情况和数据是进行会计核算的最原始资料，同时也是具有法律效力的证明文件。为了保证会计核算资料的真实、准确和及时，原始凭证的填制必须符合一定的规范。原始凭证的填制要求包括：

1. 记录要真实

原始凭证所填列的经济业务内容和数字，必须真实可靠，符合实际情况，不得歪曲经济业务真相，弄虚作假。对实物数量和金额的计算，要准确无误，不得以估算填入。

2. 内容要完整

原始凭证所要求填列的项目必须逐项填列齐全，不得遗漏和省略。项目填写不齐全的原始凭证不能作为经济业务的合法证明，也不可以用作编制记账凭证的依据和附件。

3. 手续要完备

单位自制的原始凭证必须有经办单位领导或者其他指定的人员签名盖章；对外开出的原始凭证必须加盖本单位公章；从外部取得的原始凭证，必须盖有填制单位的公章；从个人取得的原始凭证，必须有填制人员的签名盖章。（公章是指具有法律效力和特定用途，能够证明单位身份和性质的印鉴，包括业务公章、财务专用章、发票专用章、结算专用章等。）不能以“白条”作为编制记账凭证的和登记账簿的依据。（白条指由单位或者个人开具的、没有固定格式的、不具备规定内容的非正式原始凭证。）

4. 书写要清楚、规范

原始凭证要按规定填写，文字要简要，字迹要清楚，易于辨认，不得使用未经国务院公布的简化汉字。如有差错，应按规定的办法更正，不得随意涂改、刮擦和挖补。同时应遵守以下技术要求：

（1）小写金额用阿拉伯数字逐个书写，不得写连笔字。在金额前要填写人民币符号“¥”，人民币符号“¥”与阿拉伯数字之间不得留有空白。金额数字一律填写到角、分，无角、分的，写“00”或符号“—”；有角无分的，分位写“0”，不得用符号“—”。

（2）大写金额用汉字壹、贰、叁、肆、伍、陆、柒、捌、玖、拾、佰、仟、万、亿、元、角、分、零、整等，一律用正楷或行书字书写。大写金额前未印有“人民币”字样的，应加写“人民币”三个字，“人民币”字样和大写金额之间不得留有空白，或者大写金额栏开票金额未达到最高金额的，必须以⊗填充。大写金额到元或角为止的，后面要写“整”或“正”字；有分的，不写“整”或“正”字。如小写金额为¥1 008.00，大写金额应写成“人民币壹仟零捌元整”。

（3）凡规定填写大写金额的各种凭证，如银行结算凭证、发票等，必须在填写小写金额的同时也填写大写金额。大写金额之前没有印货币名称的，应当填写货币名称，货币名称与货币金额数字之间不得留有空白。阿拉伯数字金额之间有“0”时，汉字大写金额要写“零”字；阿拉伯数字金额中间连续有几个“0”时，汉字大写金额中可以只写一个“零”字，如“¥90 005.65”可以写成“人民币玖万零伍元陆角伍分”；阿拉伯数字金额元位是“0”，或者数字之间连续有几个“0”、元位也是“0”但角位不是“0”时，汉字大写金额可以只写一个“零”字，也可以不写“零”字，如“¥ 90 000.60”可以写成“人民币玖万元零陆角整”或写成“人民币玖万元陆角整”。

5．编号要连续

如果原始凭证已预先印定编号，在写错作废时，应加盖“作废”戳记，连同存根妥善保管，不得撕毁，不得缺页。

6．不得涂改、刮擦、挖补原始凭证

原始凭证有错误的，应当由出具单位重开或更正，更正处应当加盖出具单位印章。原始凭证金额有错误的，应当由出具单位重开，不得在原始凭证上更正。

7．填制要及时

各种原始凭证必须按经济业务的执行和完成情况及时填写，并按规定的程序及时送交会计机构、会计人员进行审核。

8．票据日期填写要规范

票据（指现金支票和转账支票等）的出票日期必须使用中文大写。在填写月、日时，月为壹、贰和壹拾的，日为壹至玖、壹拾、贰拾和叁拾的，应在其前加“零”；日为拾壹至拾玖的，应在其前面加“壹”。如：2 月 12 日，应写成零贰月壹拾贰日；10 月 20 日，应写成零壹拾月零贰拾日。票据出票日期使用小写填写的，银行不予受理；大写日期未按要求规范填写的，银行可予受理，但由此造成损失的，由出票人自行承担。

五、原始凭证的审核内容

为了如实反映经济业务的发生和完成情况，充分发挥会计的监督职能，保证会计信息的真实性、可靠性和正确性，会计机构、会计人员必须对原始凭证进行严格审核。原始凭证的审核内容具体见表 4-13。

表 4-13　原始凭证的审核内容

审核内容	具体描述
真实性	包括凭证日期是否真实、业务内容是否真实、数据是否真实等内容的审查。对外来原始凭证，必须有填制单位公章和填制人的签章；对自制原始凭证，必须有经办部门和经办人的签名或盖章。此外，对通用原始凭证，还应审核凭证的真实性，以防假冒
合法性	所记录经济业务是否有违反国家法律法规的情况，是否履行了规定的凭证传递和审核程序，是否有贪污腐化等行为
合理性	所记录经济业务是否符合企业生产经营活动的需要，是否符合有关的计划和预算等
完整性	各项基本要素是否齐全，是否有漏项情况，日期是否完整，数字是否清晰，文字是否工整，有关人员签章是否齐全，凭证联次是否正确等
正确性	各项金额的计算及填写是否正确，包括：阿拉伯数字分位填写，不得连写；小写金额前要标明“¥”字样，中间不能留有空位；大写金额前要加“人民币”字样，大写金额与小写金额要相符；凭证中有书写错误的，应采用正确的方法更正，不能采用涂改、刮擦、挖补等不正确方法
及时性	要求在经济业务发生或完成时及时填制有关原始凭证，及时进行凭证的传递。审核时应注意审查凭证的填制日期，尤其是支票等时效性较强的原始凭证，更应仔细验证其签发日期

经审核的原始凭证应根据不同情况处理：

（1）对于完全符合要求的原始凭证，应及时据以编制记账凭证入账。

（2）对于真实、合法、合理，但内容不够完整、填写有错误的原始凭证，应退回给有关经办人员，由其负责将有关凭证补充完整、更正错误或重开后，再办理正式会计手续。

（3）对于不真实、不合法的原始凭证，会计机构和会计人员有权不予接受，并向单位负责人报告。

任务三　学会填制与审核记账凭证

任务要求

1. 理解记账凭证的概念
2. 理解记账凭证的种类
3. 了解记账凭证的基本内容
4. 掌握记账凭证的填制方法
5. 掌握记账凭证的审核内容

知识储备

有原始凭证证明经济业务的发生，为何还要填制记账凭证呢?

记账凭证与原始凭证相比，有两点不同：第一，记账凭证是企业内部所填写的，并作为登记账簿的直接依据，它不能用来证明经济业务的发生，不具备法律的证明效力；第二，记账凭证上一定要列明如何对经济业务进行处理的会计分录，这是对原始凭证进行处理的第一步。

一、记账凭证的概念

记账凭证又称记账凭单，是会计人员根据审核无误的原始凭证按照经济业务事项的内容加以归类，并据以确定会计分录后所填制的会计凭证。它是登记账簿的直接依据。

按照有关法规及会计核算的要求，会计人员必须对原始凭证或原始凭证汇总表上所记载的经济业务的内容进行整理、归类，确定经济业务发生后所涉及的账户名称、记账方向以及应记载的金额，这三项内容所组成的形式即项目三中介绍的会计分录。原始凭证是记录经济业务的原始书面证明，其记载的内容详细繁杂，不便于将其直接反映到有关账户中。一般情况下，原始凭证不能作为登记账簿的直接依据，而通过对原始凭证的归纳、分类，确定出相应的会计分录并填制在记账凭证中，将经济业务发生后所引起的资产和权益的增减变化，直接反映到有关账簿中去。所以说，记账凭证作为会计分录的载体，是对经济业务进行账务处理的依据。

二、记账凭证的种类

记账凭证按其使用范围不同，可以分为通用记账凭证和专用记账凭证；按其填制方式不同，可以分为复式记账凭证和单式记账凭证。记账凭证的种类情况见表 4-14。

表 4-14 记账凭证的种类情况

<table>
<tr><th>分类标准</th><th colspan="2">具体分类</th><th>具体内容</th><th>格式举例</th></tr>
<tr><td rowspan="4">使用范围</td><td colspan="2">通用记账凭证</td><td>适合于所有经济业务的记账凭证。对于经济业务较少的单位可以采用这种记账凭证来记录所有经济业务，将所有经济业务统一编号</td><td>见表 4-15</td></tr>
<tr><td rowspan="3">专用记账凭证</td><td>收款凭证</td><td>用于记录库存现金和银行存款收入业务的会计凭证。根据有关库存现金和银行存款收入业务的原始凭证填制，是登记库存现金日记账、银行存款日记账以及有关明细账和总账等账簿的依据，也是出纳人员收讫款项的依据</td><td>见表 4-16</td></tr>
<tr><td>付款凭证</td><td>用于记录库存现金和银行存款付出业务的会计凭证。根据有关库存现金和银行存款支付业务的原始凭证填制，是登记库存现金日记账、银行存款日记账以及有关明细账和总账等账簿的依据，也是出纳人员支付款项的依据</td><td>见表 4-17</td></tr>
<tr><td>转账凭证</td><td>用于记录不涉及库存现金和银行存款收付业务的会计凭证</td><td>见表 4-18</td></tr>
<tr><td rowspan="2">填制方式</td><td colspan="2">复式记账凭证</td><td>将一笔经济业务所涉及的应借应贷的各个会计科目，都集中填制在一张凭证上的记账凭证。其优点是可以集中反映科目的对应关系，便于了解经济业务的来龙去脉，可以减少记账凭证的张数。缺点是不便于汇总计算每一会计科目的发生额，不便于分工记账</td><td>如前述通用记账凭证、收款凭证、付款凭证和转账凭证。目前企事业单位使用的均是复式记账凭证</td></tr>
<tr><td colspan="2">单式记账凭证</td><td>将一笔经济业务所涉及的每一会计科目分别填制记账凭证。其优点是便于汇总计算每一会计科目的发生额，便于分工记账。缺点是不能在一张凭证上反映一笔经济业务的全貌，不便于查账，记账凭证数量多、工作量大</td><td></td></tr>
</table>

注：对于库存现金和银行存款之间的相互划转的收、付款业务，为避免重复记账，只填付款凭证不填收款凭证。收款凭证、付款凭证、转账凭证的划分，有利于区别不同经济业务进行分类管理，有利于经济业务的检查，但工作量大，适用于规模较大，收付款业务较多的单位。

表 4-15 通用记账凭证

通用记账凭证

日期： 年 月 日 第____号

摘 要	总账科目	明细科目	借方金额											贷方金额											记 账
			亿	千	百	十	万	千	百	十	元	角	分	亿	千	百	十	万	千	百	十	元	角	分	√
附件 张	合 计																								

会计主管 记账 复核 制单

表 4-16 收款凭证

收款凭证

借方科目：＿＿＿＿ 日期： 年 月 日 第 号

对方单位（或缴款人）	摘要	贷方科目		金额										记账
		总账科目	明细科目	千	百	十	万	千	百	十	元	角	分	√
附件 张		合计金额												

会计主管 记账 稽核 出纳 制单

表 4-17 付款凭证

付款凭证

贷方科目：＿＿＿＿ 日期： 年 月 日 第 号

对方单位（或领款人）	摘要	借方科目		金额										记账
		总账科目	明细科目	千	百	十	万	千	百	十	元	角	分	√
附件 张		合计金额												

会计主管 记账 稽核 出纳 制单

表 4-18 转账凭证

转账凭证

分号＿＿＿＿

日期： 年 月 日 总号＿＿＿＿

摘要	总账科目	明细科目	借方金额											贷方金额											记账
			亿	千	百	十	万	千	百	十	元	角	分	亿	千	百	十	万	千	百	十	元	角	分	√
附件 张	合计																								

会计主管 记账 复核 制单

三、记账凭证的基本内容

按照会计核算要求，通过记账凭证来确定所发生每笔经济业务应登记的账户名称、应借应贷的金额等，因此记账凭证也是用来确定会计分录的一种核算形式。所以不论采用何种格式，记账凭证都必须具备相同的基本内容。记账凭证包括的基本内容见表 4-19。

表 4-19　收款凭证

收 款 凭 证①

借方科目⑤：　　　　　　　　日期：　　年　　月　　日②　　　　　　　　　　第　　号③

对方单位（或缴款人）	摘　要④	贷 方 科 目⑤		金　额⑥										记　账
		总账科目	明细科目	千	百	十	万	千	百	十	元	角	分	√
附件⑦　张		合 计 金 额												

会计主管　　　　　　记账　　　　　　稽核　　　　　　出纳　　　　　　制单⑧

注：① 记账凭证名称，即收款凭证、付款凭证、转账凭证或记账凭证。

② 记账凭证的填制日期，通常以年、月、日表示。

③ 记账凭证的顺序编号，一般按月编排统一序号。

④ 经济业务的摘要，即摘录其主要内容。对不同的经济业务，摘要应有不同的表述方法。

⑤ 经济业务所涉及的会计科目，包括对应的总账科目和明细科目。

⑥ 经济业务所涉及的金额。按照借贷记账法的规则，每一笔经济业务的发生，其借方金额与贷方金额永远是相等的；其次，每一个总账科目下面的各明细科目金额之和，与总账科目的金额是相等的，而且方向也是一致的。

⑦ 记账凭证所附原始凭证张数，一般情况下记账凭证应附有原始凭证。

⑧ 有关责任人的签名或者盖章，包括制单（或制证）人、稽核（或复核）人、记账人、会计主管等。如为收款凭证或付款凭证还应当由出纳人员签名或者盖章。

企业若以自制的原始凭证或者原始凭证汇总表替代记账凭证的，则替代单证也必须具备记账凭证应有的项目。

四、记账凭证的填制

填制记账凭证是一项重要的会计工作，会计凭证填制出现错误，不仅影响到账簿的登记，而且影响到经费的收支、费用的汇集、成本的计算和会计报表的编制。所以，会计人员尽量做到一次性正确填制记账凭证。

（一）记账凭证的填制要求

记账凭证是登记账簿的依据。正确填制记账凭证，是保证账簿记录正确的基础。在填制记账凭证时，应注意以下几方面。

1．审核原始凭证

对经济业务发生后取得或填制的原始凭证进行严格的检查、审核，经确认其内容真实、准确无误后，方可依此填制相应的记账凭证。记账凭证可以根据每一张原始凭证填制，或者根据若干张同类原始凭证汇总填制，也可以根据原始凭证汇总表填制。但不得将不同内容和类别的原始凭证汇总填制在一张记账凭证上。

2．确定采用何种记账凭证

会计人员在接到经过复核的原始凭证后，应根据经济业务的性质，确定使用何种记账凭证来记录该笔经济业务。

3．填写记账凭证的日期

填写日期一般是会计人员填制记账凭证的当天日期，也可以根据管理需要，填写经济业务发生的日期或月末日期。例如，报销差旅费的记账凭证填写报销当日的日期；现金收付款记账凭证填写办理收付现金的日期；银行收款业务的记账凭证一般按财会部门收到银行进账单或银行回执的戳记日期填写，当实际收到进账单的日期与银行戳记日期相隔较远，或次日收到上月的银行收付款凭证，按财会部门实际办理转账业务的日期填写；银行付款业务的记账凭证，一般以财会部门开出银行付款单据的日期或承付的日期填写；属于计提和分配费用等转账业务的应当以当月最后的日期填写。

4．填写记账凭证编号

记账凭证必须按月连续编号，以便于记账、查账，防止散落、丢失。填写记账凭证编号的方法有多种。以下主要介绍三种常用的编号方法。

（1）将全部记账凭证作为一类统一编号，也就是按经济业务发生时间的先后顺序统一编号，即从本月第一笔经济业务发生后填制的记账凭证第 1 号开始，至本月最后一张记账凭证第×号为止。

（2）分别按现金和银行存款收入、现金和银行存款付出、转账业务三类进行编号，这样记账凭证的编号应分为收字第×号、付字第×号、转字第×号。

（3）分别按现金收入、现金付出、银行存款收入、银行存款付出、转账业务五类进行编号，在这种情况下，记账凭证的编号应分为现收字第×号、现付字第×号、银收字第×号、银付字第×号、转字第×号。

当月记账凭证的编号，可以在填写记账凭证的当日填写，也可以在装订记账凭证时或月末填写。

值得说明的是，任何一种分类都不会影响记账结果。记账凭证无论是统一编号或分类编号，均应分月按自然数 1、2、3、4、5……顺序连续编号，一张记账凭证编一个号，不得跳号、重号。如果一笔经济业务需要填制两张或两张以上记账凭证时，可以采用“分数编号法”编号。月末，在最后一张记账凭证的编号旁边，注明“全”，表示本月填制的记账凭证到此全部结束。

相关链接

分数编号法

分数编号法，即在原顺序编号后面，以分数形式表示该笔经济业务所填制的记账凭证的张数及该张的顺序号，如第九笔经济业务发生后，根据原始凭证需要填制三张记账凭证，按顺序，该笔经济业务的记账编号为9，所需填制的三张记账凭证的编号分别为：第一张为第$9\frac{1}{3}$号、第二张为第$9\frac{2}{3}$号、第三张为第$9\frac{3}{3}$号。

5．填写记账凭证的内容摘要

记账凭证的摘要栏是用来填写经济业务简要内容。摘要的填写要求：一是真实准确，其内容与经济业务的内容和所附原始凭证的内容相符；二是简明扼要，对经济业务内容表述准确并书写工整；三是完整清楚，对一笔经济业务涉及两个以上（不包括两个）总账会计科目的，一般应根据经济业务和各个会计科目的特点分别填写。

记账凭证摘要栏的填写没有统一规格，不能一概而论。根据不同类型的经济业务，因事而异，详略不同。对于同一类经济业务，摘要表述的基本内容是一致的。

6．填写会计科目和编制会计分录

对原始凭证的内容进行归类，正确填写所涉及的会计科目（包括总账科目和明细科目)，会计科目应写全称，也可以用会计科目戳记代替书写，但不能用会计科目的统一编号代替会计科目的名称，不得简写或只写编号而不写名称，也不得用表示同上的符号代替会计科目。

账户的对应关系要填写清楚。在填写会计科目时，一般一个科目只能同一个科目或几个科目相对应，不要几个科目和几个科目同时对应。但在某些特殊情况下，如果某笔经济业务本身就需要编制一套多借多贷的会计分录时，为了集中反映该笔经济业务的全貌，可以采用多借多贷，不必人为地将一笔经济业务所涉及的会计科目分开，填制多张记账凭证。

不能把不同内容、不同类型的经济业务合并，编制一组会计分录，填制在一张凭证上，否则会造成经济业务的具体内容不清楚，容易造成账簿记录的错误，给记账、算账带来困难。

7．填写金额栏数字

记账凭证的金额必须与原始凭证的金额相符。在填写金额数字时，阿拉伯数字书写要规范，行次、栏次的内容要对应明确，金额数字要填写至“分”位，如果“角”位、“分”位没有数字要写“00”字样，如 123.00 元；如果“角”位有数字，“分”位没有数字，则要在“分”位上写“0”字样，如 456.70 元；“角”“分”位与“元”位的位置应在同一水平线上，不得上下错开。

每一笔经济业务填入金额数字后，要在记账凭证的合计行上填写合计金额，并在合计金额前标明人民币符号“¥”，合计金额需计算准确并保持借方与贷方之间的平衡。若不是合计金额，则不需填写人民币符号。

8．注销记账凭证中的空行

记账凭证填制经济业务事项后，如有空行，应当自金额栏最后一笔金额数字下的空行处至合计数上的空行处画斜线或一条S形线注销。要注意斜线两端都不能画到金额数字的行次上。

9．注明所附原始凭证的件（张）数

在记账凭证上，必须注明所附原始凭证的件（张）数，并将有关原始凭证整理后，附在该记账凭证后面，表明一笔经济业务发生后所涉及的全部会计凭证。除结账和更正错误的记账凭证可以不附原始凭证外，其他记账凭证必须附有原始凭证。若记账凭证无附件，则记账凭证上的“附件　张”可空置不填，也可填“0”。

如果一张原始凭证涉及几张记账凭证，可以把原始凭证附在一张主要的记账凭证后面，在摘要栏注明“本凭证附件包括××号记账凭证业务”字样，并在其他记账凭证上注明“原始凭证附在××号记账凭证后面”的字样。对需经上级批准的经济业务，应将批准文件作为原始凭证的附件。

如遇原始凭证需单独保存时，应将其整理使用完毕后，妥善保管，并在有关的记账凭证上加以注明，以便查找、核对。

相关链接

记账凭证附件张数的计算方法

记账凭证附件张数应用阿拉伯数字填写。其计算方法有两种：一种是按构成记账凭证金额的原始凭证（或原始凭证汇总表）计算张数；另一种以所附原始凭证的自然张数为准。

1）凡属转账业务的原始凭证张数的计算以构成记账凭证金额的张数为准，其他说明性质的资料均作附件的附件处理。如属于转账业务的记账凭证附件是原始凭证汇总表，其附件张数的计算以原始凭证汇总表的张数为准，汇总表所附的原始凭证只作为附件的附件处理。

2）凡属收付款业务的原始凭证张数的计算，均以自然张数为准。如把收付款业务的汇总表及所附的原始凭证或说明性质的资料均计入，但对差旅费、市内交通费、医药费等报销单据，可粘贴在一张纸上，作为一张原始凭证附件。

10．记账凭证的签章

记账凭证填制完毕后，填制人员应签章，以明确经济责任。填制人员签章后，按照规定手续交由审核人员进行审核，然后交记账人员登记入账。对记账凭证的每一位经手人员，都要求签章，以利于加强内部的检查、监督。

11．填写记账凭证出错的处理

填制记账凭证时若发生错误，应当重新填制。已登记入账的记账凭证在当年内发现填写错误时，可以用红字填写一张与原内容相同的记账凭证。在摘要栏注明“注销某月某日某号凭证”字样，同时再用蓝字重新填制一张正确的记账凭证，注明“订正某月某日某号凭证”字样。如果会计科目没有错误，只是金额错误，也可将正确数字与错误数字之间的差额另编一张调整的记账凭证，调增金额用蓝字，调减金额用红字。发现以前年度记账凭证有错误的，应当用蓝字填制一张更正的记账凭证。

（二）记账凭证的填制方法

记账凭证可分为专用记账凭证和通用记账凭证两类。实际操作中，可以根据具体经济业务需要选用。它们的填制方法也基本相同。

1．专用记账凭证的填制

（1）收款凭证的填制。收款凭证是根据有关反映库存现金和银行存款收款业务的原始凭证填制的。收款凭证左上角的“借方科目”按收款的性质填写“库存现金”或“银行存款”；日期填写的是编制本凭证的日期；右上角填写编制收款凭证的顺序号；“摘要”栏填写对所记录的经济业务的简要说明；“贷方科目”栏填写与收入库存现金或银行存款相对应的会计科目；“记账”栏是指该凭证已登记账簿的标记，防止经济业务事项重记或漏记；“金额”栏是指该笔经济业务事项的发生额；凭证左下方“附件 张”是指本记账凭证所附原始凭证的张数；最下边分别由有关人员签章，以明确经济责任。

（2）付款凭证的填制。付款凭证是根据有关反映库存现金和银行存款付款业务的原始凭证填制的。付款凭证的填制方法与收款凭证基本相同，只是左上角由“借方科目”换为“贷方科目”，凭证中间的“贷方科目”换为“借方科目”。

在经济活动中，经常会发生如取款（或存款）等涉及库存现金和银行存款之间以及各个种类银行存款之间相互划转的经济业务。对于类似的经济业务，记账凭证只填制一张“付款凭证”。例如，将多余现金存入银行。经济业务发生后，根据该笔经济业务的有关原始凭证，只填制一张“付款凭证”即“库存现金付款凭证”，“贷方科目”为“库存现金”。记账（即账簿登记）时，依据此记账凭证，将其经济业务内容分别记入“库存现金日记账”和“银行存款日记账”中。这样处理可减少记账凭证的填制工作，也避免了重复记账。

（3）转账凭证的填制。转账凭证是根据有关除库存现金和银行存款收付业务以外的转账类经济业务的原始凭证填制的。转账凭证将经济业务事项中所涉及全部会计科目按照先借后贷的顺序记入“会计科目”栏中的“一级科目”和“二级及明细科目”，并按应借、应贷方向分别记入“借方金额”或“贷方金额”栏。其他项目的填列与收、付款凭证相同。

另外，在同一笔经济业务中，如果既有库存现金或银行存款的收付业务，又有转账业务时，应相应地填制收、付款凭证和转账凭证。

2．通用记账凭证的填制

通用记账凭证的名称为“记账凭证”或“记账凭单”，它是集收款、付款和转账凭证于一体，适用于所有业务类型的记账凭证。

通用记账凭证的填制方法与转账凭证的填制方法相同。

五、记账凭证的审核

为了保证会计信息的质量，在记账之前应由有关稽核人员对记账凭证进行严格的审核。审核的主要内容有：

（1）内容是否真实。审核记账凭证是否有原始凭证为依据，所附原始凭证的内容与记账凭证的内容是否一致，记账凭证汇总表的内容与其所依据的记账凭证的内容是否一致等。

（2）项目是否齐全。审核记账凭证各项目的填写是否齐全，如日期、凭证编号、摘要、会计科目、金额、所附原始凭证张数及有关人员签章等。

（3）科目是否正确。审核记账凭证的应借、应贷科目是否正确，是否有明确的账户对应关系，所使用的会计科目是否符合有关会计制度的规定。

（4）金额是否正确。审核记账凭证所记录的金额与原始凭证的有关金额是否一致，记账凭证汇总表的金额与记账凭证的金额合计是否相符，原始凭证中的数量、单价、金额计算是否正确等。

（5）书写是否正确。审核记账凭证中的记录是否文字工整、数字清晰，是否按规定使用蓝黑墨水，是否按规定进行更正等。

出纳人员在办理收款或付款业务后，应在凭证上加盖“收讫”或“付讫”的戳记，以避免重收重付。

在审核过程中，如果发现差错，应及时查明原因，按规定办法及时处理和更正，只有经过审核无误的记账凭证，才能据以登记账簿。如果发现尚未入账的错误记账凭证，应当重新填制。

任务四　学会装订会计凭证

任务要求

1. 了解会计凭证的传递
2. 掌握会计凭证的装订方法
3. 了解会计凭证的保管

知识储备

看着一张张原始凭证和记账凭证散落地放着，我们该如何将它们装订起来呢？如何才能更加便于我们查找和保管呢？

一、会计凭证的传递

会计凭证的传递是指从会计凭证的取得或填制时起至归档保管过程中，在单位内部有关部门和人员之间的传递程序。

各单位应根据具体情况制定每一种凭证的传递程序和方法。在制定会计凭证的传递程序、规定其传递时间时，应注意以下两个方面的问题，以合理地组织会计凭证的传递。

（1）规定传递线路。各单位应根据经济业务的特点，结合内部机构和人员分工情况，为满足经营管理和会计核算的需要，规定会计凭证的传递程序和会计凭证的份数，使经办业务的部门和人员能及时地办理各种凭证手续，既符合内部牵制原则，又能加速业务处理过程，提高工作效率。

（2）规定传递时间。各单位要根据有关部门和人员办理经济业务的情况，恰当地规定凭证在各环节的停留时间和交接时间。

总之，会计凭证的传递既要能够满足内部控制制度的要求，使传递程序合理有效，同时又要尽量节约传递时间，减少传递的工作量。

二、会计凭证的装订

凭证装订是指将整理完毕的会计凭证加上封面和封底，装订成册，并在装订线上加贴封签的一系列工作。科目汇总表的工作底稿也可以装订在内，作为科目汇总表的附件。

1. 会计凭证封面

会计凭证不得跨月装订。记账凭证少的，可以一个月装订一本；一个月内凭证数量较多的，可装订成若干册，并在凭证封面上注明本月总计册数和本册序数。采用科目汇总表会计核算形式的企业，原则上以一张科目汇总表及所附的记账凭证、原始凭证装订成一册，凭证少的，也可将若干张科目汇总表及相关记账凭证、原始凭证合并装订成一册。序号每月一编。

装订成册的会计凭证必须加盖封面，封面上应注明单位名称、年度、月份和起讫日期、凭证种类、起讫号码，由装订人在装订线封签处签名或者盖章，见表4-20。

表4-20　会计凭证封面

会 计 凭 证 封 面

自　　年　月　日起至　月　日止

年 月 份第 册	（企业名称） 年　月份共　册　第　册		
	记账凭证种类	凭单起讫号数	附原始凭证张数
	收 款 凭 证	共　张自第　号至第　号	共　张
	付 账 凭 证	共　张自第　号至第　号	共　张
	转 账 凭 证	共　张自第　号至第　号	共　张
	记 账 凭 证	共　张自第　号至第　号	共　张
	备　注		

年　月　日装订

会计主管人员　　　　复核　　　　装订员

2. 原始凭证的折叠和粘贴方法

记账凭证后面所附的原始凭证种类很多，装订平整美观的会计凭证便于查阅和保管，在填制记账凭证时应对其附件进行必要的整理加工。先摘除凭证内的金属物（如订书钉、大头针、回形针等），再对凭证进行排序、粘贴和折叠。排序时，注意检查凭证顺序号，如有颠倒要重新排列，发现缺号要查明原因，最后要检查附件有否漏缺。装订整理的要求如下：

（1）折叠原始凭证的标准尺寸为21cm×10.5cm，左上角为粘贴处，胶水少许。对于过宽、过长的附件，可按标准尺寸，先自右向后，再自下向后两次折叠。注意应把凭证的左上角或左侧面让出来，折叠后的附件外形尺寸，不应宽于和长于记账凭证，同时还要便于翻阅；附件本身不必保留的部分可以裁掉，但不得因此影响原始凭证内容的完整。

（2）尺寸过小的原始凭证，可先按一定次序和类别排列，再粘在一张标准尺寸的白纸上，粘贴时以胶水为宜。粘贴时，应横向进行，从右向左，并应粘附件的左边，留右边，一张压一张，每张附件只粘 0.6～1cm 长，粘牢即可。粘好后，要捏住记账凭证的左上角，向下抖几下，看看是否有未粘住或未粘牢的。如有附件掉下来，应立即补贴上去。最后，应在粘贴单的空白处分别写出每一类附件的单位金额、张数及总金额。例如，某职工差旅费报销单后面的粘贴单附有 2.00 元的市内公共汽车票 31 张，就在这种车票后面写上“2.00×31=62.00 元”字样，有 5.00 元的市内公共汽车票 14 张，就在这一类凭证下面写“5.00×14=70.00 元”字样；票面金额不相同的原始凭证单独登记，如有一张火车票为 154 元，就写上“154×1=154 元”字样。这样做了以后，附件若不慎缺失可以很容易判断掉的是一张什么票面的附件，也为以后的计算附件张数提供了方便。请勿使用空白的记账凭证或报销单背面粘贴。

（3）对于纸张面积略小于记账凭证的附件，可以用回形针或大头针别在记账凭证后面，待装订凭证时，抽去回形针或大头针。面积大、数量多的附件可以单独装订，如工资单、耗料单等。但在记账凭证上应注明保管地点。

（4）一笔经济业务中，有多张原始凭证，前后粘贴次序，一般要求如下：

1）最上面的是银行收付款单证；

2）其次是外来发票或收据；

3）再次是外来发票的附件，如清单、入库验收单等；

4）最后是付款内部签批凭证，如预领支票签批单、用款申请单等。

（5）属于费用报销的“费用报销审批单”，粘贴次序为：

1）“费用报销审批单”上面粘贴银行单证；

2）“费用报销审批单”下面按填写次序粘贴原始单据。

（6）原始凭证的粘贴均以左上角对齐，但是支票存根尺寸比较小，装订后势必将主要内容遮盖掉，所以支票存根粘贴，应左离 2cm，使装订时只有一孔订着，这样可使展示面积较大。

（7）原始凭证附在记账凭证后的顺序应与记账凭证所记载的内容顺序一致，不应按附件的尺寸大小来排序。

会计凭证装订方法如图 4-1 所示。经过整理后的会计凭证，为汇总装订打好了基础。

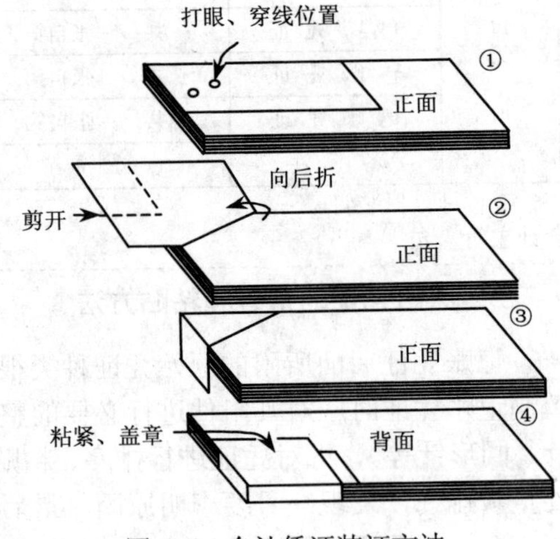

图 4-1 会计凭证装订方法

3．记账凭证装订成册的方法

（1）整理记账凭证，摘掉凭证上的大头针等杂物，并将记账凭证按编号顺序码放。

（2）将记账凭证汇总表、银行存款余额调节表放在最前面，并放上封面、封底。

（3）在码放整齐的记账凭证左上角放一张

8cm×8cm 大小的包角纸。包角纸要厚一点，其左边和上边与记账凭证取齐。

（4）过包角纸上沿距左边 5cm 处和左沿距上边 4cm 处包角纸上划一条直线，并用两点将此直线等分，再分别在等分直线的两点处将包角纸和记账凭证打上两个装订孔。

（5）用绳穿绕扎紧（结扎在背面）。粘上包角纸。

将装订线印章盖于骑缝处，并注明年、月、日和册数的编号。记账凭证装订成册的方法如图 4-2 所示。

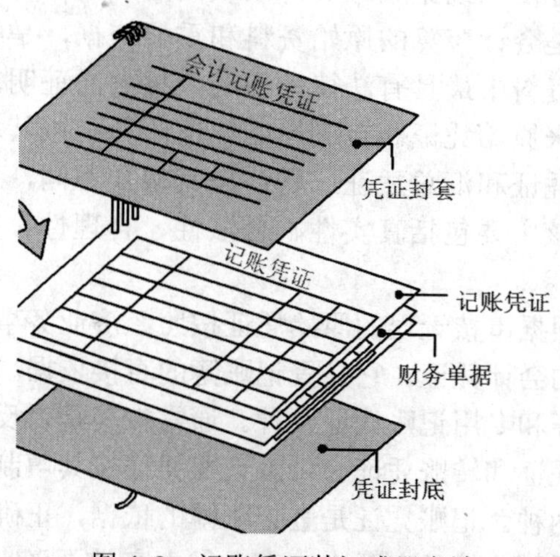

图 4-2　记账凭证装订成册方法

三、会计凭证的保管

会计凭证的保管是指会计凭证记账后的整理、装订、归档和存查工作。会计凭证的保管主要有下列要求：

（1）会计凭证应定期装订成册，防止散失。从外单位取得的原始凭证遗失时，应取得原签发单位盖有公章的证明，并注明原始凭证的号码、金额、内容等，由经办单位会计机构负责人、会计主管人员和单位负责人批准后，才能代作原始凭证。若确实无法取得证明的，如车票丢失，则应由当事人写明详细情况，由经办单位会计机构负责人、会计主管人员和单位负责人批准后，代作原始凭证。

（2）会计凭证封面应注明单位名称、凭证种类、凭证张数、起止号数、年度、月份、会计主管人员、装订人员等有关事项，会计主管人员和保管人员应在封面上签章。

（3）会计凭证应加贴封条，防止抽换凭证。原始凭证不得外借，其他单位如有特殊原因确实需要使用时，应持有单位正式介绍信，经本单位负责人批准后，方可查阅或复印。向外单位提供的原始凭证复印件，应在专设的登记簿上登记，并由提供人员和收取人员共同签名、盖章。

（4）原始凭证较多时可单独装订，但应在凭证封面注明所属记账凭证的日期、编号和种类，同时在所属的记账凭证上应注明“附件另订”及原始凭证的名称和编号，以便查阅。

（5）严格遵守会计凭证的保管期限要求，期满前不得随意销毁。

项目总结

会计凭证是记录经济业务事项发生或完成情况的书面证明，也是登记账簿的依据。填制和审核会计凭证，是会计核算的专门方法之一，也是会计核算工作的起点。一般按照会计凭证的填制程序和用途的不同，将其划分为原始凭证和记账凭证两类。

原始凭证是在经济业务发生或完成时取得或填制的，用以记录或证明经济业务的发生或完成情况的书面凭据，是会计核算的原始资料和重要依据，是编制记账凭证和登记账簿的原始依据，是会计核算资料中最具有法律效力的一种书面证明。原始凭证按其取得的来源渠道不同，可以分为外来原始凭证和自制原始凭证两种；按其填制手续及内容的不同，可以分为一次凭证、累计凭证和汇总凭证三种；按其格式不同，可以分为通用凭证和专用凭证两种。原始凭证的审核主要包括真实性、合法性、合理性、完整性、正确性和及时性的审核。

记账凭证是会计人员根据审核无误的原始凭证按照经济业务事项的内容加以归类，并据以确定会计分录后所填制的会计凭证。它是登记账簿的直接依据。记账凭证按其使用范围不同，可以分为通用记账凭证和专用记账凭证两种。通常按其是否反映货币资金收付业务来分类，分为收款凭证、付款凭证和转账凭证三种。记账凭证按其填制方式不同，可以分为复式记账凭证和单式记账凭证两种。记账凭证是登记账簿的依据，正确填制记账凭证，是保证账簿记录正确的基础。记账凭证审核的主要内容有：①内容是否真实；②项目是否齐全；③科目是否正确；④金额是否正确；⑤书写是否正确。

会计凭证的传递是指从会计凭证的取得或填制时起至归档保管过程中，在单位内部有关部门和人员之间的传递程序。会计凭证的保管是指会计凭证记账后的整理、装订、归档和存查工作。凭证装订是指将整理完毕的会计凭证加上封面和封底，装订成册，并在装订线上加贴封签的一系列工作。

项目五 主要经济业务的核算 05

项目导航

学习目标

- 熟悉企业基本概要，学会建立企业账套
- 掌握企业筹集资金阶段业务的核算
- 掌握企业采购阶段业务的核算
- 掌握企业生产阶段业务的核算
- 掌握企业销售阶段业务的核算
- 掌握企业利润及利润分配业务的核算

具体任务

任务一 建立企业账套
任务二 核算企业筹集资金阶段业务
任务三 核算企业采购阶段业务
任务四 核算企业生产阶段业务
任务五 核算企业销售阶段业务
任务六 核算企业利润形成和利润分配业务

任务一 建立企业账套

任务要求

1. 了解企业账套的概念
2. 学会建立企业账套

知识储备

会计所做的起始工作是什么？

会计所做的起始工作是什么？那就是建立企业总账、日记账和相关明细账。本项目将告诉你一个企业是如何从开设账簿开始，到获取原始凭证直至编制记账凭证的整个过程，这个过程是学习会计基础的核心。依据本项目提供的资料，可使用真实的会计凭证和账簿资料来完成各项任务的学习。

一、企业账套的概念

账套是一组相互关联的数据，每一个独立核算的企业都有一套相互关联的账簿体系。一般一个企业只用一个账套。

二、企业基本概要及有关建账资料

（一）基本情况

（1）企业名称：深电电子有限公司

（2）企业地址：南京市香樟路20号，电话：025-86112233，邮编：210012

（3）纳税人登记号：320204252001356

（4）开户银行：工行香樟路支行，账号：708-12345

（5）企业性质：国有企业、一般纳税人

（6）经营范围：电子生产与销售，主要产品88型电子产品与99型电子产品

（7）所用主要材料：甲材料、乙材料、丙材料、丁材料，材料发出采用先进先出法核算成本

（8）会计记账：采用借贷记账法

（9）法定代表人：吴权

（10）会计工作人员：会计主管：李想，总账会计：赵苏，出纳员：钱途，明细账会计：周到，复核：苏琪，记账：郭维，稽核：沈慎，一般会计人员：傅星

（11）会计核算形式：记账凭证汇总表核算形式

（二）深电电子产品有限公司账户期初资料

1．2017年12月1日总分类账户余额表，见表5-1。

表5-1 总分类账户余额表

账户名称	借方余额	账户名称	贷方余额	账户名称（损益类）	余额
库存现金	1 200.00	累计折旧	120 000.00	主营业务收入	—
银行存款	1 201 305.00	短期借款	25 000.00	其他业务收入	—
应收票据	—	应付票据	—	投资收益	—
应收账款	35 100.00	应付账款	130 000.00	营业外收入	—
预付账款	—	预收账款	—	主营业务成本	—
其他应收款	1 800.00	应付职工薪酬	—	税金及附加	—
在途物资	—	应交税费	23 825.50	其他业务成本	—
原材料	164 000.00	应付股利	36 000.00	销售费用	—
周转材料	945.00	应付利息	1 100.00	管理费用	—
库存商品	210 000.00	其他应付款	—	财务费用	—
生产成本	36 000.00	长期借款	150 000.00	营业外支出	—
固定资产	1 060 000.00	实收资本	1 020 900.00	所得税费用	—

（续）

账户名称	借方余额	账户名称	贷方余额	账户名称（损益类）	余　额
工程物资	100 000.00	资本公积	500 000.00		
制造费用	—	盈余公积	403 524.50		
		本年利润	300 000.00		
		利润分配	100 000.00		
合　计	2 810 350.00	合　计	2 810 350.00	合　计	

2．2017 年 12 月 1 日有关三栏式明细分类账户余额表，见表 5-2。

表 5-2　三栏式明细分类账户余额表

总　账	明　细　账	期初余额	总　账	明　细　账	期初余额
应收账款	索普公司	5 100.00	应交税费	未交增值税	8 050.00
	东方公司	11 000.00		应交城市维护建设税	563.50
	大发公司	17 200.00		应交所得税	14 890.00
	圆顺公司	1 800.00		应交教育费附加	322.00
其他应收款	林建	900.00	应付股利	总公司	36 000.00
	周舟	900.00		紫鑫公司	—
工程物资	水泥	100 000.00		康辉公司	—
应付账款	时代公司	15 000.00	其他应付款	蓝天幼儿园	—
	凌云公司	23 000.00		华都房产公司	—
	雪玉公司	25 000.00	应付利息	借款利息	1 100.00
	紫霞公司	7 000.00	短期借款	工商银行南京市分行	25 000.00
	邦威公司	13 000.00	长期借款	工商银行南京市分行	150 000.00
	东方公司	4 000.00	实收资本	总公司	820 000.00
	全旗公司	33 000.00		紫鑫公司	200 900.00
	天威公司	10 000.00	盈余公积	法定盈余公积	403 524.50
			利润分配	未分配利润	100 000.00

3．2017 年 12 月 1 日有关数量金额式明细分类账户余额表，见表 5-3。

表 5-3　数量金额式明细分类账户余额表

总　账	明　细　账	数　量	单位成本	余　额	总　账	明　细　账	数　量	单位成本	余　额
原材料	甲材料	80 千克	50.00	4 000.00	库存商品	88 型电子产品	200 台	500.00	100 000.00
	乙材料	300 盒	100.00	30 000.00		99 型电子产品	110 台	1 000.00	110 000.00
	丙材料	125 千克	400.00	50 000.00					
	丁材料	40 千克	2 000.00	80 000.00					
周转材料	包装盒	189 个	5.00	945.00					

4．2017 年 12 月 1 日有关多栏式明细分类账户余额表，见表 5-4。

表 5-4　多栏式明细分类账户余额表

总　账	期初余额	明细账格式
制造费用	—	多栏式账页
销售费用	—	多栏式账页
管理费用	—	多栏式账页
财务费用	—	多栏式账页

5．2017 年 12 月 1 日有关生产成本明细分类账户余额表，见表 5-5。

表 5-5 生产成本明细分类账户余额表

总 账	明 细 账	数 量	单位成本	期初余额
生产成本	88 型电子产品 99 型电子产品	180 台 —	200.00 —	36 000.00 —

6．2017 年 12 月 1 日其他明细分类账户余额表，见表 5-6。

表 5-6 其他明细分类账户余额表

总 账	明 细 账	期初余额	总 账	明 细 账	期初余额
固定资产	生产车间厂房	310 000.00	累计折旧	生产车间厂房	40 000.00
	生产车间设备	230 000.00		生产车间设备	30 000.00
	非生产用固定资产	520 000.00		非生产用固定资产	50 000.00

三、建立企业账套的基本流程

建立账套，可简称为建账，其基本流程包括以下几个步骤：

（1）按照需用的各种账簿的格式要求，预备各种账页，并将活页的账页用账夹装订成册。

（2）在账簿的“启用表”上，写明单位名称、账簿名称、册数、编号、起止页数、启用日期以及记账人员和会计主管人员姓名，并加盖名章和单位公章。记账人员或会计主管人员在本年度调动工作时，应注明交接日期、接办人员和监交人员姓名，并由交接双方签名或盖章，以明确经济责任。

（3）按照会计科目表的顺序、名称，在总账账页上建立总账账户；并根据总账账户明细核算的要求，在各个所属明细账户上建立二、三级明细账户。原有单位在年初建立各级账户的同时，应将上年账户余额结转过来。

（4）启用订本式账簿，应从第一页起到最后一页止顺序编定号码，不得跳页、缺号；使用活页式账簿，应按账户顺序编本户页次号码。各账户编列号码后，应填“账户目录”，将账户名称页次登入目录内，并粘贴索引纸（账户标签），写明账户名称，以便于检索。

任务二 核算企业筹集资金阶段业务

任务要求

1. 理解主要账户的性质、用途和结构
2. 核算企业筹集资金阶段业务

知识储备

企业从无到有，从小到大，所发生的经营活动是从何开始的呢？

企业从无到有，从小到大，所发生的经营活动是从资金筹集业务开始的。

制造业企业的生产经营活动主要包括筹集资金阶段、供应阶段、生产阶段、销售阶段、财产清查阶段、财务成果核算和分配阶段。筹集资金阶段是企业筹集生产经营活动所需资金的阶段。

企业从事生产经营活动，需要拥有一定数量的资金。而资金的来源渠道主要有两条：一是投资人投入，投资人投入的资金一旦投入即构成企业的“本钱”；二是通过举债筹集，既可以向银行等金融机构借入资金，也可经批准向社会发行企业债券借入资金。主要核算内容有收到投资、借入借款等。

一、主要账户的设置

企业筹集资金涉及的主要账户见表 5-7。

表 5-7 企业筹集资金涉及的主要账户

账户名称	账户性质	账户用途	账户结构	明细账
实收资本	所有者权益类	核算企业按照企业章程的规定，投资者投入企业的实收资本	贷方登记收到投资者投入的资本；借方登记依法减少的资本额。期末余额在贷方，表示企业实有的资本	按投资者设置明细分类账，进行明细核算
短期借款	负债类	核算企业向银行或其他金融机构等借入的期限在 12 个月以下（含 12 个月）的各种借款	贷方登记借入的各种短期借款；借方登记偿还的短期借款数额。期末余额一般在贷方，表示企业尚未偿还的短期借款的本金	按借款种类、贷款人和币种进行明细核算
银行存款	资产类	核算企业存入银行或其他金融机构的各种存款	借方登记银行存款的增加额；贷方登记银行存款的减少额。期末余额在借方，表示企业尚存于银行或其他金融机构的款项	按开户银行和其他金融机构及存款的种类，分别设置“银行存款日记账”
固定资产	资产类	核算企业固定资产原始价值（原价）的增减变动和结存情况	借方登记固定资产原始价值的增加额；贷方登记固定资产原始价值的减少额。期末余额在借方，表示企业期末现有固定资产的原始价值	按固定资产类别和项目设置明细账，进行明细分类核算
工程物资	资产类	核算工程物资的增减变动情况	借方登记工程物资的增加额；贷方登记工程物资的减少额。期末余额在借方，表示期末工程物资的实有数	按工程物资的内容设置明细账，进行明细分类核算

二、业务核算举例

本任务主要操作的内容有负债融资和股权融资，会计处理表现为资产增加的同时负债或所有者权益增加，属于企业生产经营过程中的资金筹集阶段。

【例5-1】 2017年12月2日，深电电子有限公司（以下省略）收到总公司投入的资本金150 000元，款项已存入开户银行账户。原始凭证见表5-8。

表5-8 资本金进账的原始凭证

中国工商银行进账单（收账通知）1

2017年12月2日　　　　第160号

付款人	全　称	总公司	收款人	全　称	深电电子有限公司
	账　号	125222777		账　号	708-12345
	开户银行	工行和平路分理处		开户银行	工行香樟路支行

人民币（大写）	壹拾伍万元整	千	百	十	万	千	百	十	元	角	分
			¥	1	5	0	0	0	0	0	0
用途	投　资										
票据张数	1　票据种类　转账支票										
单位主管　会计　复核　记账		收款人开户银行盖章									

账户分析如图5-1所示。

借方	实收资本　贷方
按法定程序减少的资本数额	实际收到的投资额 150 000
	投入资本的实有数额

↔

借方　银行存款	贷方
银行存款的增加额 150 000	银行存款的减少额
企业存在银行或其他金融机构的款项	

图5-1 资本金进账的账户分析

编制会计分录：

借：银行存款　　150 000

　　贷：实收资本——总公司　　150 000

编制记账凭证见表5-9：

表5-9 资本金进账的记账凭证

收 款 凭 证

借方科目：银行存款　　日期：2017年12月2日　　银收字第1号

对方单位（或缴款人）	摘　要	贷方科目		金　额										记　账
		总账科目	明细科目	千	百	十	万	千	百	十	元	角	分	√
总公司	收到投资款	实收资本	总公司			1	5	0	0	0	0	0	0	
附件1张		合 计 金 额			¥	1	5	0	0	0	0	0	0	

会计主管：李想　　记账：郭维　　稽核：沈慎　　出纳：钱途　　制单：钱途

【例5-2】 2017年12月3日，从工商银行南京市分行借入短期借款110 000元，款项已划入企业开户银行账户。原始凭证见表5-10。

表 5-10 借入短期借款的原始凭证

中国工商银行南京分行—特种转账贷方传票

2017 年 12 月 3 日　　第 100201 号

付款人	全　称	工商银行南京市分行			收款人	全　称	深电电子有限公司
	账　号	125-66870				账　号	708-12345
	开户银行	工行南京市分行	行　号	023		开户银行	工行香樟路支行

人民币（大写）	壹拾壹万元整	千	百	十	万	千	百	十	元	角	分
			¥	1	1	0	0	0	0	0	0

原凭证金额		赔偿金		科目：
原凭证名称		号　码		对方科目：
转账原因	借款 银行盖章			复核员　　记账员

账户分析如图 5-2 所示。

借方	短期借款 贷方
到期偿还的借款	借入的短期借款 110 000
	尚未偿还的短期借款

↔

借方 银行存款	贷方
银行存款的增加额 110 000	银行存款的减少额
企业尚存于银行或其他金融机构的款项	

图 5-2 借入短期借款的账户分析

编制会计分录：

借：银行存款　　110 000

　　贷：短期借款　　110 000

编制记账凭证见表 5-11：

表 5-11 借入短期借款的记账凭证

收 款 凭 证

借方科目：银行存款　　日期：2017 年 12 月 3 日　　银收字第 2 号

对方单位（或缴款人）	摘　要	贷方科目		金　额										记 账
		总账科目	明细科目	千	百	十	万	千	百	十	元	角	分	√
工商银行南京市分行	取得短期借款	短期借款				1	1	0	0	0	0	0	0	
附件 1 张		合 计 金 额			¥	1	1	0	0	0	0	0	0	

会计主管：李想　　记账：郭维　　稽核：沈慎　　出纳：钱途　　制单：钱途

【例 5-3】 2017 年 12 月 5 日，收到紫鑫公司投入的生产用设备一台，投资协议价为 45 000 元，可直接投入使用，原始凭证见表 5-12。

表 5-12 收到固定资产的原始凭证

深电电子有限公司固定资产验收单 2017 年 12 月 5 日

名称及规格	单位	数量	总值金额	总值中的安装费	使用年限	预计残值	存放地点
生产车间设备	台	1	45 000	0	5 年	2 250	生产车间
备注	预计净残值率 5%						

验收部门：设备科 验收人：李丁 承办负责人：×× 制单：××

账户分析如图 5-3 所示。

借方	实收资本 贷方
按法定程序减少的资本数额	实际收到的投资额 45 000
	投入资本的实有数额

↔

借方 固定资产	贷方
固定资产原始价值的增加额 45 000	固定资产原始价值的减少额
企业现有固定资产的原始价值	

图 5-3 收到固定资产的账户分析

编制会计分录：

借：固定资产——生产用 45 000

贷：实收资本——紫鑫公司 45 000

编制记账凭证见表 5-13：

表 5-13 收到固定资产的记账凭证

转 账 凭 证

分号____

日期：2017 年 12 月 5 日 总号 1

摘要	总账科目	明细科目	借方金额										贷方金额										记账
			千	百	十	万	千	百	十	元	角	分	千	百	十	万	千	百	十	元	角	分	√
投入设备	固定资产	生产用				4	5	0	0	0	0	0											
	实收资本	紫鑫公司														4	5	0	0	0	0	0	
附件 1 张	合计				¥	4	5	0	0	0	0	0			¥	4	5	0	0	0	0	0	

会计主管：李想 记账：郭维 复核：苏琪 制单：钱途

【例 5-4】 2017 年 12 月 7 日，收到康辉股份有限公司投入的厂房建造所需的钢材一批，投资协议上注明的价值为 348 000 元，原始凭证见表 5-14。

表 5-14 收到工程物资的原始凭证

基建材料入库单

2017 年 12 月 7 日 康辉股份有限公司 No. 5459

收料单位		基建材料仓库			供货单位	南京民生建筑材料公司			
品名	规格	应收数				实收数			
		单位	数量	单价	金额	单位	数量	单价	金额
钢材		吨	100	3 480.00	348 000.00	吨	100	3 480.00	348 000.00
合计		吨	100	3 480.00	348 000.00	吨	100	3 480.00	348 000.00

账户分析如图 5-4 所示。

借方　实收资本　贷方	
按法定程序减少的资本数额	实际收到的投资额 348 000
	投入资本的实有数额

⟷

借方　工程物资　贷方	
工程物资的增加额 348 000	工程物资的减少额
企业现有工程物资的余额	

图 5-4　收到工程物资的账户分析

编制会计分录：

借：工程物资　　348 000

　　贷：实收资本——康辉公司　　348 000

编制记账凭证见表 5-15：

表 5-15　收到工程物资的记账凭证

转 账 凭 证

分号____

日期：2017 年 12 月 7 日

总号 2

摘　要	总账科目	明细科目	借方金额										贷方金额										记账
			千	百	十	万	千	百	十	元	角	分	千	百	十	万	千	百	十	元	角	分	√
收到工程物资	工程物资				3	4	8	0	0	0	0	0											
	实收资本	康辉公司													3	4	8	0	0	0	0	0	
附件 1 张	合　计			¥	3	4	8	0	0	0	0	0		¥	3	4	8	0	0	0	0	0	

会计主管：李想　　记账：郭维　　复核：苏琪　　制单：钱途

任务三　核算企业采购阶段业务

任务要求

1. 理解主要账户的性质、用途和结构
2. 核算企业采购阶段业务

知识储备

企业在采购阶段过程中会发生哪些经营活动？核算的内容是什么？

采购阶段是制造企业以货币资金通过市场购买各种劳动对象和劳动资料，为进行生产而储备必要资产的阶段。采购阶段是生产经营过程的第一阶段，主要任务是进行物资采购，储备生产需要的各项材料物资。因此，核算的主要内容有：购入材料、与供货单位办理价款结算、确定材料的采购成本、将材料验收入库形成材料储备等。

一、主要账户的设置

企业采购阶段涉及的主要账户见表5-16。

表5-16 企业采购阶段涉及的主要账户

账户名称	账户性质	账户用途	账户结构	明细账
在途物资	资产类	核算企业购入材料的采购成本，企业外购材料的采购成本由买价和采购费用组成	借方登记材料的买价和采购费用；贷方登记已验收入库的材料实际成本。期末余额在借方，表示尚未运达企业或已运达企业但尚未入库的在途材料的实际成本	按照材料的品种、规格以及供应单位设置明细分类账
原材料	资产类	核算企业库存原材料的收入、发出、结存情况	借方登记已验收入库材料的实际成本；贷方登记发出材料的实际成本。期末余额在借方，表示库存材料的实际成本	按原材料的类别、品种、规格分别设置明细分类账
应付账款	负债类	核算企业因购买材料、商品和接受劳务供应而应付给供应单位的款项	借方登记应付账款的偿还数；贷方登记应付未付款项的数额。期末余额一般在贷方，表示企业尚未偿还的款项	按供应单位设置明细分类账
应付票据	负债类	核算企业因购买材料、商品和接受劳务供应等而开出的商业汇票，包括银行承兑汇票和商业承兑汇票	借方登记应付票据的已偿付金额；贷方登记企业开出的应付票据金额。期末余额在贷方，表示尚未偿付的应付票据款	企业应设置应付票据备查簿来登记每一票据的详细资料，包括签发日期、金额、收款人、付款日期等
应交税费	负债类	核算企业应交纳的各种税费，包括增值税、消费税、所得税、城市维护建设税及教育费附加等	借方登记实际交纳的各种税费；贷方登记应交纳的各种税费。期末余额如在借方，表示多交或尚未抵扣的税费，期末余额如在贷方，表示企业尚未交纳的税费	该账户按税种设置明细账
预付款项	资产类	核算企业按照合同规定预付的款项	借方登记预付及补付的款项；贷方登记购进货物所需支付的款项及退回多余的款项。期末余额如在借方，表示尚未结算的预付款项；期末余额如在贷方，表示尚未补付的款项	按供应单位设置明细分类账

相关链接

“应交税费——应交增值税”账户

该账户核算企业应交和实交增值税的结算情况。借方登记采购材料物资时向供应单位支付的进项税额和实际交纳的增值税；贷方登记销售产品时向购货单位收取的销项税额。该账户的期末余额如在借方，表示多上交或尚未抵扣的增值税；期末余额如在贷方，表示企业尚未交纳的增值税。

二、材料采购成本的计算

材料采购成本的计算，就是把企业在采购阶段中发生的材料采购成本，按照材料的品种或类别加以归集，以便计算材料采购总成本和单位成本。通过材料采购成本的计算，可以确定材料的成本及考核采购业务的业绩。

1．外购材料的采购成本

（1）材料的买价：供货单位的发票价格。

（2）采购费用：包括运杂费（运输费、装卸费、保险费、包装费等）、入库前挑选整理费以及购入材料应负担的其他相关税费。

通常采购人员的差旅费不计入材料采购成本，直接计入管理费用。

2．材料采购成本的计算

计算公式如下：

某种材料采购总成本=该种材料的买价+应负担的采购费用

某种材料采购单位成本=该种材料采购总成本÷该种材料采购数量

材料采购过程中发生的采购费用，有的是专为采购某种材料而发生的；有的是为了采购几种材料发生的。凡是专门为采购某种材料而发生的采购费用，应直接计入该种材料的采购成本。对于不能直接归属于某一种材料的采购费用应按一定的标准，在有关材料之间进行分配。材料采购费用可以按照购入材料的买价、材料重量或体积进行分配。

分配计算公式如下：

$$\text{采购费用分配率}=\frac{\text{采购费用总额}}{\text{各种材料的重量（或买价或体积）之和}}$$

某种材料应负担的采购费用=该种材料的重量（或买价或体积）×采购费用分配率

三、业务核算举例

采购阶段核算内容有原材料采购、原材料入库以及货款结算等相关经济业务的会计处理。

【例 5-5】 2017 年 12 月 8 日，向凌云公司购入乙材料 30 盒，单价 100 元，货款 3 000 元，增值税率 17%，用转账支票付讫，原始凭证见表 5-17 和表 5-18。

表 5-17　原材料采购的原始凭证——增值税发票

天津市增值税专用发票　　No. 5647320

发　票　联

开票日期：2017 年 12 月 8 日

购货单位	名　称	深电电子有限公司	纳税人登记号	320204252001356
	地址电话	南京市香樟路 20 号；86112233	开户银行及账号	工行香樟路支行；708-12345

货物或应税劳务名称	规格型号	计量单位	数量	单价	金额								税率	金额						
					十	万	千	百	十	元	角	分		千	百	十	元	角	分	
乙材料		盒	30	100			3	0	0	0	0	0	17%		5	1	0	0	0	第
合　计						¥	3	0	0	0	0	0	17%	¥	5	1	0	0	0	联
价税合计	（大写）人民币叁仟伍佰壹拾元整													¥3 510.00						

销货单位	名　称	凌云公司	纳税人登记号	104259587374126
	地址电话	天津市马场道 45 号；20252618	开户银行及账号	建设银行天津市分行 851-762

销货单位（章）　　收款人　　复核　　开票人

表 5-18　原材料采购的原始凭证——转账支票

中国工商银行 转账支票存根（苏） 支票号码：No.2180 附加信息 出票日期 2017 年 12 月 8 日 收款人：凌云公司 金　额：¥3 510.00 用　途：支付货款 单位主管　　会计	本支票付款期限十天	中国工商银行转账支票（苏）　　支票号码 No.2180 出票日期（大写）：贰零壹柒年壹拾贰月零捌日　开户行名称：工行香樟路支行 收款人：凌云公司　　出票人账号：708-12345 人民币（大写）叁仟伍佰壹拾元整　亿 千 百 十 万 千 百 十 元 角 分：¥ 3 5 1 0 0 0 用途　支付货款 上列款项请从 我账户内支付 出票人签章　　复核　　记账

账户分析如图 5-5 所示。

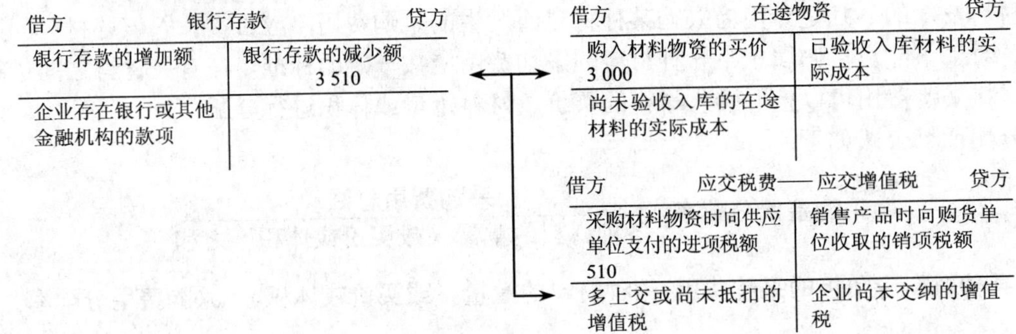

图 5-5　原材料采购的账户分析

编制会计分录如下：

借：在途物资——乙材料　　3 000

　　应交税费——应交增值税（进项税额）　　510

　　贷：银行存款　　3 510

编制记账凭证见表 5-19：

表 5-19　原材料采购的记账凭证

付 款 凭 证

贷方科目：银行存款　　日期：2017 年 12 月 8 日　　银付字第 1 号

对方单位（或领款人）	摘　要	借方科目		金　额										记账
		总账科目	明细科目	千	百	十	万	千	百	十	元	角	分	√
凌云公司	购买材料	在途物资	乙材料					3	0	0	0	0	0	
		应交税费	增值税（进）						5	1	0	0	0	
	附件 2 张	合计金额					¥	3	5	1	0	0	0	

会计主管：李想　　记账：郭维　　稽核：沈慎　　出纳：钱途　　制单：钱途

【例 5-6】 2017 年 12 月 10 日，向雪玉公司购入丙材料一批 10 千克，单价 400 元，货款 4 000 元，增值税税率 17%，开出商业承兑汇票支付价税款。另付运费 211.90 元（其中：运费 190.90 元，增值税 21 元），用转账支票结算方式支付。原始凭证见表 5-20～表 5-23。

表 5-20 原材料采购的原始凭证——增值税发票

江苏省增值税专用发票　　No. 7899006

发 票 联

开票日期：2017 年 12 月 10 日

购货单位	名称	深电电子有限公司			纳税人登记号	320204252001356	
	地址电话	南京市香樟路 20 号；86112233			开户银行及账号	工行香樟路支行；708-12345	
货物或应税劳务名称	规格型号	计量单位	数量	单价	金额（十万千百十元角分）	税率	金额（千百十元角分）
丙材料		千克	10	400	4 0 0 0 0 0	17%	6 8 0 0 0
合计					¥ 4 0 0 0 0 0	17%	¥ 6 8 0 0 0
价税合计	（大写）人民币肆仟陆佰捌拾元整						¥4 680.00
销货单位	名称	雪玉公司			纳税人登记号	320278900789089	
	地址电话	江宁东山镇；78992618			开户银行及账号	江宁建设银行 851-762	

第二联 发票联

销货单位（章）　收款人：　复核：　开票人：

表 5-21 原材料采购的原始凭证——商业承兑汇票

商业承兑汇票（存根）　　汇票号码

签发日期 2017 年 12 月 10 日　　第 20098 号

付款人	全称	深电电子有限公司		收款人	全称	雪玉公司	
	账号	708-12345			账号	851-762	
	开户银行	工行香樟路支行	行号 2100		开户银行	江宁建设银行	行号 3345
汇票金额	人民币（大写）	肆仟陆佰捌拾元整			千百十万千百十元角分	¥ 4 6 8 0 0 0	
汇票到期日	2018 年 3 月 10 日	交易合同号码			宁供字销 12 号		
备注：					负责 李想	经办 赵苏	

表 5-22 原材料采购的原始凭证——货物运输业增值税专用发票

3201010123

货物运输业增值税专用发票　　**No. 00789654**

3201010123

00789654

江苏省

发票联

地方税务局监制

开票日期：2017年12月10日

承运人及纳税人识别号	南京顺达运输有限公司 320101010101011		密码区	98/19<204+<79-023>/23-/<3895*2344/<23 3648-+>//738*12>-/239+>//274*>>>//234 -+>//738*12>-/239+>//274*>>>/04+<79-0 04+<79-023>*12>-/239+>//2*12>-/239+>/			
实际受票方及纳税人识别号	深电电子有限公司 320204252001356						
收货人及纳税人识别号	深电电子有限公司 320204252001356		发货人及纳税人识别号	雪玉公司 320278900789089			
起运地、经由、到达地	南京——南京						
费用项目及金额	费用项目 运输费	金额 190.90	费用项目	金额	运输货物信息	丙材料	
合计金额	¥190.90	税率	11%	税额	¥21.00	机器编号	123456789
价税合计（大写）	贰佰壹拾壹元玖角整					（小写）¥211.90	
车种车号		车船吨位					
主管税务机关及代码	南京市国家税务局第一税务分局 320123456		备注				

收款人：　复核：　开票人：　承运人：（章）

表 5-23 原材费采购的原始凭证——运费转账支票

中国工商银行 转账支票存根（苏） 支票号码：No.2181 附加信息 出票日期 2017 年 12 月 10 日 收款人：顺达公司 金 额：¥211.90 用 途：支付运费 单位主管 会计	本支票付款期限十天	中国工商银行转账支票（苏） 支票号码 No.2181 出票日期（大写）：贰零壹柒年壹拾贰月零壹拾日 开户行名称：工行香樟路支行 收款人：雪玉公司 出票人账号：708-12345 人民币（大写） 贰佰壹拾壹元玖角整 亿千百十万千百十元角分 ¥ 2 1 1 9 0 用途 支付运费 上列款项请从 我账户内支付 出票人签章 复核 记账

账户分析如图 5-6 所示。

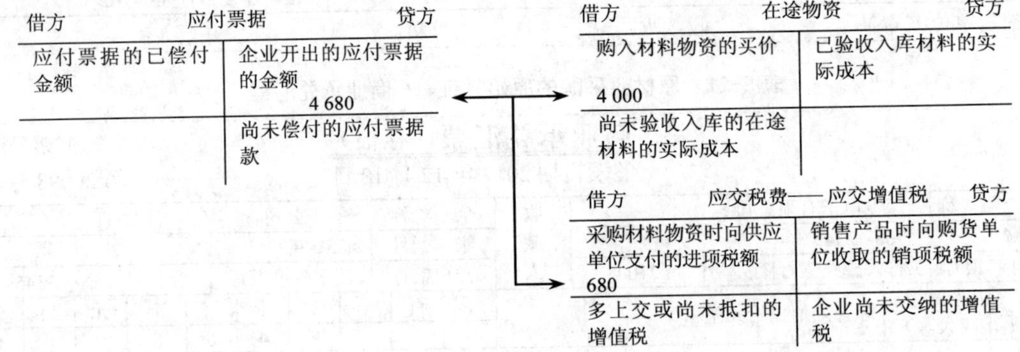

图 5-6 原材料采购的账户分析

编制会计分录如下：

借：在途物资——丙材料　　4 000

　　应交税费——应交增值税（进项税额）　　680

　贷：应付票据——雪玉公司　　4 680

编制记账凭证见表 5-24：

表 5-24 原材料采购的记账凭证

转 账 凭 证

分号＿＿＿＿

总号　3

日期：2017 年 12 月 10 日

摘要	总账科目	明细科目	借方金额										贷方金额										记账
			千	百	十	万	千	百	十	元	角	分	千	百	十	万	千	百	十	元	角	分	✓
采购材料	在途物资	丙材料					4	0	0	0	0	0											
	应交税费	增值税（进）						6	8	0	0	0											
	应付票据	雪玉公司															4	6	8	0	0	0	
附件 2 张	合计					¥	4	6	8	0	0	0				¥	4	6	8	0	0	0	

会计主管：李想　　记账：郭维　　复核：苏琪　　制单：钱途

账户分析如图 5-7 所示。

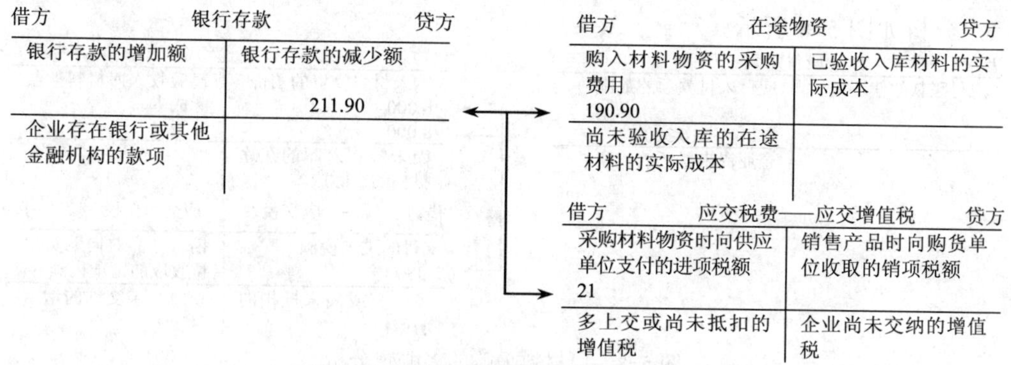

图 5-7 原材料采购运费的账户分析

编制会计分录如下：

借：在途物资——丙材料 190.90

　　应交税费——应交增值税（进项税额） 21

　　贷：银行存款 211.90

编制记账凭证见表 5-25：

表 5-25 原材料采购运费的记账凭证

付款凭证

贷方科目：银行存款　　　日期：2017 年 12 月 10 日　　　银付字第 2 号

对方单位（或领款人）	摘要	借方科目 总账科目	明细科目	千	百	十	万	千	百	十	元	角	分	记账 ✓
雪玉公司	支付运费	在途物资	丙材料						1	9	0	9	0	
		应交税费	增值税（进）							2	1	0	0	
	附件 2 张	合计金额						¥	2	1	1	9	0	

会计主管：李想　　记账：郭维　　稽核：沈慎　　出纳：钱途　　制单：钱途

【例 5-7】 2017 年 12 月 12 日，向紫霞公司购入丙材料一批 15 千克，单价 400 元，货款 6 000 元；购入丁材料 4 千克，单价 2 000 元，货款 8 000 元，增值税税率 17%。购买材料的货款尚未支付。原始凭证见表 5-26。

表 5-26 原材料采购的原始凭证——增值税发票

河北省增值税专用发票

No. 27325052

发 票 联

开票日期：2017 年 12 月 12 日

购货单位			
名　称	深电电子有限公司	纳税人登记号	320204252001356
地址电话	南京市香樟路 20 号；86112233	开户银行及账号	工行香樟路支行；708-12345

货物或应税劳务名称	规格型号	计量单位	数量	单价	金额 十	万	千	百	十	元	角	分	税率	税额 千	百	十	元	角	分
丙材料		千克	15	400			6	0	0	0	0	0	17%	1	0	2	0	0	0
丁材料		千克	4	2 000			8	0	0	0	0	0		1	3	6	0	0	0
合　计					¥	1	4	0	0	0	0	0	17%	2	3	8	0	0	0
价税合计	（大写）人民币壹万陆仟叁佰捌拾元整													¥16 380.00					

销货单位			
名　称	紫霞公司	纳税人登记号	427890123476986
地址电话	保定市凯旋路；65478901	开户银行及账号	农业银行保定支行 700-3455

第　联

账户分析如图5-8所示。

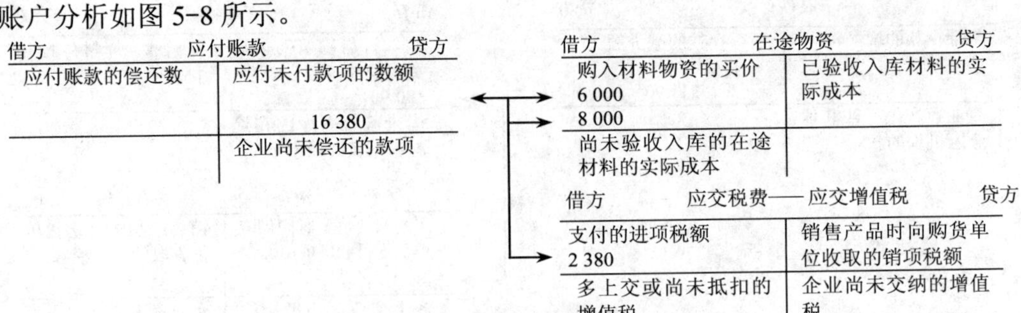

图5-8 原材料采购的多账户分析

编制会计分录如下：

借：在途物资——丙材料 6 000

——丁材料 8 000

应交税费——应交增值税（进项税额） 2 380

贷：应付账款——紫霞公司 16 380

编制记账凭证见表5-27：

表5-27 原材料采购的记账凭证

转 账 凭 证

分号_____

日期：2017年12月12日 总号 4

摘 要	总账科目	明细科目	借方金额										贷方金额										记账
			千	百	十	万	千	百	十	元	角	分	千	百	十	万	千	百	十	元	角	分	√
采购材料	在途物资	丙材料					6	0	0	0	0	0											
		丁材料					8	0	0	0	0	0											
	应交税费	增值税（进）					2	3	8	0	0	0											
	应付账款	紫霞公司														1	6	3	8	0	0	0	
附件1张	合 计				¥	1	6	3	8	0	0	0			¥	1	6	3	8	0	0	0	

会计主管：李想 记账：郭维 复核：苏琪 制单：钱途

【例5-8】 2017年12月12日，企业开出转账支票，支付丙材料和丁材料的运杂费1 900元（运杂费按照丙材料和丁材料的重量进行分配），原始凭证见表5-28和表5-29。

表5-28 原材料采购的原始凭证——运输发票

货物托运业专用发票

委托单位：深电电子公司

货物名称	件数	重量	包装	运输费用								托运费用							
				项目	万	千	百	十	元	角	分	项目	万	千	百	十	元	角	分
丙材料		15千克		铁路								服务费							
丁材料		4千克		公路		1	5	0	0	0	0	仓储保管费							
				空运								包装费							
				水运								搬倒理货费							
记事：												退运手续费							
				保险费			4	0	0	0	0								
				合 计	¥	1	9	0	0	0	0	合 计							
总计大写	人民币壹仟玖佰元整																		

第二联 发票联

收款单位盖章：双流运输公司 经办人： 2017年12月12日

表 5-29　原材料采购的原始凭证——转账支票

中国工商银行
转账支票存根（苏）
支票号码：No.2182
附加信息

出票日期 2017 年 12 月 12 日

收款人：双流运输公司	
金　额：¥1 900.00	
用　途：支付运费	

单位主管　　会计

中国工商银行转账支票（苏）　　支票号码 No.2182

出票日期（大写）：贰零壹柒年壹拾贰月壹拾贰日　　开户行名称：工行香樟路支行
收款人：南京双流运输公司　　出票人账号：708-12345

人民币（大写）	亿	千	百	十	万	千	百	十	元	角	分
壹仟玖佰元整					¥	1	9	0	0	0	0

本支票付款期限十天

用途　支付运费
上列款项请从
我账户内支付
出票人签章　　复核　　记账

运杂费分配计算如下：

① 运杂费分配率=$\frac{1900}{15+4}$=100（元/千克）

② 丙材料运杂费=15×100=1 500（元）

③ 丁材料运杂费=4×100=400（元）

账户分析如图 5-9 所示。

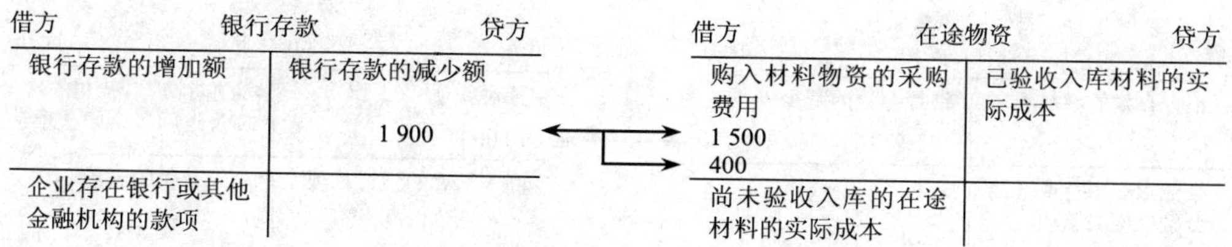

图 5-9　原材料采购运费的账户分析

编制会计分录如下：

借：在途物资——丙材料　　1 500
　　　　　　——丁材料　　400
　贷：银行存款　　1 900

编制记账凭证见表 5-30：

表 5-30　原材料采购运费的记账凭证

付 款 凭 证

贷方科目：银行存款　　日期：2017 年 12 月 12 日　　银付字第 4 号

对方单位（或领款人）	摘　要	借方科目		金额										记账
		总账科目	明细科目	千	百	十	万	千	百	十	元	角	分	√
双流运输公司	支付购料运杂费	在途物资	丙材料					1	5	0	0	0	0	
			丁材料						4	0	0	0	0	
附件 2 张		合 计 金 额					¥	1	9	0	0	0	0	

会计主管：李想　记账：郭维　稽核：沈慎　出纳：钱途　制单：钱途

【例5-9】2017年12月20日，公司以银行转账支票预付时代公司采购甲、乙材料款10 000元。原始凭证见表5-31。

表5-31 原材料采购的原始凭证——转账支票

中国工商银行 转账支票存根（苏） 支票号码：No.2185 附加信息	中国工商银行转账支票（苏）	支票号码 No.2185
出票日期2017年12月20日	出票日期（大写）：贰零壹柒年壹拾贰月零贰拾日	开户行名称：工行香樟路支行
收款人：时代公司	收款人：时代公司	出票人账号：708-12345
金　额：¥10 000.00	人民币（大写）壹万元整	亿 千 百 十 万 千 百 十 元 角 分：¥ 1 0 0 0 0 0 0
用　途：支付预付款	本支票付款期限十天　用途 支付预付款 上列款项请从 我账户内支付 出票人签章	复核　记账
单位主管　会计		

账户分析如图5-10所示。

借方	银行存款 贷方		借方	预付账款 贷方
银行存款的增加额	银行存款的减少额 10 000	⟷	预付款项 10 000	购进货物所需支付的款项及退回多余的款项
企业存在银行或其他金融机构的款项			尚未结算的预付款项	尚未补付的款项

图5-10 原材料采购的账户分析——预付款项

编制会计分录如下：

借：预付账款——时代公司　　10 000

　贷：银行存款　　10 000

编制记账凭证见表5-32：

表5-32 原材料采购的记账凭证——预付款项

付 款 凭 证

贷方科目：银行存款　　日期：2017年12月20日　　银付字第7号

对方单位（或领款人）	摘　要	借方科目		金额										记账
		总账科目	明细科目	千	百	十	万	千	百	十	元	角	分	√
时代公司	预付材料款	预付账款	时代公司				1	0	0	0	0	0	0	
附件1张		合计金额				¥	1	0	0	0	0	0	0	

会计主管：李想　　记账：郭维　　稽核：沈慎　　出纳：钱途　　制单：钱途

【例 5-10】 2017 年 12 月 29 日，向时代公司购入甲材料一批 200 千克，单价 50 元，计 10 000 元；乙材料一批 60 盒，单价 100 元，计 6 000 元，增值税税率 17%。原始凭证见表 5-33。

表 5-33 原材料采购的原始凭证——增值税发票

广州市增值税专用发票 No. 29870061

发 票 联

开票日期：2017 年 12 月 29 日

购货单位	名 称	深电电子有限公司	纳税人登记号	320204252001356
	地址电话	南京市香樟路 20 号；86112233	开户银行及账号	工行香樟路支行；708-12345

货物或应税劳务名称	规格型号	计量单位	数量	单价	金额								税率	金额					
					十	万	千	百	十	元	角	分		千	百	十	元	角	分
甲材料		千克	200	50		1	0	0	0	0	0	0	17%	1	7	0	0	0	0
乙材料		盒	60	100			6	0	0	0	0	0		1	0	2	0	0	0
合 计					¥	1	6	0	0	0	0	0	17%	2	7	2	0	0	0

价税合计	（人民币大写）壹万捌仟柒佰贰拾元整	¥18 720.00

销货单位	名 称	时代公司	纳税人登记号	428889999000996
	地址电话	广州市武夷路；61000981	开户银行及账号	农业银行广州市分行 900-3587

第 联

账户分析如图 5-11 所示。

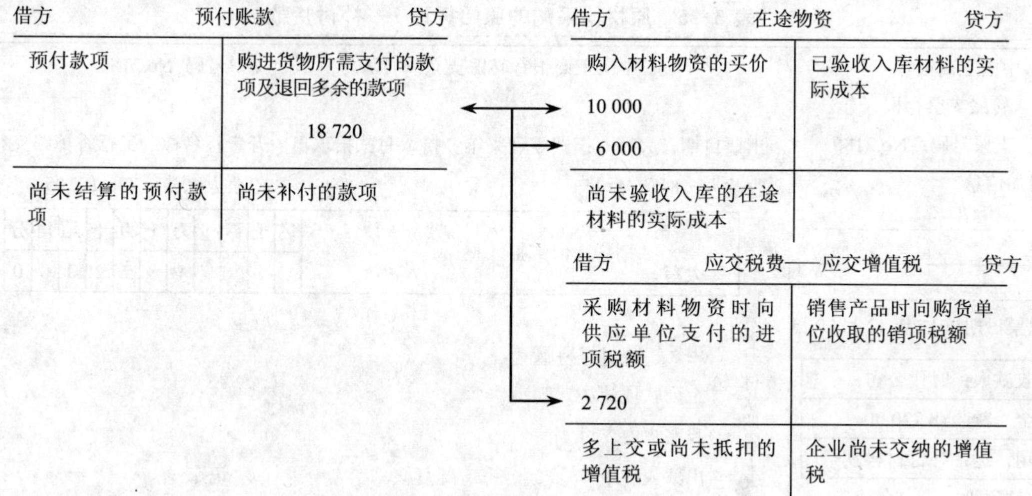

图 5-11 原材料采购的多账户分析

编制会计分录如下：

借：在途物资——甲材料　　10 000

　　　　　　——乙材料　　6 000

　　应交税费——应交增值税（进项税额）　　2 720

　　贷：预付账款——时代公司　　18 720

编制记账凭证见表 5-34：

表 5-34 原材料采购的记账凭证

转 账 凭 证

分号_____

日期：2017 年 12 月 29 日　　　　总号 10

摘　要	总账科目	明细科目	借方金额										贷方金额										记账
			千	百	十	万	千	百	十	元	角	分	千	百	十	万	千	百	十	元	角	分	✓
采购材料	在途物资	甲材料				1	0	0	0	0	0	0											
		乙材料					6	0	0	0	0	0											
	应交税费	增值税（进）					2	7	2	0	0	0											
	预付账款	时代公司														1	8	7	2	0	0	0	
附件 1 张	合　计				¥	1	8	7	2	0	0	0			¥	1	8	7	2	0	0	0	

会计主管：李想　　记账：郭维　　复核：苏琪　　制单：钱途

【例 5-11】 2017 年 12 月 29 日，公司开出转账支票补付时代公司的甲、乙材料款 8 720 元。原始凭证见表 5-35。

表 5-35 原材料采购的原始凭证——补付货款

中国工商银行
转账支票存根（苏）
支票号码：No.2186
附加信息
____
____
____
出票日期 2017 年 12 月 29 日

收款人：时代公司
金　额：¥8 720.00
用　途：补付材料款

单位主管　　会计

中国工商银行转账支票（苏）　　支票号码 No.2186

出票日期（大写）：贰零壹柒年壹拾贰月贰拾玖日　　开户行名称：工行香樟路支行

收款人：时代公司　　出票人账号：708-12345

人民币（大写）	亿	千	百	十	万	千	百	十	元	角	分
捌仟柒佰贰拾元整					¥	8	7	2	0	0	0

本支票付款期限十天

用途 补付材料款

上列款项请从

我账户内支付

出票人签章　　复核　　记账

账户分析如图 5-12 所示。

借方	银行存款 贷方
银行存款的增加额	银行存款的减少额 8 720
企业存在银行或其他金融机构的款项	

⟷

借方	预付账款 贷方
补付的款项 8 720	购进货物所需支付的款项及退回多余的款项
尚未结算的预付款项	尚未补付的款项

图 5-12 原材料采购的账户分析——补付货款

编制会计分录如下：

借：预付账款——时代公司　　8 720

　　贷：银行存款　　8 720

编制记账凭证见表 5-36：

表 5-36　原材料采购的记账凭证——补付货款

付 款 凭 证

贷方科目：银行存款　　日期：2017 年 12 月 29 日　　银付字第 11 号

对方单位（或领款人）	摘　要	借方科目		金额										记账
		总账科目	明细科目	千	百	十	万	千	百	十	元	角	分	√
时代公司	补付材料款	预付账款	时代公司					8	7	2	0	0	0	
附件 1 张		合计金额					¥	8	7	2	0	0	0	

会计主管：李想　记账：郭维　稽核：沈慎　出纳：钱途　制单：钱途

【例 5-12】 2017 年 12 月 31 日，公司本月购买的四种材料均已验收入库。原始凭证见表 5-37～表 5-40。

表 5-37　收料单——凌云公司

深电电子有限公司收料单

供应单位：凌云公司　　2017 年 12 月 10 日

发票号码：5647320　　编号：12001

材料编号	名称	规格	单位	数量		实际成本（元）			
				应收	实收	单价	发票价格	运杂费	合计
1002	乙材料		盒	30	30	100	3 000		3 000
备注：									

收料人：王红　　交料人：郑敏

表 5-38　收料单——雪玉公司

深电电子有限公司收料单

供应单位：雪玉公司　　2017 年 12 月 15 日

发票号码：7899006　　编号：12002

材料编号	名称	规格	单位	数量		实际成本（元）			
				应收	实收	单价	发票价格	运杂费	合计
1003	丙材料		千克	10	10	400	4 000	190.90	4 190.90
备注：									

收料人：王红　　交料人：张新

表 5-39　收料单——紫霞公司

深电电子有限公司收料单

供应单位：紫霞公司　　　　2017年12月20日

发票号码：27325052　　　　　　　　　　编号：12003

材料编号	名称	规格	单位	数量		实际成本（元）			
				应收	实收	单价	发票价格	运杂费	合计
1003	丙材料		千克	15	15	400	6 000	1 500	7 500
1004	丁材料		千克	4	4	2 000	8 000	400	8 400
备注：									

收料人：王红　　　　　　　　　　　　交料人：何谐

表 5-40　收料单——时代公司

深电电子有限公司收料单

供应单位：时代公司　　　　2017年12月29日

发票号码：29870061　　　　　　　　　　编号：12004

材料编号	名称	规格	单位	数量		实际成本（元）			
				应收	实收	单价	发票价格	运杂费	合计
1001	甲材料		千克	200	200	50	10 000		10 000
1002	乙材料		盒	60	60	100	6 000		6 000
备注：									

收料人：王红　　　　　　　　　　　　交料人：曹华

账户分析如图 5-13～图 5-16 所示。

借方　在途物资	贷方
购入材料物资的买价和采购费用	已验收入库材料的实际成本 10 000
尚未验收入库的在途材料的实际成本	

↔

借方　原材料——甲材料	贷方
已验收入库材料的实际成本 10 000	发出材料的实际成本
库存材料的实际成本	

图 5-13　甲材料入库的账户分析

借方　在途物资	贷方
购入材料物资的买价和采购费用	已验收入库材料的实际成本 9 000
尚未验收入库的在途材料的实际成本	

↔

借方　原材料——乙材料	贷方
已验收入库材料的实际成本 9 000	发出材料的实际成本
库存材料的实际成本	

图 5-14　乙材料入库的账户分析

借方　在途物资	贷方
购入材料物资的买价和采购费用	已验收入库材料的实际成本 11 690.90
尚未验收入库的在途材料的实际成本	

↔

借方　原材料——丙材料	贷方
已验收入库材料的实际成本 11 690.90	发出材料的实际成本
库存材料的实际成本	

图 5-15　丙材料入库的账户分析

借方　在途物资	贷方
购入材料物资的买价和采购费用	已验收入库材料的实际成本 8 400
尚未验收入库的在途材料的实际成本	

↔

借方　原材料——丁材料	贷方
已验收入库材料的实际成本 8 400	发出材料的实际成本
库存材料的实际成本	

图 5-16　丁材料入库的账户分析

编制会计分录如下：

借：原材料——甲材料　　10 000
　　　　　——乙材料　　9 000
　　　　　——丙材料　　11 690.90
　　　　　——丁材料　　8 400
　贷：在途物资——甲材料　　10 000
　　　　　　　——乙材料　　9 000
　　　　　　　——丙材料　　11 690.90
　　　　　　　——丁材料　　8 400

编制记账凭证见表 5-41 和表 5-42。

表 5-41　原材料入库的记账凭证一

转 账 凭 证

分号 1/2

日期：2017 年 12 月 31 日

总号 11

摘　要	总账科目	明细科目	借方金额										贷方金额										记　账
			千	百	十	万	千	百	十	元	角	分	千	百	十	万	千	百	十	元	角	分	√
材料入库	原材料	甲材料				1	0	0	0	0	0	0											
		乙材料					9	0	0	0	0	0											
		丙材料				1	1	6	9	0	9	0											
		丁材料					8	4	0	0	0	0											
	在途物资	甲材料														1	0	0	0	0	0	0	
		乙材料															9	0	0	0	0	0	
附件　张	合　计																						

会计主管：李想　　记账：郭维　　复核：苏琪　　制单：钱途

表 5-42　原材料入库的记账凭证二

转 账 凭 证

分号 2/2

日期：2017 年 12 月 31 日

总号 11

摘　要	总账科目	明细科目	借方金额										贷方金额										记　账
			千	百	十	万	千	百	十	元	角	分	千	百	十	万	千	百	十	元	角	分	√
材料入库	在途物资	丙材料														1	1	6	9	0	9	0	
		丁材料															8	4	0	0	0	0	
附件 4 张	合　计				¥	3	9	0	9	0	9	0			¥	3	9	0	9	0	9	0	

会计主管：李想　　记账：郭维　　复核：苏琪　　制单：钱途

任务四 核算企业生产阶段业务

任务要求

1. 理解主要账户的性质、用途和结构
2. 核算企业生产阶段业务

知识储备

企业处在生产阶段过程中会有哪些经营活动的发生？核算的内容是什么？

生产阶段是制造业企业生产经营的主要阶段。在此阶段，企业要发生各种生产费用，这些费用构成了产品的生产成本。

制造业企业的基本任务是生产社会需要的产品，因此产品的生产过程是企业生产经营过程的中心环节。为了生产产品，必然要发生各种耗费，如材料的耗费、固定资产的磨损、支付职工工资和其他费用等，这些生产耗费最终应归集分配到各种产品成本中去，构成产品成本。对于生产经营过程中发生的，不计入产品成本的各项费用，如管理费用、财务费用等，应当作为期间费用直接计入当期损益。因此，生产过程核算的主要内容有：归集和分配各项费用，计提固定资产折旧，产品完工验收入库并计算产品生产成本。

一、主要账户的设置

企业生产阶段涉及的主要账户见表5-43。

表5-43 企业生产阶段涉及的主要账户

账户名称	账户性质	账户用途	账户结构	明细账
生产成本	成本类	归集和分配产品生产过程中发生的各项费用，以正确计算产品成本	借方登记应计入产品成本的各项费用；贷方登记完工入库产品的生产成本。期末余额在借方，表示尚未完工的产品（在产品）的实际生产成本	按产品的品种设置明细分类账，进行明细分类核算
制造费用	成本类	归集和分配企业制造部门为生产产品和提供劳务而发生的各项间接费用	借方登记企业在制造过程中发生的各项间接费用；贷方登记月末分配结转的应由各种产品承担的制造费用。该账户期末一般无余额	按不同车间、部门和费用项目设置明细分类账，进行明细分类核算
管理费用	损益类	核算企业为组织和管理企业生产经营所发生的管理费用	借方登记企业发生的各项管理费用；贷方登记期末转入"本年利润"账户的金额。该账户期末结转后无余额	按照费用项目设置明细账，进行明细分类核算

（续）

账户名称	账户性质	账户用途	账户结构	明细账
应付职工薪酬	负债类	核算企业根据有关规定应付给职工的各种薪酬	借方登记本期实际支付的职工薪酬；贷方登记本期应付职工的各种薪酬。期末余额一般在贷方，表示企业应付未付的职工薪酬	按"工资""职工福利""社会保险费""住房公积金""工会经费""职工教育经费"等进行明细核算
累计折旧	资产类	核算企业固定资产的折旧费	贷方登记计提固定资产的折旧额；借方登记已提固定资产折旧的减少数或转销数额。期末余额在贷方，表示现有固定资产已提的累计折旧	按固定资产的类别或项目进行明细核算
库存商品	资产类	核算企业生产完工并验收入库产品的实际成本	借方登记已经完工验收入库的各种产品的实际生产成本；贷方登记已经出库的各种产品的实际生产成本。期末余额在借方，表示库存产品的实际生产成本	按库存商品的品名、种类和规格设置明细分类账，进行明细分类核算
其他应收款	资产类	核算企业除应收票据、应收账款、预付款项、应收股利、应收利息等以外的其他各种应收及暂付款项	借方登记企业发生的其他各种应收款；贷方登记已收回的各种应收款项。期末余额在借方，表示尚未收回的其他应收款项	按对方单位（或个人）设置明细账，进行明细核算

二、产品生产成本的计算

产品生产成本的计算，就是把生产过程中发生的应计入产品成本的费用，以生产的各种产品作为成本计算对象归集费用，计算产品的总成本和单位成本。通过产品生产成本的计算，可以确定生产耗费的补偿尺度，用以考核企业的生产经营管理水平，并为正确计算财务成果打下基础。

1．产品生产成本的内容

企业在生产经营过程中发生的各项费用，按照是否计入产品成本分为生产费用和期间费用。生产费用和期间费用构成情况见表5-44。

表5-44 生产费用和期间费用构成情况

费用类别	定义	项目
生产费用	是指一定时期内，企业为生产产品而发生、构成产品成本的各项费用	直接材料
		直接人工
		制造费用
期间费用	是指某一期间发生的，与产品生产无直接联系，不计入产品成本，而直接计入当期损益的各项费用	管理费用
		财务费用
		销售费用

2．产品生产成本的计算

产品生产成本的计算过程就是按不同的成本计算对象归集分配费用的过程。因此，企业发生的生产费用，凡为生产某种产品而直接发生的，应当在费用发生时直接计入该种产品的成本；凡为生产多种产品共同发生的材料及人工费，应在费用发生时通过分配计入各种产品的成本。对于车间发生的间接生产费用，应当在费用发生时先通过“制造费用”账户归集，月末再按照适当的分配标准（如产品的生产工时、生产工人薪酬等）分配计入各种产品成本，从“制造费用”账户转入“生产成本”账户。分配制造费用时，应先计算制造费用分配率，再计算各种产品应负担的制造费用。分配计算公式如下：

$$\text{制造费用分配率}=\frac{\text{制造费用总额}}{\text{各种产品生产工时（或生产工人薪酬）之和}}$$

某种产品应负担的制造费用=该种产品生产工时（或生产工人薪酬）×制造费用分配率

通过上述归集分配费用，已将应由各个成本计算对象负担的费用归集到了该种产品成本中，在此基础上，计算完工产品成本如下：

本月完工产品总成本=月初在产品成本+本月发生生产费用−月末在产品成本

其中月末在产品成本可以按在产品的单位定额成本计算确定。

本月完工产品单位成本=本月完工产品总成本÷本月完工入库产品数量

如果没有在产品或者不计算在产品成本的企业，则本月发生的生产费用就是本月完工产品成本。

三、业务核算举例

产品生产阶段核算的内容有材料的领用、成本计算、费用的发生以及完工产品入库等相关经济业务的会计处理。

【例5-13】 2017年12月10日，财务科开出现金支票，从银行提取现金42 585元以备发放职工工资。原始凭证见表5-45。

表5-45 增加库存现金的原始凭证——现金支票

中国工商银行
现金支票存根（苏）
支票号码：No.4567
附加信息

出票日期2017年12月10日

收款人：	深电公司
金　额：	¥42 585.00
用　途：	备发工资

单位主管　　会计

中国工商银行现金支票（苏）　　支票号码 No.4567

出票日期（大写）：贰零壹柒年壹拾贰月零壹拾日　　开户行名称：工行香樟路支行

收款人：深电电子有限公司　　出票人账号：708-12345

人民币（大写）	亿	千	百	十	万	千	百	十	元	角	分
肆万贰仟伍佰捌拾伍元整				¥	4	2	5	8	5	0	0

本支票付款期限十天

用途　备发工资

上列款项请从

我账户内支付

出票人签章　　复核　　记账

账户分析如图5-17所示。

借方　　银行存款　　贷方	
银行存款的增加额	银行存款的减少额 42 585
企业存在银行或其他金融机构的款项	

↔

借方　　库存现金　　贷方	
现金的增加额 42 585	现金的减少额
库存现金的实有数额	

图 5-17　增加库存现金的账户分析

编制会计分录：

借：库存现金　　42 585

　　贷：银行存款　　42 585

编制记账凭证见表 5-46：

表 5-46　增加库存现金的记账凭证

付 款 凭 证

贷方科目：银行存款　　日期：2017 年 12 月 10 日　　银付字第 3 号

对方单位（或领款人）	摘　要	借方科目		金　额										记账
		总账科目	明细科目	千	百	十	万	千	百	十	元	角	分	✓
深电公司	提取现金	库存现金					4	2	5	8	5	0	0	
附件 1 张		合计金额				¥	4	2	5	8	5	0	0	

会计主管：李想　　记账：郭维　　稽核：沈慎　　出纳：钱途　　制单：钱途

【例 5-14】 2017 年 12 月 10 日，公司以现金 42 585 元，支付职工工资。原始凭证见表 5-47。

表 5-47　工资结算汇总表

工资结算汇总表

日期：2017 年 12 月 10 日

部门		应付工资				实发工资
		基本	奖金	津贴	合计	
88 型车间	工人	7 500	1 900	1 550	10 950	10 950
	干部	2 000	500	300	2 800	2 800
99 型车间	工人	8 500	2 200	1 840	12 540	12 540
	干部	2 500	550	315	3 365	3 365
机修车间		4 600	490	920	6 010	6 010
厂部		5 000	1 170	750	6 920	6 920
合计		30 100	6 810	5 675	42 585	42 585

账户分析如图 5-18 所示。

借方	库存现金 贷方
现金的增加额	现金的减少额 42 585
库存现金的实有数额	

↔

借方	应付职工薪酬 贷方
支付的职工薪酬42 585	本期应付职工的各种薪酬
	企业应付未付的职工薪酬

图 5-18 支付职工工资的账户分析

编制会计分录如下：

借：应付职工薪酬——工资 42 585

贷：库存现金 42 585

编制记账凭证见表 5-48：

表 5-48 支付职工工资的记账凭证

付 款 凭 证

贷方科目：库存现金 日期：2017 年 12 月 10 日 现付字第 1 号

对方单位（或领款人）	摘要	借方科目		金额										记账
		总账科目	明细科目	千	百	十	万	千	百	十	元	角	分	√
职工	支付工资	应付职工薪酬	工资				4	2	5	8	5	0	0	
附件 1 张		合计金额				¥	4	2	5	8	5	0	0	

会计主管：李想 记账：郭维 稽核：沈慎 出纳：钱途 制单：钱途

【例 5-15】 2017 年 12 月 17 日，公司购买办公用品 520 元，以转账支票支付。原始凭证见表 5-49 和表 5-50。

表 5-49 购买办公用品的原始凭证——普通发票

商业零售专用发票

发 票 联

购货人：深电电子有限公司 2017 年 12 月 17 日 商字（一）

商品名称	规格	数量	单位	单价	十	万	千	百	十	元	角	分
夹子		40	付	3.00				1	2	0	0	0
档案袋		55	个	2.00				1	1	0	0	0
复印纸		10	包	29.00				2	9	0	0	0
合计							¥	5	2	0	0	0
合计（大写）	人民币伍佰贰拾元整											

企业名称：联华超市 会计： 制表：

表 5-50 支付管理费用的原始凭证——转账支票

中国工商银行
转账支票存根（苏）
支票号码：No.2183
附加信息

出票日期 2017 年 12 月 17 日

收款人：联华超市
金 额：¥520.00
用 途：支付办公费

单位主管 会计

中国工商银行转账支票（苏） 支票号码 No.2183

出票日期（大写）：贰零壹柒年壹拾贰月壹拾柒日 开户行名称：工行香樟路支行
收款人：联华超市 出票人账号：708-12345

人民币（大写） 伍佰贰拾元整	亿	千	百	十	万	千	百	十	元	角	分
						¥	5	2	0	0	0

本支票付款期限十天

用途 支付办公费
上列款项请从
我账户内支付
出票人签章 复核 记账

账户分析如图 5-19 所示。

借方 银行存款	贷方
银行存款的增加额	银行存款的减少额 520
企业存在银行或其他金融机构的款项	

借方 管理费用	贷方
企业发生的管理费用 520	期末转入“本年利润”账户的金额

图 5-19 支付管理费用的账户分析

编制会计分录如下：

借：管理费用 520
　　贷：银行存款 520

编制记账凭证见表 5-51：

表 5-51 支付管理费用的记账凭证

付 款 凭 证

贷方科目：银行存款 日期：2017 年 12 月 17 日 银付字第 5 号

对方单位（或领款人）	摘要	借方科目		金额										记账
		总账科目	明细科目	千	百	十	万	千	百	十	元	角	分	√
联华超市	支付办公费	管理费用							5	2	0	0	0	
附件 2 张		合计金额						¥	5	2	0	0	0	

会计主管：李想 记账：郭维 稽核：沈慎 出纳：钱途 制单：钱途

【例 5-16】 2017 年 12 月 25 日，公司收到银行转来的电费付款通知，12 月份电费 4 000 元，经查电表确定车间生产用电 5 000 度，管理部门用电 3 000 度。原始凭证见表 5-52 和表 5-53。

表 5-52 支付电费款通知单

同城委托收款凭证（付款通知）③

委托日期 2017年12月25日 第×××号

<table>
<tr><td rowspan="3">付款人</td><td>全 称</td><td>深电电子有限公司</td><td rowspan="3">收款人</td><td>全 称</td><td colspan="10">南京电力公司</td></tr>
<tr><td>账 号</td><td>708-12345</td><td>账 号</td><td colspan="10">31-45-671</td></tr>
<tr><td>开户银行</td><td>工行香樟路支行</td><td>开户银行</td><td colspan="10">建行中山北路支行</td></tr>
<tr><td rowspan="2">委托金额</td><td rowspan="2">人民币（大写）</td><td rowspan="2" colspan="3">肆仟元整</td><td>千</td><td>百</td><td>十</td><td>万</td><td>千</td><td>百</td><td>十</td><td>元</td><td>角</td><td>分</td></tr>
<tr><td></td><td></td><td></td><td>¥</td><td>4</td><td>0</td><td>0</td><td>0</td><td>0</td><td>0</td></tr>
<tr><td>款项内容</td><td>电费</td><td>委托收款凭证名称</td><td colspan="2"></td><td colspan="4">附寄单证张数</td><td colspan="6">15</td></tr>
<tr><td colspan="5">备注：</td><td colspan="10">付款单位须知：</td></tr>
</table>

单位主管 会计 复核 记账 付款人开户行

收到日期： 年 月 日

表 5-53 电费分配表

深电电子有限公司电费分配表

2017年12月

用电单位	用电量（度）	电费分配（元）
车间生产用电	5 000	2 500
管理部门用电	3 000	1 500
合 计	8 000	4 000

审核：沈慎 填表：傅星

账户分析如图 5-20 所示。

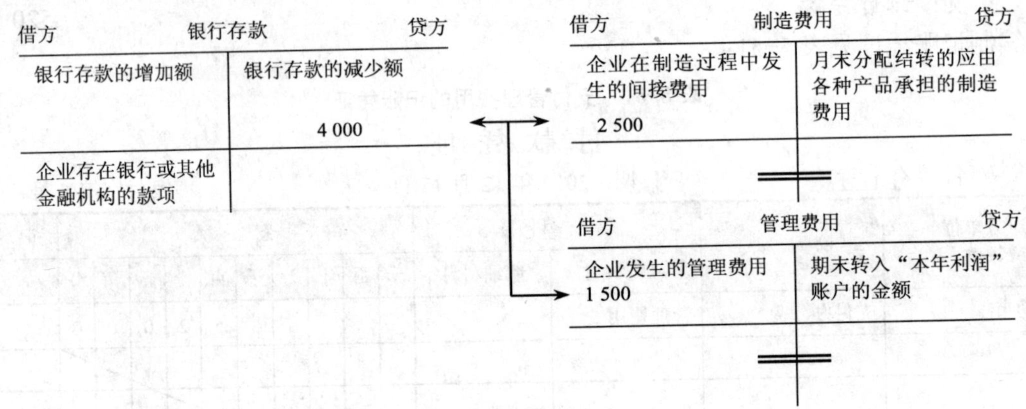

图 5-20 支付电费的账户分析

编制会计分录如下：

借：制造费用 2 500

　　管理费用 1 500

　　贷：银行存款 4 000

编制记账凭证见表 5-54：

表 5-54 支付电费的记账凭证

付 款 凭 证

贷方科目：银行存款　　日期：2017 年 12 月 25 日　　银付字第 8 号

对方单位（或领款人）	摘要	借方科目		金额										记账
		总账科目	明细科目	千	百	十	万	千	百	十	元	角	分	√
南京电力公司	支付电费	制造费用						2	5	0	0	0	0	
		管理费用						1	5	0	0	0	0	
附件 2 张		合计金额					¥	4	0	0	0	0	0	

会计主管：李想　记账：郭维　稽核：沈慎　出纳：钱途　制单：钱途

【例 5-17】 2017 年 12 月 25 日，公司收到银行转来的付款通知，支付电话费 3 560 元。原始凭证见表 5-55。

表 5-55 支付电话费通知单

同城委托收款凭证（付款通知）③

委托日期　2017 年 12 月 25 日　第×××号

付款人	全称	深电电子有限公司	收款人	全称	南京联通公司
	账号	708-12345		账号	123-4567
	开户银行	工行香樟路支行		开户银行	建行河西支行

委托金额	人民币（大写）	叁仟伍佰陆拾元整	千	百	十	万	千	百	十	元	角	分
						¥	3	5	6	0	0	0

款项内容	电话费	委托收款凭证名称		附寄单证张数	4
备注：				付款单位须知：	

单位主管　会计　复核　记账　付款人开户行收到日期：　年　月　日

账户分析如图 5-21 所示。

借方　银行存款	贷方
银行存款的增加额	银行存款的减少额 3 560
企业存在银行或其他金融机构的款项	

↔

借方　管理费用	贷方
企业发生的管理费用 3 560	期末转入“本年利润”账户的金额

图 5-21 支付电话费的账户分析

编制会计分录：

借：管理费用　　3 560

　贷：银行存款　　3 560

编制记账凭证见表 5-56：

表 5-56 支付电话费的记账凭证

付 款 凭 证

贷方科目：银行存款　　　　日期：2017 年 12 月 25 日　　　　银付字第 9 号

对方单位（或领款人）	摘　要	借方科目		金　额										记　账
		总账科目	明细科目	千	百	十	万	千	百	十	元	角	分	√
南京联通公司	支付电话费	管理费用						3	5	6	0	0	0	
附件 1 张		合 计 金 额					¥	3	5	6	0	0	0	

会计主管：李想　　记账：郭维　　稽核：沈慎　　出纳：钱途　　制单：钱途

【例 5-18】 2017 年 12 月 26 日，采购员周舟借支差旅费 2 350 元，出纳员先开出现金支票去银行提现，然后支付给采购员周舟现金。原始凭证见表 5-57 和表 5-58。

表 5-57 预借现金的原始凭证

中国工商银行
现金支票存根（苏）
支票号码：No.4568
附加信息

出票日期 2017 年 12 月 26 日

收款人：深电公司
金　额：¥2 350.00
用　途：预支差旅费

单位主管　　会计

中国工商银行现金支票（苏）　　支票号码 No.4568

出票日期（大写）：贰零壹柒年壹拾贰月贰拾陆日　开户行名称：工行香樟路支行
收款人：深电电子有限公司　　出票人账号：708-12345

本支票付款期限十天

人民币（大写）	亿	千	百	十	万	千	百	十	元	角	分
贰仟叁佰伍拾元整					¥	2	3	5	0	0	0

用途 预支差旅费
上列款项请从
我账户内支付
出票人签章　　复核　　记账

表 5-58 借款单

借 款 单

资金性质＿＿＿＿＿＿＿＿　　2017 年 12 月 26 日

借款单位：采购科周舟		
借款理由：赴上海调研		
借款数额：人民币（大写）贰仟叁佰伍拾元整　¥2 350.00		
领导意见 同意 吴权	财务主管核批 同意 李想	借款人：（签章）周舟 2017 年 12 月 26 日

账户分析如图 5-22 所示。

借方　银行存款	贷方
银行存款的增加额	银行存款的减少额 2 350
企业存在银行或其他金融机构的款项	

↔

借方　库存现金	贷方
现金的增加额 2 350	现金的减少额
库存现金的实有数额	

图 5-22　提取现金的账户分析

编制会计分录如下：

借：库存现金　2 350

　　贷：银行存款　2 350

编制记账凭证见表 5-59：

表 5-59　提取现金的记账凭证

付 款 凭 证

贷方科目：银行存款　　日期：2017 年 12 月 26 日　　银付字第 10 号

对方单位（或领款人）	摘　要	借方科目		金额										记　账
		总账科目	明细科目	千	百	十	万	千	百	十	元	角	分	√
深电公司	提取现金	库存现金						2	3	5	0	0	0	
附件 1 张		合 计 金 额					¥	2	3	5	0	0	0	

会计主管：李想　　记账：郭维　　稽核：沈慎　　出纳：钱途　　制单：钱途

账户分析如图 5-23 所示。

借方　库存现金	贷方
现金的增加额	现金的减少额 2 350
库存现金的实有数额	

↔

借方　其他应收款	贷方
应收款的增加 2 350	收回的应收款项
尚未收回的款项	

图 5-23　预借现金的账户分析

编制会计分录如下：

借：其他应收款——周舟　2 350

　　贷：库存现金　2 350

编制记账凭证见表 5-60：

表 5-60 预借现金的记账凭证

付 款 凭 证

贷方科目：库存现金　　　　日期：2017 年 12 月 26 日　　　　现付字第 2 号

对方单位（或领款人）	摘　要	借方科目		金额										记　账
		总账科目	明细科目	千	百	十	万	千	百	十	元	角	分	√
周舟	预支差旅费	其他应收款	周舟					2	3	5	0	0	0	
附件 1 张		合 计 金 额					¥	2	3	5	0	0	0	

会计主管：李想　　记账：郭维　　稽核：沈慎　　出纳：钱途　　制单：钱途

【例 5-19】 2017 年 12 月 26 日，公司业务员林建参加展销会回来，报销差旅费 800 元，退回现金 100 元。原始凭证见表 5-61 和表 5-62。

表 5-61 收款收据

收　　据

No. 0214693

日期：2017 年 12 月 26 日

今收到　林建

交来　参加展销会回来退回的多余现金

人民币（大写）壹佰元整　　¥100.00

收款单位

公　　章　　　　收款人：钱途　　　　交款人：林建

注：本收据只作一切单位之间的“应收应付款”“暂收暂付款”结算往来账款凭证，不得以本收据代替发票使用。

表 5-62 差旅费报销单

差旅费报销单

原始凭证 16 张　　　　2017 年 12 月 26 日

单位名称	市场部		姓名		林建	职务	部门经理
出差事由	展销会				出差日期	自 2014 年 12 月 20 日	
到达地点	泰州					至 2014 年 12 月 25 日	
项目金额	交通费				住宿费	伙食补助	
	火车	汽车	轮船	其他	第二等房间 6 天	在途 1 天	驻勤 6 天
	90.00	60.00		35.00	420.00	15.00	180.00
总计金额人民币（大写）捌佰元整							¥800.00
审批：吴权			领款人：林建		备注		

财务主管：李想　　　　出纳员：钱途

账户分析如图 5-24 所示。

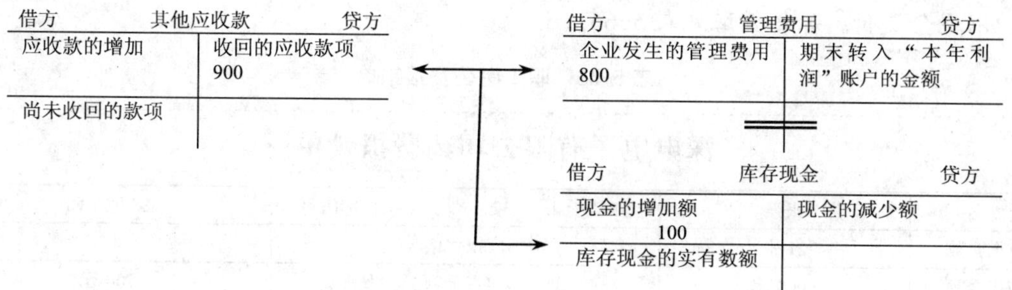

图 5-24　其他应收款的多账户分析

编制会计分录如下：

借：管理费用　　800

　　库存现金　　100

　　贷：其他应收款——林建　　900

编制记账凭证见表 5-63 和表 5-64：

表 5-63　报销差旅费的记账凭证

转 账 凭 证

分号_____

日期：2017 年 12 月 26 日　　　　总号　8

摘　要	总账科目	明细科目	借方金额										贷方金额										记账
			千	百	十	万	千	百	十	元	角	分	千	百	十	万	千	百	十	元	角	分	√
报销差旅费	管理费用							8	0	0	0	0											
	其他应收款	林建																8	0	0	0	0	
附件 1 张	合　计						¥	8	0	0	0	0					¥	8	0	0	0	0	

会计主管：李想　　记账：郭维　　复核：苏琪　　制单：钱途

表 5-64　退回多余现金的记账凭证

收 款 凭 证

借方科目：库存现金　　日期：2017 年 12 月 26 日　　现收字第 2 号

对方单位（或缴款人）	摘　要	贷方科目		金　额										记账
		总账科目	明细科目	千	百	十	万	千	百	十	元	角	分	√
林建	退回多余现金	其他应收款	林建						1	0	0	0	0	
附件 1 张		合计金额						¥	1	0	0	0	0	

会计主管：李想　　记账：郭维　　稽核：沈慎　　出纳：钱途　　制单：钱途

【例5-20】 2017年12月28日，公司职工张强报销医药费1 000元，其中应由个人负担30%，以现金支付。原始凭证见表5-65。

表5-65 职工医药费报销单

深电电子有限公司药费报销单

姓名	张强	年龄	32	工作部门	88型车间
单据张数	21张	应报比例			70%
应报金额	1 000元	实报金额			700元
批准人	吴权	实报金额（大写）		柴佰元整	
签章	2014年12月28日	领款人签字		张强 2017年12月28日	

批准：吴权　　　　复核：苏琪　　　　出纳：钱途

账户分析如图5-25所示。

借方	库存现金 贷方
现金的增加额	现金的减少额 700
库存现金的实有数额	

↔

借方	应付职工薪酬 贷方
本期实际支付的职工薪酬 700	本期应付职工的各种薪酬
	企业应付未付的职工薪酬

图5-25 职工医药费报销的账户分析

编制会计分录如下：

借：应付职工薪酬——职工福利　　700

　　贷：库存现金　　700

编制记账凭证见表5-66：

表5-66 职工医药费报销的记账凭证

付 款 凭 证

贷方科目：库存现金　　日期：2017年12月28日　　现付字第3号

对方单位（或领款人）	摘要	借方科目 总账科目	借方科目 明细科目	千	百	十	万	千	百	十	元	角	分	记账 √
张强	报销医药费	应付职工薪酬	职工福利						7	0	0	0	0	
附件1张		合计金额						¥	7	0	0	0	0	

会计主管：李想　　记账：郭维　　稽核：沈慎　　出纳：钱途　　制单：钱途

【例5-21】 2017年12月31日，仓库转来12月份发出用于生产88型电子产品、99型电子产品以及管理方面的各类材料的领料清单。原始凭证见表5-67。

表 5-67　领料单汇总表

领料单汇总表

日期：2017 年 12 月 31 日

料别 用途	甲材料@50		乙材料@100		丙材料@400		丁材料@2 000		合计
	数量	金额	数量	金额	数量	金额	数量	金额	
88 型电子产品耗用	120	6 000	90	9 000	18	7 200			22 200
99 型电子产品耗用	80	4 000	150	15 000	7	2 800			21 800
车间一般耗用	38	1 900	60	6 000					7 900
厂部一般耗用							4	8 000	8 000
合　计	238	11 900	300	30 000	25	10 000	4	8 000	59 900

制表：傅星　　　　　　　　记账：郭维

账户分析如图 5-26～图 5-29 所示。

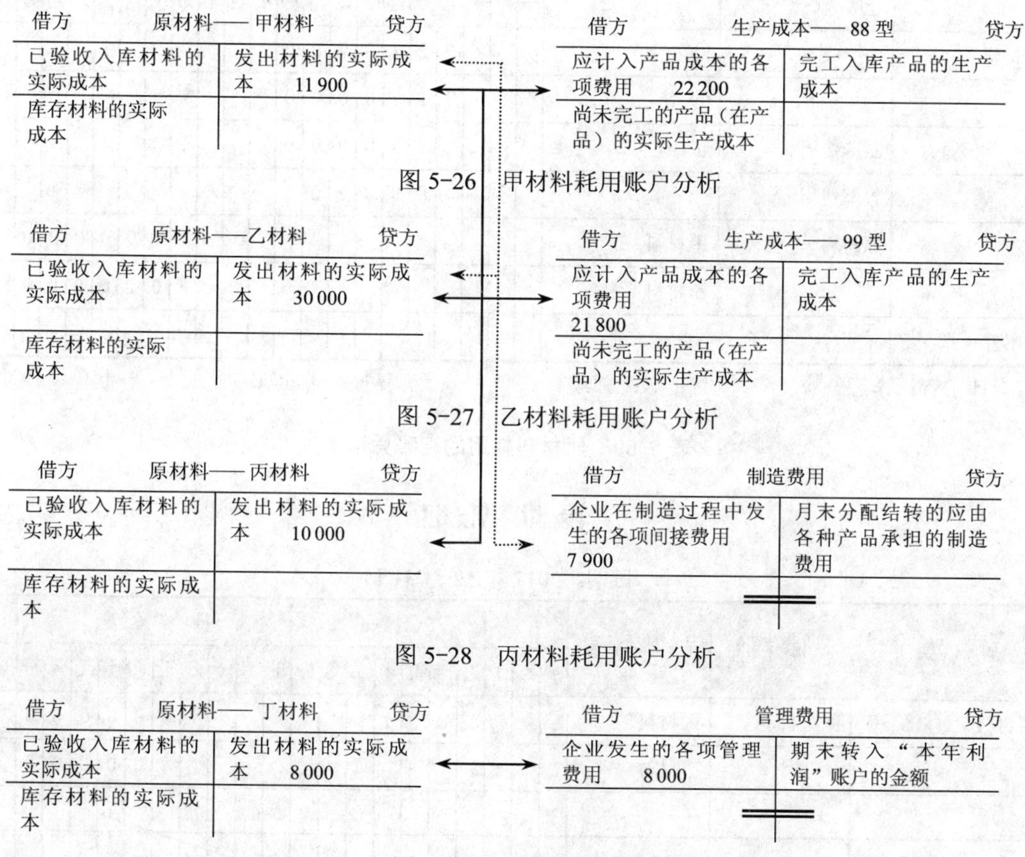

图 5-26　甲材料耗用账户分析

图 5-27　乙材料耗用账户分析

图 5-28　丙材料耗用账户分析

图 5-29　丁材料耗用账户分析

编制会计分录如下：

借：生产成本——88 型电子产品　　　　22 200

　　　　　　——99 型电子产品　　　　21 800

制造费用　　　　　　　　　　7 900
管理费用　　　　　　　　　　8 000
贷：原材料——甲材料　　　　　　11 900
　　　　　——乙材料　　　　　　30 000
　　　　　——丙材料　　　　　　10 000
　　　　　——丁材料　　　　　　8 000

编制记账凭证见表5-68和表5-69：

表5-68　原材料耗用的记账凭证一

转账凭证

分号 1/2

日期：2017年12月31日

总号 12

摘要	总账科目	明细科目	借方金额										贷方金额										记账
			千	百	十	万	千	百	十	元	角	分	千	百	十	万	千	百	十	元	角	分	√
领用材料	生产成本	88型				2	2	2	0	0	0	0											
		99型				2	1	8	0	0	0	0											
	制造费用						7	9	0	0	0	0											
	管理费用						8	0	0	0	0	0											
	原材料	甲材料														1	1	9	0	0	0	0	
		乙材料														3	0	0	0	0	0	0	
附件 张	合计																						

会计主管：李想　　　记账：郭维　　　复核：苏琪　　　制单：钱途

表5-69　原材料耗用的记账凭证二

转账凭证

分号 2/2

日期：2017年12月31日

总号 12

摘要	总账科目	明细科目	借方金额										贷方金额										记账
			千	百	十	万	千	百	十	元	角	分	千	百	十	万	千	百	十	元	角	分	√
领用材料	原材料	丙材料														1	0	0	0	0	0	0	
		丁材料															8	0	0	0	0	0	
附件1张	合计				¥	5	9	9	0	0	0	0			¥	5	9	9	0	0	0	0	

会计主管：李想　　　记账：郭维　　　复核：苏琪　　　制单：钱途

【例 5-22】 2017 年 12 月 31 日，公司计算分配 12 月份应付职工薪酬。原始凭证见表 5-70。

表 5-70 薪酬费用分配汇总表

薪酬费用分配汇总表

2017 年 12 月 31 日

借方科目＼部门	应付工资				
	88 型车间	99 型车间	机修车间	厂部	合计
生产成本	10 950	12 540			23 490
制造费用	2 800	3 365	6 010		12 175
管理费用				6 920	6 920
合计	13 750	15 905	6 010	6 920	42 585

制表：傅星　　记账：郭维

账户分析如图 5-30 所示。

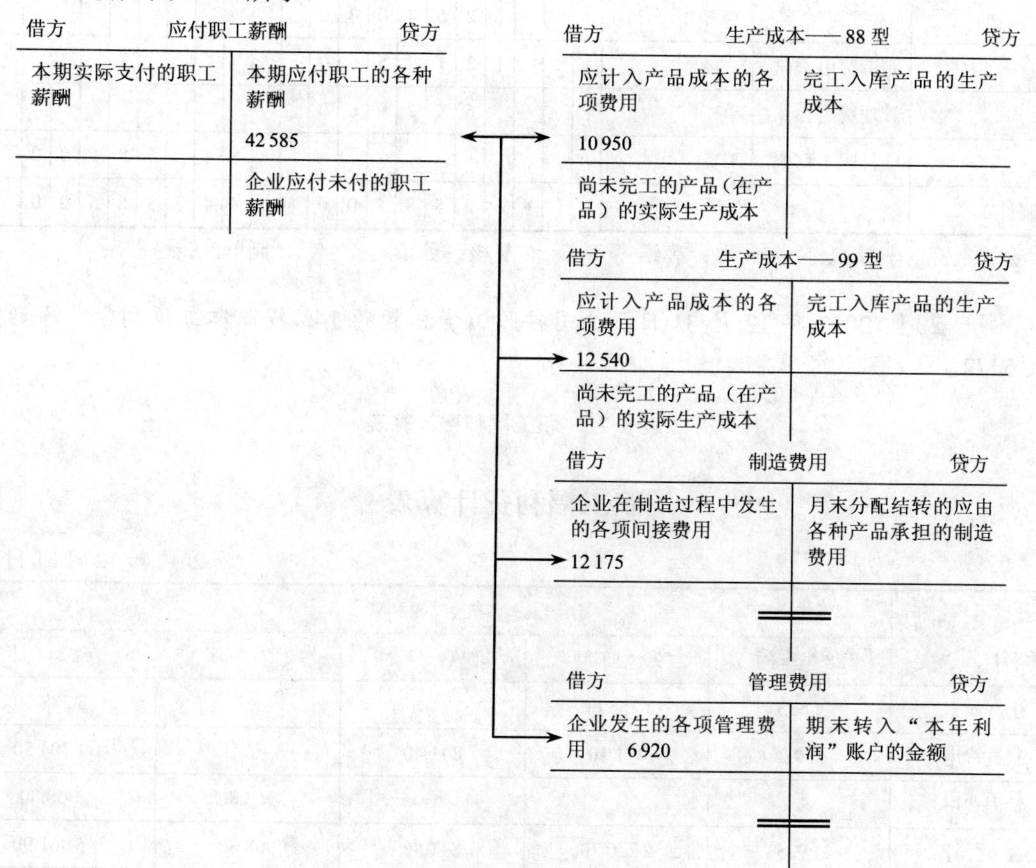

图 5-30 薪酬费用分配的多账户分析

编制会计分录如下：

借：生产成本——88 型电子产品　　10 950

　　　　　　——99 型电子产品　　12 540

　　制造费用　　12 175

　　管理费用　　6 920

　　贷：应付职工薪酬——工资　　42 585

编制记账凭证见表 5-71：

表 5-71　薪酬费用分配的记账凭证

转 账 凭 证

分号＿＿

日期：2017 年 12 月 31 日　　总号 13

摘　要	总账科目	明细科目	借方金额										贷方金额										记账
			千	百	十	万	千	百	十	元	角	分	千	百	十	万	千	百	十	元	角	分	√
分配工资	生产成本	88 型电子产品				1	0	9	5	0	0	0											
		99 型电子产品				1	2	5	4	0	0	0											
	制造费用					1	2	1	7	5	0	0											
	管理费用						6	9	2	0	0	0											
	应付职工薪酬	工资														4	2	5	8	5	0	0	
附件 1 张	合　计				¥	4	2	5	8	5	0	0			¥	4	2	5	8	5	0	0	

会计主管：李想　　记账：郭维　　复核：苏琪　　制单：钱途

【例 5-23】 2017 年 12 月 31 日，公司按照工资总额的 14%提取职工福利费。原始凭证见表 5-72。

表 5-72　职工福利费计算表

职工福利费计算表

2017 年 12 月 31 日

部门 借方科目	应付福利费				
	88 型车间	99 型车间	机修车间	厂　部	合　计
生产成本	1 533	1 755.60			3 288.60
制造费用	392	471.10	841.40		1 704.50
管理费用				968.80	968.80
合　计	1 925	2 226.70	841.40	968.80	5 961.90

制表：傅星　　记账：郭维

账户分析如图 5-31 所示。

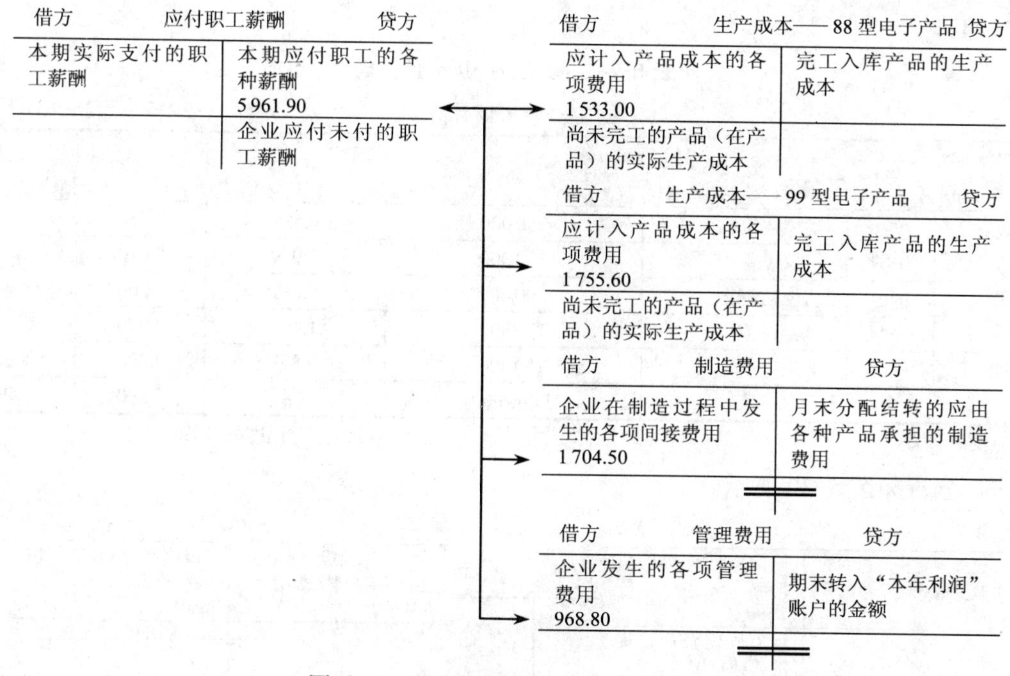

图 5-31　职工福利费用的多账户分析

编制会计分录如下：

借：生产成本——88型电子产品　　1 533.00

　　　　　　——99型电子产品　　1 755.60

　　制造费用　　1 704.50

　　管理费用　　968.80

　　贷：应付职工薪酬——职工福利　　5 961.90

编制记账凭证见表 5-73：

表 5-73　职工福利费用的记账凭证

转 账 凭 证

分号______

日期：2017 年 12 月 31 日　　　　总号 14

摘　要	总账科目	明细科目	借方金额										贷方金额										记账
			千	百	十	万	千	百	十	元	角	分	千	百	十	万	千	百	十	元	角	分	√
计提福利费	生产成本	88型电子产品					1	5	3	3	0	0											
		99型电子产品					1	7	5	5	6	0											
	制造费用						1	7	0	4	5	0											
	管理费用							9	6	8	8	0											
	应付职工薪酬	职工福利															5	9	6	1	9	0	
附件 1 张	合　计					¥	5	9	6	1	9	0				¥	5	9	6	1	9	0	

会计主管：李想　　记账：郭维　　复核：苏琪　　制单：钱途

【例 5-24】 2017 年 12 月 31 日，公司按照规定的固定资产折旧率计提折旧。原始凭证见表5-74。

表5-74　固定资产折旧计算表

固定资产折旧计算表　　2017年12月31日

折旧 \ 部门			月初固定资产原价	月折旧率	折旧额	合计
制造费用	生产车间	房屋建筑物	250 000	0.5%	1 250	6 390
		机器设备	230 000	0.9%	2 070	
	机修车间	房屋建筑物	200 000	0.6%	1 200	
		机器设备	170 000	1.1%	1 870	
管理费用	厂部	非生产用	150 000	0.8%	1 200	1 200
合计			1 000 000		7 590	7 590

制表：傅星　　记账：郭维

账户分析如图5-32所示。

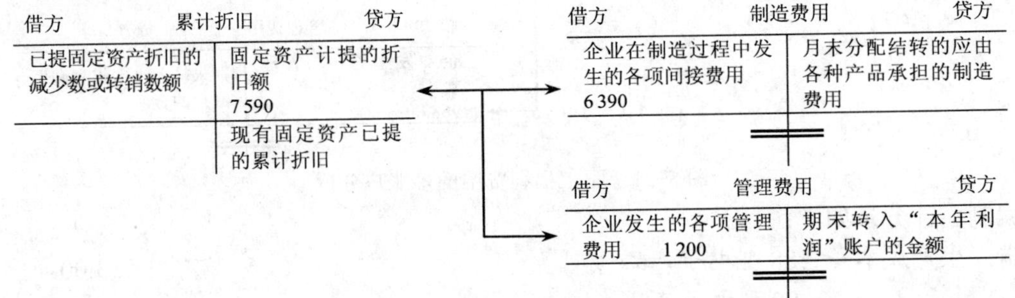

图5-32　固定资产折旧的账户分析

编制会计分录如下：

借：制造费用　　6 390
　　管理费用　　1 200
　　贷：累计折旧　　7 590

编制记账凭证见表5-75：

表5-75　固定资产折旧的记账凭证

转账凭证

分号______

日期：2017年12月31日　　总号 15

摘要	总账科目	明细科目	借方金额 千	百	十	万	千	百	十	元	角	分	贷方金额 千	百	十	万	千	百	十	元	角	分	记账 √
计提折旧	制造费用						6	3	9	0	0	0											
	管理费用						1	2	0	0	0	0											
	累计折旧																7	5	9	0	0	0	
附件1张	合计					¥	7	5	9	0	0	0				¥	7	5	9	0	0	0	

会计主管：李想　　记账：郭维　　复核：苏琪　　制单：钱途

【例5-25】 2017年12月31日，公司汇总12月份制造费用总额并进行分配，分配标准是生产工人的工资，分配率保留小数点后四位。原始凭证见表5-76。

表5-76　制造费用分配表

制造费用分配表

2017年12月31日

借方科目		生产工人工资/元	制造费用分配率	制作费用分配额
总账科目	明细科目			
生产成本	88型电子产品	10 950		14 296.32
	99型电子产品	12 540		16 373.18
合　计		23 490	1.305 6	30 669.50

制表：傅星　　　　记账：郭维

账户分析如图5-33所示。

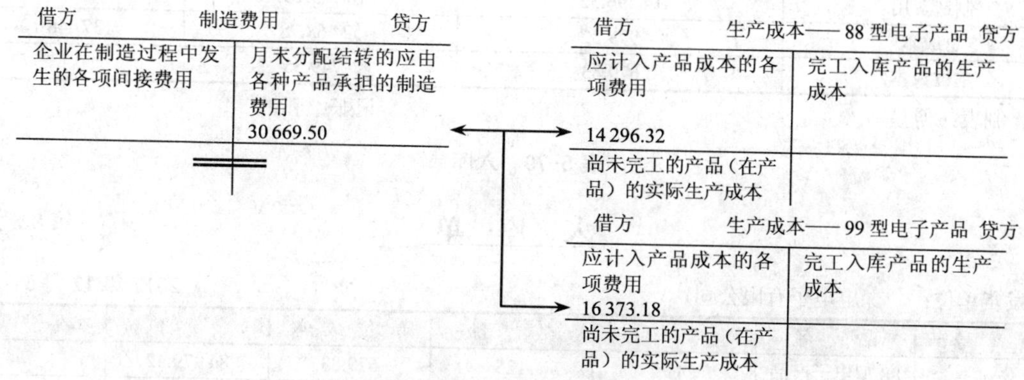

图5-33　制造费用分配的账户分析

编制会计分录如下：

借：生产成本——88型电子产品　　14 296.32

　　　　　　——99型电子产品　　16 373.18

　贷：制造费用　　30 669.50

编制记账凭证见表5-77：

表5-77　制造费用分配的记账凭证

转 账 凭 证

分号______

日期：2017年12月31日　　总号 16

摘　要	总账科目	明细科目	借方金额										贷方金额										记账
			千	百	十	万	千	百	十	元	角	分	千	百	十	万	千	百	十	元	角	分	√
结转制造费用	生产成本	88型电子产品				1	4	2	9	6	3	2											
		99型电子产品				1	6	3	7	3	1	8											
	制造费用															3	0	6	6	9	5	0	
附件1张	合　计				¥	3	0	6	6	9	5	0			¥	3	0	6	6	9	5	0	

会计主管：李想　　记账：郭维　　复核：苏琪　　制单：钱途

【例5-26】 2017年12月31日，公司结转12月份完工产品成本，12月份投产的88型电子产品和99型电子产品已经全部完工入库。原始凭证见表5-78和表5-79。

表5-78 产品成本计算表

产品成本计算表

88型电子产品完工 125 台

99型电子产品完工 70 台

2017年12月31日

成本项目＼产品种类	88型电子产品	99型电子产品	合计
期初余额	36000	—	36000
直接材料	22200	21800	44000
直接工资	10950	12540	23490
福利费	1533	1755.60	3288.60
制造费用	14296.32	16373.18	30669.50
总成本	84979.32	52468.78	137448.10
单位成本	679.83	749.55	

制表：傅星　　记账：郭维

表5-79 入库单

入 库 单

第82号

2017年12月31日

发货单位：　深电电子有限公司

货号	品名	单位	数量	单位成本	金额	备注
	88型电子产品	台	125	679.83	84979.32	
	99型电子产品	台	70	749.55	52468.78	
合计					137448.10	

负责人：　　收货经手人：

账户分析如图5-34和图5-35所示。

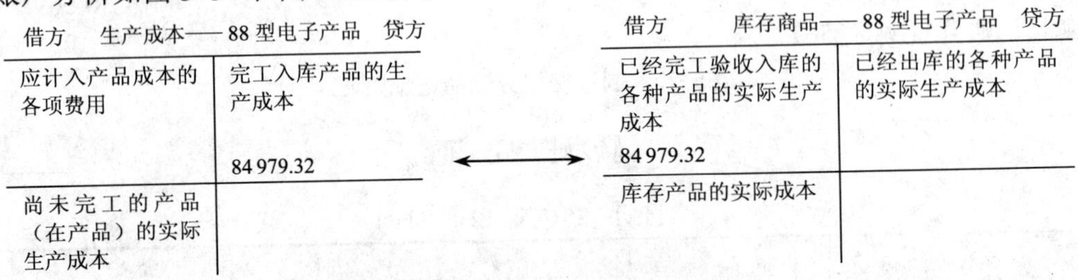

借方　生产成本——88型电子产品	贷方
应计入产品成本的各项费用	完工入库产品的生产成本 84979.32
尚未完工的产品（在产品）的实际生产成本	

↔

借方　库存商品——88型电子产品	贷方
已经完工验收入库的各种产品的实际生产成本 84979.32	已经出库的各种产品的实际生产成本
库存产品的实际成本	

图5-34　88型产品成本的账户分析

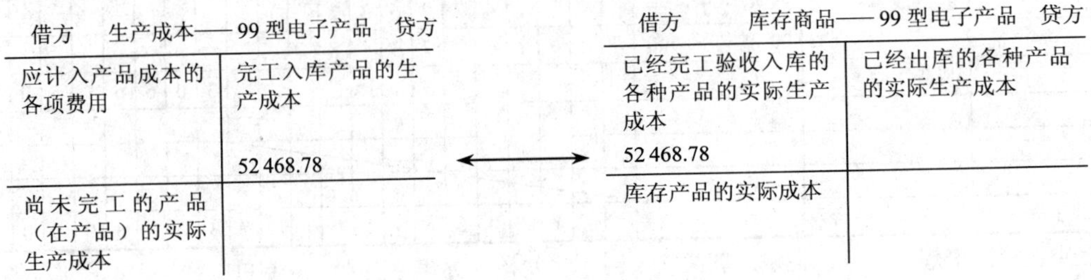

借方　生产成本——99型电子产品	贷方
应计入产品成本的各项费用	完工入库产品的生产成本 52468.78
尚未完工的产品（在产品）的实际生产成本	

↔

借方　库存商品——99型电子产品	贷方
已经完工验收入库的各种产品的实际生产成本 52468.78	已经出库的各种产品的实际生产成本
库存产品的实际成本	

图5-35　99型电子产品成本的账户分析

编制会计分录如下：

借：库存商品——88 型电子产品　84 979.32
　　　　　　——99 型电子产品　52 468.78
　贷：生产成本——88 型电子产品　84 979.32
　　　　　　　——99 型电子产品　52 468.78

编制记账凭证见表 5-80：

表 5-80　88 型和 99 型产品成本结转的记账凭证

转 账 凭 证

分号______

日期：2017 年 12 月 31 日

总号 17

摘　要	总账科目	明细科目	借方金额										贷方金额										记账
			千	百	十	万	千	百	十	元	角	分	千	百	十	万	千	百	十	元	角	分	√
结转完工产品成本	库存商品	88 型电子产品				8	4	9	7	9	3	2											
		99 型电子产品				5	2	4	6	8	7	8											
	生产成本	88 型电子产品														8	4	9	7	9	3	2	
		99 型电子产品														5	2	4	6	8	7	8	
附件 2 张	合　计			¥	1	3	7	4	4	8	1	0		¥	1	3	7	4	4	8	1	0	

会计主管：李想　　记账：郭维　　复核：苏琪　　制单：钱途

任务五　核算企业销售阶段业务

任务要求

1. 理解主要账户的性质、用途和结构
2. 核算企业销售阶段业务

知识储备

企业在销售阶段过程中会有哪些经营活动发生？核算的内容是什么？

销售阶段是产品价值实现的阶段，通过销售，取得销售收入。销售过程是制造业生产经营过程的最后阶段，主要任务是将生产的产品予以销售，取得销售收入，使企业的生产耗费得到补偿，并实现企业的经营目标。因此，销售过程主要核算的主要内容有：确认出售产品所实现的销售收入，与购货单位办理价款结算，支付各项销售费用，结转产品的销售成本，计算应向国家交纳的销售税金及附加费，确定销售成果。另外，企业除产品销售业务外，还会发生一些其他销售业务，如材料销售等，这些销售业务取得的收入和发生的支出，也是销售过程核算的内容。

一、主要账户的设置

企业销售阶段涉及的主要账户见表5-81。

表5-81 企业销售阶段涉及的主要账户

账户名称	账户性质	账户用途	账户结构	明细账
主营业务收入	损益类	核算企业在销售商品、提供劳务及让渡资产使用权等日常活动中所产生的收入	贷方登记企业销售产品或提供劳务时实现的销售收入；借方登记因销售退回而冲减的销售收入和期末转入“本年利润”账户的数额。该账户期末结转后无余额	按主营业务的种类进行明细核算
主营业务成本	损益类	核算企业因销售商品、提供劳务及让渡资产使用权等日常活动而发生的实际成本	借方登记企业本期因销售商品、提供劳务及让渡资产使用权等日常活动而发生的实际成本；贷方登记期末转入“本年利润”账户的已销售产品的生产成本。该账户期末结转后无余额	按主营业务的种类进行明细核算
税金及附加	损益类	核算企业经营活动发生的所得税、消费税、城市维护建设税、资源税和教育费附加等相关税费	借方登记企业应负担的各项税金及附加；贷方登记期末转入“本年利润”账户的各种税金及附加。该账户期末结转后无余额	按税费的种类进行明细核算
应收账款	资产类	核算企业因销售商品、产品、提供劳务等，应向购货单位或接受劳务单位收取的款项	借方登记由于销售产品或提供劳务而发生的应收款项；贷方登记企业已经收回的款项。期末余额在借方，表示企业尚未收回的应收账款	按照债权人设置明细账，进行明细核算
应收票据	资产类	核算企业因销售商品、产品、提供劳务等而收到的商业汇票，包括银行承兑汇票和商业承兑汇票	借方登记应收票据的增加，贷方登记到期收回的票据款。期末余额在借方，表示尚未到期的票据应收款	企业应设置应收票据备查簿登记应收票据的详细资料
预收账款	负债类	核算企业按照合同规定向购货单位预收的款项	贷方登记企业收到的预收款项；借方登记销售实现时与购货单位结算的款项。期末如为贷方余额，表示企业向购货单位预收的款项；期末如为借方余额，表示企业应向购货单位补付的款项	按购货单位设置明细账，进行明细核算
销售费用	损益类	核算企业销售商品、提供劳务过程中发生的各种费用	借方登记企业在销售商品过程中发生的运输费、装卸费、包装费、保险费、展览费和广告费等各项销售费用，贷方登记期末转入“本年利润”账户的数额。该账户期末结转后无余额	按费用项目设置明细分类账，进行明细核算
财务费用	损益类	核算企业为筹集生产经营所需资金而发生的费用，包括利息支出以及相关的手续费等	借方登记企业发生的各项财务费用；贷方登记期末结转记入“本年利润”账户的金额。该账户期末结转后无余额	按费用项目设置明细账，进行明细核算
应付利息	负债类	核算企业按照合同约定应支付的利息	贷方登记资产负债表日，企业按合同利率计算确定的应付未付利息；借方登记企业实际支付的利息。期末余额在贷方，反映企业应付未付的利息	该账户可按债权人进行明细核算

（续）

账户名称	账户性质	账户用途	账户结构	明细账
其他业务收入	损益类	核算企业确认的除主营业务活动以外的其他经营活动实现的收入，包括出租固定资产、出租无形资产、出租包装物和商品、销售材料等实现的收入	贷方登记企业日常活动中除主营业务收入以外的其他销售或其他业务的收入；借方登记期末转入“本年利润”账户的数额。该账户期末结转后无余额	按其他业务收入的种类设置明细账，进行明细核算
其他业务成本	损益类	核算企业确认的除主营业务活动以外的其他经营活动所发生的成本，包括销售材料的成本、出租固定资产的折旧额、出租无形资产的摊销额、出租包装物的成本或摊销额等	借方登记企业除主营业务成本以外的其他销售或其他业务所发生的成本；贷方登记期末转入“本年利润”账户的数额。该账户期末结转后无余额	按其他业务成本的种类设置明细账，进行明细核算

二、产品销售成本的计算

产品销售成本是指已销售产品的生产成本，即应当从主营业务收入中补偿的生产耗费。产品销售成本的计算公式如下：

产品销售成本=产品销售数量×产品的单位生产成本

三、业务核算举例

销售阶段主要操作的内容有销售收入以及销售成本的确认和计量、期间费用的确认和计量等相关经济业务的会计处理。

【例 5-27】 2017 年 12 月 31 日，公司预提 12 月份负担的银行借款利息，利息费用全部计入财务费用。原始凭证见表 5-82。

表 5-82　利息费用计算表

利息费用计算表

2017 年 12 月 31 日

借款类别	借款本金	月利率	本月预提额	备注
短期借款（工行）	25 000.00	3.1‰	77.50	
长期借款（工行）	150 000.00	2.8‰	420	
长期借款（工行）	110 000.00	2.2‰	242	
合　计			739.50	

制表：傅星　　　　　　　　　　　　　　记账：郭维

账户分析如图 5-36 所示。

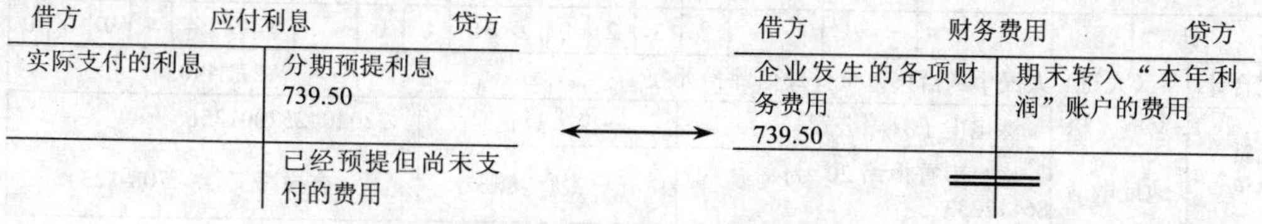

借方　应付利息　贷方	
实际支付的利息	分期预提利息 739.50
	已经预提但尚未支付的费用

←→

借方　财务费用　贷方	
企业发生的各项财务费用 739.50	期末转入“本年利润”账户的费用

图 5-36　银行借款利息费用的账户分析

编制会计分录如下：

借：财务费用　　739.50

　　贷：应付利息　　739.50

编制记账凭证见表 5-83：

表 5-83　应付利息的记账凭证

转 账 凭 证

分号______

日期：2017 年 12 月 31 日

总号 18

摘　要	总账科目	明细科目	借方金额										贷方金额										记账
			千	百	十	万	千	百	十	元	角	分	千	百	十	万	千	百	十	元	角	分	√
计提利息费用	财务费用							7	3	9	5	0											
	应付利息																	7	3	9	5	0	
附件 1 张	合　计						¥	7	3	9	5	0					¥	7	3	9	5	0	

会计主管：李想　　记账：郭维　　复核：苏琪　　制单：钱途

【例 5-28】 2017 年 12 月 8 日，销售给索普公司产品一批，其中销售 88 型电子产品 85 台，单价 1 000 元，销售货款计 85 000 元；99 型电子产品 42 台，单价 3 500 元，销售货款计 147 000 元，增值税税率 17%，全部款项已收妥入账。原始凭证见表 5-84 和表 5-85。

表 5-84　产品销售的原始凭证——增值税发票

江苏省增值税专用发票

No. 22247320

记　账　联

开票日期：2017 年 12 月 8 日

购货单位	名称	索普公司		纳税人登记号	478038362137868
	地址电话	天津市南京路 10 号；81614123		开户银行及账号	工行南京路分理处；31-529

货物或应税劳务名称	规格型号	计量单位	数量	单价	金额								税率	金额						
					十	万	千	百	十	元	角	分		万	千	百	十	元	角	分
电子产品	88	台	85	1 000		8	5	0	0	0	0	0	17%	1	4	4	5	0	0	0
电子产品	99	台	42	3 500	1	4	7	0	0	0	0	0		2	4	9	9	0	0	0
合　计					2	3	2	0	0	0	0	0		3	9	4	4	0	0	0

价税合计	（大写）人民币贰拾柒万壹仟肆佰肆拾元整		¥271 440.00
销货单位	名称	深电电子有限公司	纳税人登记号 320204252001356
	地址电话	南京市香樟路 20 号；86112233	开户银行及账号 工行香樟路支行；708-12345

第 联

销货单位（章）　　收款人：　　复核：　　开票人：

表 5-85　产品销售的原始凭证——银行进账单

中国工商银行进账单（收账通知）1

2017 年 12 月 8 日　　　　第 161 号

付款人	全　称	索普公司	收款人	全　称	深电电子有限公司
	账　号	31-529		账　号	708-12345
	开户银行	工行南京路分理处		开户银行	工行香樟路支行

人民币（大写）	贰拾柒万壹仟肆佰肆拾元整			千	百	十	万	千	百	十	元	角	分
					¥	2	7	1	4	4	0	0	0
用　途	货　款												
票据张数	1	票据种类	转账支票										
单位主管	会计	复核	记账	收款人开户银行盖章									

账户分析如图 5-37 所示。

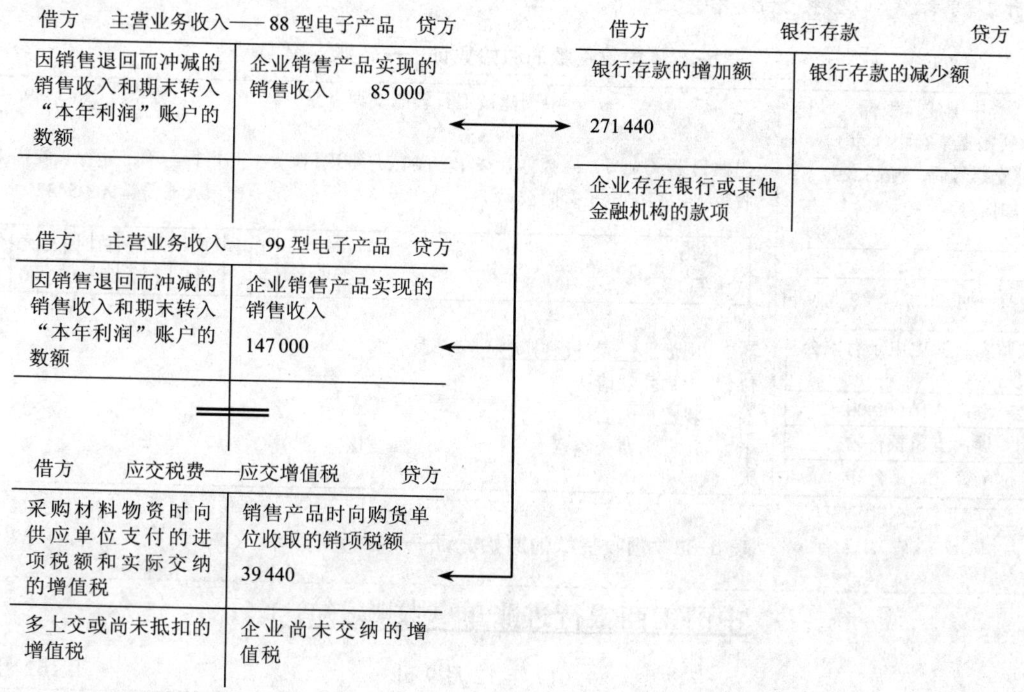

图 5-37　产品销售的多账户分析

编制会计分录如下：

借：银行存款　　271 440
　　贷：主营业务收入——88 型电子产品　　85 000
　　　　　　　　　　——99 型电子产品　　147 000
　　　　应交税费——应交增值税（销项税额）　　39 440

编制记账凭证见表 5-86：

表 5-86 产品销售的记账凭证

收款凭证

借方科目：银行存款　　日期：2017 年 12 月 8 日　　银收字第 3 号

对方单位（或缴款人）	摘要	贷方科目		金额										记账
		总账科目	明细科目	千	百	十	万	千	百	十	元	角	分	√
索普公司	销售产品	主营业务收入	88 型电子产品				8	5	0	0	0	0	0	
			99 型电子产品			1	4	7	0	0	0	0	0	
		应交税费	增值税（销）				3	9	4	4	0	0	0	
附件 2 张		合计金额			¥	2	7	1	4	4	0	0	0	

会计主管：李想　　记账：郭维　　稽核：沈慎　　出纳：钱途　　制单：钱途

【例 5-29】 2017 年 12 月 9 日根据销货合同预收长城公司购货款 10 000 元，收到转账支票一张。原始凭证见表 5-87 和表 5-88。

表 5-87 预收货款的原始凭证——转账支票

中国建设银行 转账支票存根（京） 支票号码：No.3229 附加信息 出票日期 2017 年 12 月 9 日 收款人：深电电子有限公司 金额：¥10 000.00 用途：支付预付款 单位主管　会计	中国建设银行转账支票（京）　　支票号码 No.3229 出票日期（大写）：贰零壹柒年壹拾贰月零玖日　　开户行名称：建行长安街支行 收款人：深电电子有限公司　　出票人账号：903-5432 人民币（大写）：壹万元整　　亿 千 百 十 万 千 百 十 元 角 分：¥ 1 0 0 0 0 0 0 本支票付款期限十天 用途 支付预付款 上列款项请从 我账户内支付 出票人签章　　复核　　记账

表 5-88 预收货款的原始凭证——银行进账单

中国工商银行进账单（收账通知）1

2017 年 12 月 9 日　　第 162 号

付款人	全称	长城公司	收款人	全称	深电电子有限公司
	账号	903-5432		账号	708-12345
	开户银行	建行长安街支行		开户银行	工行香樟路支行

人民币（大写）	壹万元整	千	百	十	万	千	百	十	元	角	分
				¥	1	0	0	0	0	0	0
用途	预收货款										
票据张数	1	票据种类	转账支票								
单位主管　会计　复核　记账		收款人开户银行盖章									

账户分析如图 5-38 所示。

借方	预收账款 贷方
销售实现时与购货单位结算的款项	企业向购货单位预收的款项 10 000
企业应由购货单位补付的款项	

↔

借方	银行存款 贷方
银行存款的增加额 10 000	银行存款的减少额
企业存在银行或其他金融机构的款项	

图 5-38 预收账款的账户分析

编制会计分录如下：

借：银行存款 10 000

贷：预收账款——长城公司 10 000

编制记账凭证见表 5-89：

表 5-89 预收货款的记账凭证

收 款 凭 证

借方科目：银行存款　　日期：2017 年 12 月 9 日　　银收字第 4 号

对方单位（或缴款人）	摘要	贷方科目		金额									记账
		总账科目	明细科目	千	百	十	万	千	百	十	元	角	分	√
长城公司	预收货款	预收账款	长城公司				1	0	0	0	0	0	0	
	附件 1 张	合计金额				¥	1	0	0	0	0	0	0	

会计主管：李想　　记账：郭维　　稽核：沈慎　　出纳：钱途　　制单：钱途

【例 5-30】 2017 年 12 月 16 日，向长城公司发出 88 型电子产品 12 台，单价 1 000 元，增值税税率 17%。原始凭证见表 5-90。

表 5-90 产品销售的原始凭证——增值税发票

江苏省增值税专用发票

No. 28907676

记 账 联

开票日期：2017 年 12 月 16 日

购货单位	名称	长城公司	纳税人登记号	998765679560008
	地址电话	北京长安街 9 号；99008217	开户银行及账号	建行长安街支行； 903-5432

货物或应税劳务名称	规格型号	计量单位	数量	单价	金额								税率	金额					
					十	万	千	百	十	元	角	分		千	百	十	元	角	分
电子产品	88	台	12	1 000		1	2	0	0	0	0	0	17%	2	0	4	0	0	0
合　计					¥	1	2	0	0	0	0	0	17%	2	0	4	0	0	0
价税合计	（大写）人民币壹万肆仟零肆拾元整													¥14 040.00					

销货单位	名称	深电电子有限公司	纳税人登记号	320204252001356
	地址电话	南京市香樟路 20 号；86112233	开户银行及账号	工行香樟路支行；708-12345

第三联

销货单位（章）　　收款人：　　复核：　　开票人：

账户分析如图5-39所示。

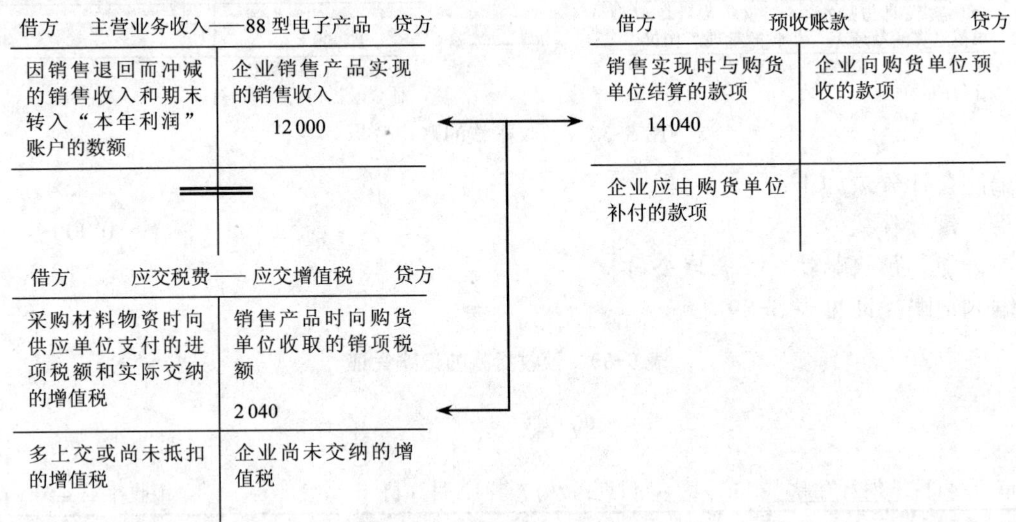

图5-39 产品销售的账户分析

编制会计分录如下：

借：预收账款——长城公司 14 040

贷：主营业务收入——88型电子产品 12 000

应交税费——应交增值税（销项税额） 2 040

编制记账凭证见表5-91：

表5-91 产品销售的记账凭证

转 账 凭 证

分号______

日期：2017年12月16日 总号 5

摘要	总账科目	明细科目	借方金额										贷方金额										记账
			千	百	十	万	千	百	十	元	角	分	千	百	十	万	千	百	十	元	角	分	√
销售产品	预收账款	长城公司				1	4	0	4	0	0	0											
	主营业务收入	88型电子产品														1	2	0	0	0	0	0	
	应交税费	增值税（销）															2	0	4	0	0	0	
附件 1 张	合 计				¥	1	4	0	4	0	0	0			¥	1	4	0	4	0	0	0	

会计主管：李想 记账：郭维 复核：苏琪 制单：钱途

【例5-31】 2017年12月16日，公司出售一批闲置的乙材料90盒给久泰公司，售价110

元/盒，增值税税率为17%，款项尚未收到。原始凭证见表5-92。

表5-92　产品销售的原始凭证——增值税发票

江苏省增值税专用发票　　　No. 28907677

记　账　联

开票日期：2017年 12月 16日

购货单位	名　称	久泰公司	纳税人登记号	560008790088554
	地址电话	南京华阳路9号；97005456	开户银行及账号	建行华阳路支行；877-1234

货物或应税劳务名称	规格型号	计量单位	数量	单价	金额								税率	金额					
					十	万	千	百	十	元	角	分		千	百	十	元	角	分
乙材料		盒	90	110			9	9	0	0	0	0	17%	1	6	8	3	0	0
合　计						¥	9	9	0	0	0	0	17%	1	6	8	3	0	0

价税合计	（大写）人民币壹万壹仟伍佰捌拾叁元整	¥11 583.00

销货单位	名　称	深电电子有限公司	纳税人登记号	320204252001356
	地址电话	南京市香樟路20号；86112233	开户银行及账号	工行香樟路支行；708-12345

第　联

销货单位（章）　　收款人：　　复核：　　开票人：

账户分析如图5-40所示。

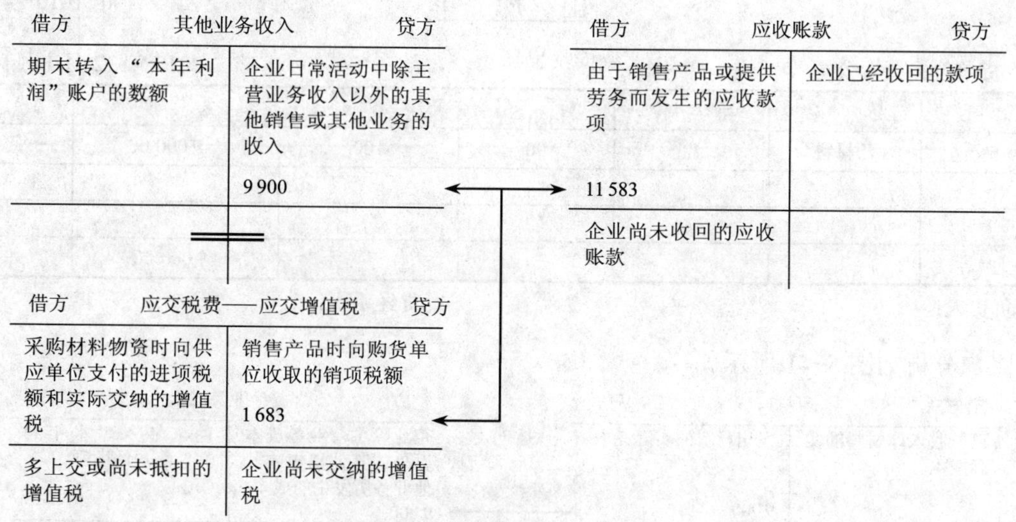

图5-40　材料销售的账户分析

编制会计分录如下：

借：应收账款——久泰公司　　　　11 583

贷：其他业务收入　　9 900

　　应交税费——应交增值税（销项税额）　　1 683

编制记账凭证见表 5-93：

表 5-93　应收账款的记账凭证

转 账 凭 证

分号______

日期：2017 年 12 月 16 日　　总号 6

摘　要	总账科目	明细科目	借方金额										贷方金额										记账
			千	百	十	万	千	百	十	元	角	分	千	百	十	万	千	百	十	元	角	分	√
销售材料	应收账款	久泰公司				1	1	5	8	3	0	0											
	其他业务收入	乙材料															9	9	0	0	0	0	
	应交税费	增值税（销）															1	6	8	3	0	0	
附件 1 张	合　计				¥	1	1	5	8	3	0	0			¥	1	1	5	8	3	0	0	

会计主管：李想　　记账：郭维　　复核：苏琪　　制单：钱途

【例 5-32】 2017 年 12 月 16 日，公司结转上述已售原材料的成本 9 000 元。原始凭证见表 5-94。

表 5-94　出库单

出　库　单

第 1010 号

收货单位：久泰公司　　2017 年 12 月 16 日

货　号	品　名	单　位	数　量	单位成本（元）	金　额	备　注
	乙材料	盒	90	100	9 000.00	
合　计					¥9 000.00	

负责人：　　发货经手人：

账户分析如图 5-41 所示。

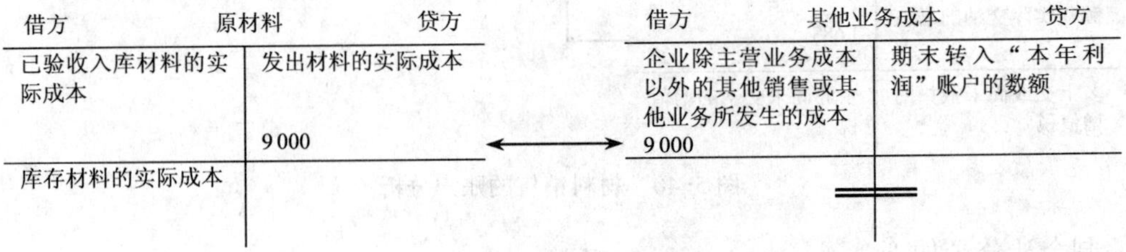

借方	原材料	贷方
已验收入库材料的实际成本	发出材料的实际成本 9 000	
库存材料的实际成本		

←→

借方	其他业务成本	贷方
企业除主营业务成本以外的其他销售或其他业务所发生的成本 9 000	期末转入“本年利润”账户的数额	

图 5-41　结转材料销售成本的账户分析

编制会计分录如下：

借：其他业务成本　　9 000

　　贷：原材料——乙材料　　9 000

编制记账凭证见表 5-95：

表 5-95　转结出售原材料的记账凭证

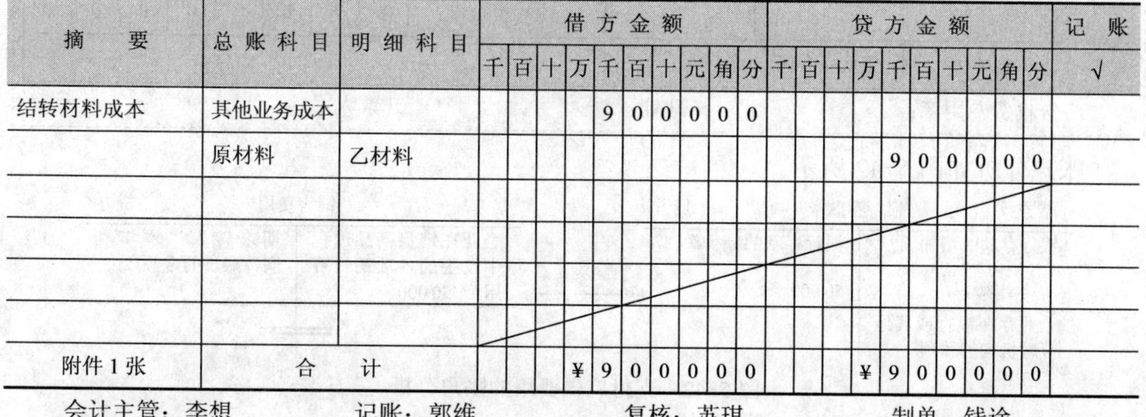

转账凭证　　　　分号______

日期：2017 年 12 月 16 日　　　　总号　7　

摘要	总账科目	明细科目	借方金额										贷方金额										记账
			千	百	十	万	千	百	十	元	角	分	千	百	十	万	千	百	十	元	角	分	√
结转材料成本	其他业务成本						9	0	0	0	0	0											
	原材料	乙材料															9	0	0	0	0	0	
附件 1 张	合计					¥	9	0	0	0	0	0				¥	9	0	0	0	0	0	

会计主管：李想　　记账：郭维　　复核：苏琪　　制单：钱途

【例 5-33】 2017 年 12 月 18 日，以转账支票支付润达广告公司广告费 50 000 元，款项已从银行划出。润达广告公司开户行：中国银行南京分行，账号 601-5432。原始凭证见表 5-96 和表 5-97。

表 5-96　支付广告费的原始凭证——转账支票

中国工商银行
转账支票存根（苏）
支票号码：No.2184
附加信息

出票日期 2017 年 12 月 18 日

收款人：润达广告公司
金　额：¥50 000.00
用　途：支付广告费

单位主管　　会计

中国工商银行转账支票（苏）　　支票号码 No.2184

出票日期（大写）：贰零壹柒年壹拾贰月壹拾捌日　　开户行名称：工行香樟路支行

收款人：润达广告公司　　出票人账号：708-12345

人民币（大写）	伍万元整	亿	千	百	十	万	千	百	十	元	角	分
					¥	5	0	0	0	0	0	0

本支票付款期限十天

用途　支付广告费

上列款项请从
我账户内支付

出票人签章　　复核　　记账

表 5-97 支付广告费的原始凭证——普通发票

江苏省广告业专用发票　　第 4054212 号

发 票 联

客户名称：深电电子有限公司　　2017 年 12 月 18 日

项　目	摘　要	数　量	单　价	百	十	万	千	百	十	元	角	分
	广告费					5	0	0	0	0	0	0
合　计					¥	5	0	0	0	0	0	0
合计（大写）	人民币伍万元整											

广告收费专用章：　　地址：　　开票人：

账户分析如图 5-42 所示。

借方	银行存款 贷方
银行存款的增加额	银行存款的减少额 50 000
企业存在银行或其他金融机构的款项	

↔

借方	销售费用 贷方
企业在销售商品过程中发生的各项销售费用 50 000	期末转入“本年利润”账户的金额

图 5-42 支付广告费用的账户分析

编制会计分录如下：

借：销售费用　　50 000

　　贷：银行存款　　50 000

编制记账凭证见表 5-98：

表 5-98 支付广告费用的记账凭证

付 款 凭 证

贷方科目：银行存款　　日期：2017 年 12 月 18 日　　银付字第 6 号

对方单位（或领款人）	摘　要	借方科目		金　额										记账
		总账科目	明细科目	千	百	十	万	千	百	十	元	角	分	√
润达广告公司	支付广告费	销售费用					5	0	0	0	0	0	0	
附件 2 张		合 计 金 额				¥	5	0	0	0	0	0	0	

会计主管：李想　　记账：郭维　　稽核：沈慎　　出纳：钱途　　制单：钱途

【例 5-34】 2017 年 12 月 26 日，收到长城公司一张转账支票支付余款 4 040 元。原始凭证见表 5-99 和表 5-100。

表 5-99　补付余款的原始凭证——转账支票

<table>
<tr><td rowspan="2">中国建设银行
转账支票存根（京）
支票号码：No.2229
附加信息

出票日期 2017 年 12 月 26 日
收款人：深电电子有限公司
金　额：¥4 040.00
用　途：补付余款
单位主管　　会计</td><td colspan="2">中国建设银行转账支票（京）　　　支票号码 No.2229
出票日期（大写）：贰零壹柒年壹拾贰月贰拾陆日　开户行名称：建行长安街支行
收款人：深电电子有限公司　　　出票人账号：903-5432</td></tr>
<tr><td>本支票付款期限十天</td><td>人民币（大写）肆仟零肆拾元整　亿 千 百 十 万 千 百 十 元 角 分：¥ 4 0 4 0 0 0
用途　补付余款
上列款项请从
我账户内支付
出票人签章　　复核　　记账</td></tr>
</table>

表 5-100　补付余款的原始凭证——银行进账单

中国工商银行进账单（收账通知）1

2017 年 12 月 26 日　　　　第 463 号

<table>
<tr><td rowspan="3">付款人</td><td>全　称</td><td colspan="3">长城公司</td><td rowspan="3">收款人</td><td>全　称</td><td colspan="10">深电电子有限公司</td></tr>
<tr><td>账　号</td><td colspan="3">903-5432</td><td>账　号</td><td colspan="10">708-12345</td></tr>
<tr><td>开户银行</td><td colspan="3">建行长安街支行</td><td>开户银行</td><td colspan="10">工行香樟路支行</td></tr>
<tr><td colspan="2" rowspan="2">人民币（大写）</td><td colspan="5" rowspan="2">肆仟零肆拾元整</td><td>千</td><td>百</td><td>十</td><td>万</td><td>千</td><td>百</td><td>十</td><td>元</td><td>角</td><td>分</td></tr>
<tr><td></td><td></td><td>¥</td><td>4</td><td>0</td><td>4</td><td>0</td><td>0</td><td>0</td><td></td></tr>
<tr><td colspan="2">用　途</td><td colspan="5">收取余款</td><td colspan="10" rowspan="3">收款人开户银行盖章</td></tr>
<tr><td colspan="2">票据张数</td><td>1</td><td>票据种类</td><td colspan="3">转账支票</td></tr>
<tr><td colspan="7">单位主管　　会计　　复核　　记账</td></tr>
</table>

账户分析如图 5-43 所示。

借方　预收账款	贷方
销售实现时与购货单位结算的款项	企业向购货单位补收的款项　4 040
企业应由购货单位补付的款项	

⟷

借方　银行存款	贷方
银行存款的增加额　4 040	银行存款的减少额
企业存在银行或其他金融机构的款项	

图 5-43　补付余款的账户分析

编制会计分录如下：

借：银行存款　　4 040

　　贷：预收账款——长城公司　　4 040

编制记账凭证见表 5-101：

表 5-101　补付余款的记账凭证

收 款 凭 证

借方科目：银行存款　　日期：2017 年 12 月 26 日　　银收字第 5 号

对方单位（或缴款人）	摘要	贷方科目		金额										记账
		总账科目	明细科目	千	百	十	万	千	百	十	元	角	分	√
长城公司	收取余款	预收账款	长城公司					4	0	4	0	0	0	
附件 1 张		合 计 金 额					¥	4	0	4	0	0	0	

会计主管：李想　　记账：郭维　　稽核：沈慎　　出纳：钱途　　制单：钱途

【例 5-35】 2017 年 12 月 28 日，公司销售给蓝翔公司 99 型电子产品 10 台，单价 3 000 元，货款 30 000 元，增值税税率 17%，收到 6 个月期限商业承兑汇票一张。原始凭证见表 5-102 和表 5-103。

表 5-102　产品销售的原始凭证——增值税发票

江苏省增值税专用发票

No. 28907650

记 账 联

开票日期：2017 年 12 月 28 日

购货单位	名　称	蓝翔公司	纳税人登记号	956000980077789
	地址电话	上海市黄浦路 11 号；88990033	开户银行及账号	工行外滩分理处；34-999

货物或应税劳务名称	规格型号	计量单位	数量	单价	金额								税率	金额					
					十	万	千	百	十	元	角	分		千	百	十	元	角	分
电子产品	99	台	10	3 000		3	0	0	0	0	0	0	17%	5	1	0	0	0	0
合　计					¥	3	0	0	0	0	0	0	17%	5	1	0	0	0	0

价税合计	（大写）人民币叁万伍仟壹佰元整			¥35 100.00
销货单位	名　称	深电电子有限公司	纳税人登记号	320204252001356
	地址电话	南京市香樟路 20 号；86112233	开户银行及账号	工行香樟路支行；708-12345

第 联

销货单位（章）　　收款人：　　复核：　　开票人：

表 5-103 产品销售的原始凭证——商业承兑汇票

商业承兑汇票

出票日期 贰零壹柒年壹拾贰月贰拾捌日 第 009 号

付款人	全称	蓝翔公司	收款人	全称	深电电子有限公司
	账号	34-999		账号	708-12345
	开户银行	工行外滩分理处		开户银行	工行香樟路支行
汇票金额	人民币（大写）叁万伍仟壹佰元整		千 百 十 万 千 百 十 元 角 分	¥ 3 5 1 0 0 0 0	
汇票到期日	贰零壹伍年陆月贰拾捌日		交易合同号码：		
本汇票已经本单位承兑，到期日无条件支付票款 承兑人盖章 承兑日期 2017 年 12 月 28 日			本汇票予以承兑于到期日付款 出票人盖章		

账户分析如图 5-44 所示。

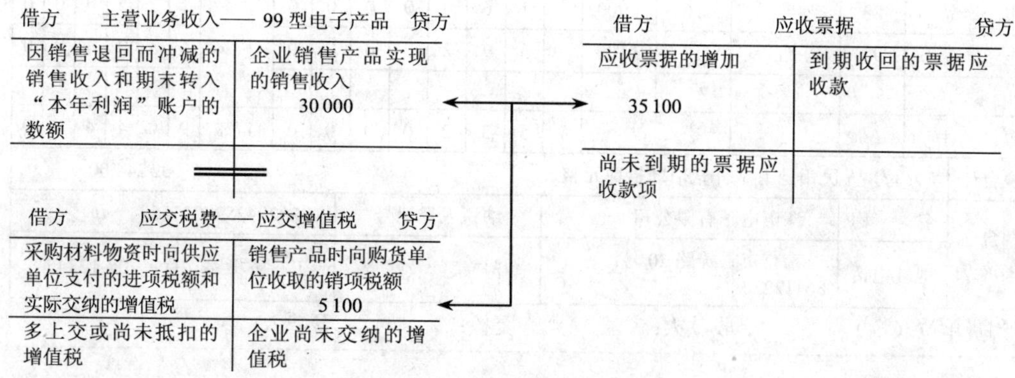

图 5-44 应收票据的账户分析

编制会计分录如下：

借：应收票据——蓝翔公司 35 100
　贷：主营业务收入——99 型电子产品 30 000
　　应交税费——应交增值税（销项税额） 5 100

编制记账凭证见表 5-104：

表 5-104 应收票据的记账凭证

转 账 凭 证

分号______

日期：2017 年 12 月 28 日　　总号 9

摘要	总账科目	明细科目	借方金额										贷方金额										记账
			千	百	十	万	千	百	十	元	角	分	千	百	十	万	千	百	十	元	角	分	√
销售产品	应收票据	蓝翔公司				3	5	1	0	0	0	0											
	主营业务收入	99 型电子产品														3	0	0	0	0	0	0	
	应交税费	增值税（销）															5	1	0	0	0	0	
附件 2 张	合计				¥	3	5	1	0	0	0	0			¥	3	5	1	0	0	0	0	

会计主管：李想　　记账：郭维　　复核：苏琪　　制单：钱途

【例 5-36】 2017 年 12 月 31 日，销售给大发公司 88 型电子产品 16 台，单价 1 000 元；99 型电子产品 12 台，单价 3 100 元，增值税税率 17%，货款尚未收到。原始凭证见表 5-105。

表 5-105 产品销售的原始凭证——增值税发票

江苏省增值税专用发票　　No. 28907801

记　账　联

开票日期：2017 年 12 月 31 日

购货单位	名　称	大发公司	纳税人登记号	998765679560008
	地址电话	北京成贤街 2 号；77890089	开户银行及账号	工行成贤街分理处；32-888

货物或应税劳务名称	规格型号	计量单位	数量	单价	金额								税率	金额					
					十	万	千	百	十	元	角	分		千	百	十	元	角	分
电子产品	88	台	16	1 000		1	6	0	0	0	0	0	17%	2	7	2	0	0	0
电子产品	99	台	12	3 100		3	7	2	0	0	0	0		6	3	2	4	0	0
合　计					¥	5	3	2	0	0	0	0	17%	9	0	4	4	0	0

价税合计	（大写）人民币陆万贰仟贰佰肆拾肆元整		¥62 244.00	
销货单位	名　称	深电电子有限公司	纳税人登记号	320204252001356
	地址电话	南京市香樟路 20 号；86112233	开户银行及账号	工行香樟路支行；708-12345

第　联

销货单位（章）　　收款人：　　复核：　　开票人：

账户分析如图 5-45 所示。

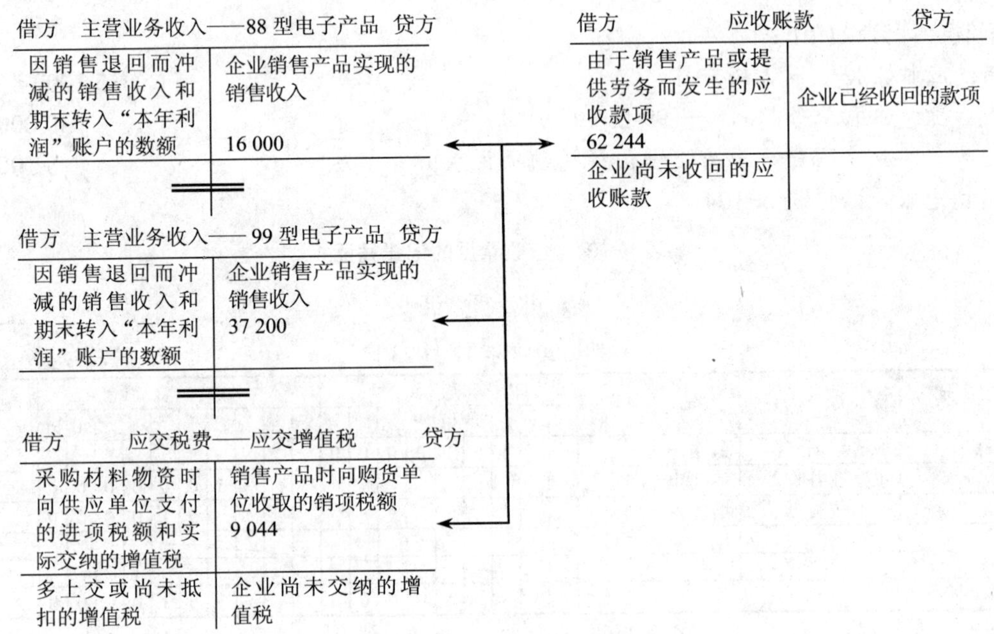

图 5-45 应收账款的账户分析

编制会计分录如下：

借：应收账款——大发公司　　62 244
　贷：主营业务收入——88 型电子产品　　16 000
　　　　　　　　——99 型电子产品　　37 200
　　　应交税费——应交增值税（销项税额）　　9 044

编制记账凭证见表 5-106：

表 5-106 应收账款的记账凭证

转 账 凭 证

分号____

日期：2017 年 12 月 31 日　　总号 19

摘 要	总账科目	明细科目	借方金额										贷方金额										记 账
			千	百	十	万	千	百	十	元	角	分	千	百	十	万	千	百	十	元	角	分	√
销售产品	应收账款	大发公司				6	2	2	4	4	0	0											
	主营业务收入	88 型电子产品														1	6	0	0	0	0	0	
		99 型电子产品														3	7	2	0	0	0	0	
	应交税费	增值税（销）															9	0	4	4	0	0	
附件 1 张	合 计				¥	6	2	2	4	4	0	0			¥	6	2	2	4	4	0	0	

会计主管：李想　　记账：郭维　　复核：苏琪　　制单：钱途

【例 5-37】 2017 年 12 月 31 日，公司结转本月已销售产品的生产成本，本月共销售 88 型电子产品 113 台，单位成本为每台 500 元；99 型电子产品 64 台，单位成本为每台 1 000 元，产品发出采用先进先出法计价。原始凭证见表 5-107～表 5-111。

表 5-107 发出产品汇总表

发出产品汇总表

2017 年 12 月 31 日

货 号	品 名	单 位	数 量	单位成本	金 额	备 注
88 型	电子产品	台	113	500	56 500.00	
99 型	电子产品	台	64	1 000	64 000.00	
合 计					¥120 500.00	

负责人：

表 5-108 出库单——索普公司

出 库 单

第 1020 号

收货单位：索普公司

2017 年 12 月 8 日

货 号	品 名	单 位	数 量	单位成本	金 额	备 注
88 型	电子产品	台	85			
99 型	电子产品	台	42			
合计						

负责人：　　发货经手人：

表 5-109 出库单——长城公司

出 库 单

第 1021 号

收货单位：长城公司　　　　2017 年 12 月 16 日

货号	品名	单位	数量	单位成本	金额	备注
88 型	电子产品	台	12			
合计						

负责人：　　　　发货经手人：

表 5-110 出库单——蓝翔公司

出 库 单

第 1022 号

收货单位：蓝翔公司　　　　2017 年 12 月 28 日

货号	品名	单位	数量	单位成本	金额	备注
99 型	电子产品	台	10			
合 计						

负责人：　　　　发货经手人：

表 5-111 出库单——大发公司

出 库 单

第 1023 号

收货单位：大发公司　　　　2017 年 12 月 31 日

货号	品名	单位	数量	单位成本	金额	备注
88 型	电子产品	台	16			
99 型	电子产品	台	12			
合 计						

负责人：　　　　发货经手人：

账户分析如图 5-46 和图 5-47 所示。

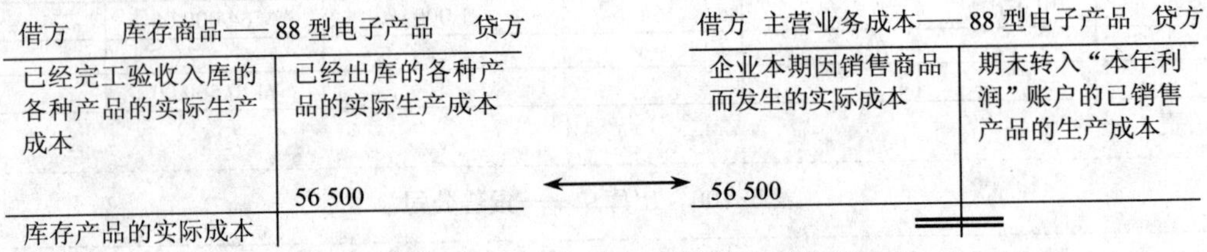

借方 库存商品——88 型电子产品	贷方
已经完工验收入库的各种产品的实际生产成本	已经出库的各种产品的实际生产成本 56 500
库存产品的实际成本	

↔

借方 主营业务成本——88 型电子产品	贷方
企业本期因销售商品而发生的实际成本 56 500	期末转入“本年利润”账户的已销售产品的生产成本

图 5-46 转结 88 型电子产品销售成本的账户分析

借方 库存商品——99 型电子产品	贷方
已经完工验收入库的各种产品的实际生产成本	已经出库的各种产品的实际生产成本 64 000
库存产品的实际成本	

↔

借方 主营业务成本——99 型电子产品	贷方
企业本期因销售商品而发生的实际成本 64 000	期末转入“本年利润”账户的已销售产品的生产成本

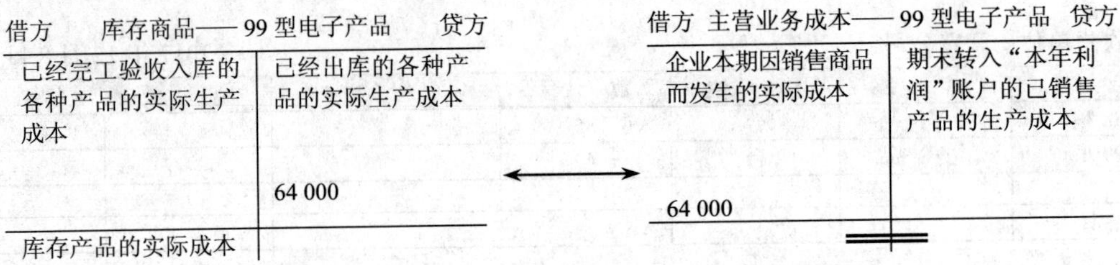

图 5-47 转结 99 型电子产品销售成本的账户分析

编制会计分录如下：

借：主营业务成本——88 型电子产品　　56 500
　　　　　　　——99 型电子产品　　64 000
　贷：库存商品——88 型电子产品　　56 500
　　　　　　——99 型电子产品　　64 000

编制记账凭证见表 5-112：

表 5-112　产品销售成本的记账凭证

转 账 凭 证

分号____

日期：2017 年 12 月 31 日　　　　总号 20

摘要	总账科目	明细科目	借方金额										贷方金额										记账
			千	百	十	万	千	百	十	元	角	分	千	百	十	万	千	百	十	元	角	分	√
结转销售成本	主营业务成本	88 型电子产品				5	6	5	0	0	0	0											
		99 型电子产品				6	4	0	0	0	0	0											
	库存商品	88 型电子产品														5	6	5	0	0	0	0	
		99 型电子产品														6	4	0	0	0	0	0	
附件 5 张	合计			¥	1	2	0	5	0	0	0	0		¥	1	2	0	5	0	0	0	0	

会计主管：李想　　记账：郭维　　复核：苏琪　　制单：钱途

【例 5-38】 2017 年 12 月 31 日，计提 12 月份应交城市维护建设税、教育费附加。原始凭证见表 5-113。

按税法规定城市维护建设税、教育费附加的计税依据是（应交增值税+应交消费税）。应交增值税等于当期销项税额减去当期进项税额。根据前例，深电电子公司 12 月产品销项税额 57 307 元，进项税额 6 311 元，因此，本月产品应交增值税 50 996（57 307–6 311）元，据此计算应交城市维护建设税和教育费附加。

表 5-113　附加税费计算表

附加税费计算表

2017 年 12 月 31 日

借方科目	增值税税额	城市维护建设税 7%	教育费附加 3%	合计
税金及附加	50 996	3 569.72	1 529.88	5 099.60

制表：傅星　　记账：郭维

账户分析如图 5-48 所示。

借方　应交税费　贷方	
实际交纳的各种税费	应交纳的各种税费 5 099.60
多交或尚未抵扣的税费	企业尚未交纳的税费

←→

借方　税金及附加　贷方	
企业应负担的各项税金及附加 5 099.60	期末转入“本年利润”账户的各种税金及附加

图 5-48　附加税费的账户分析

编制会计分录如下：

借：税金及附加　　5 099.60

　　贷：应交税费——应交城建税　　3 569.72

　　　　　　　　——应交教育费附加　　1 529.88

编制记账凭证见表5-114：

表5-114　应交税费的记账凭证

转 账 凭 证

分号______

日期：2017年12月31日　　总号 21

摘　要	总账科目	明细科目	借方金额										贷方金额										记账
			千	百	十	万	千	百	十	元	角	分	千	百	十	万	千	百	十	元	角	分	√
结转有关税费	税金及附加						5	0	9	9	6	0											
	应交税费	应交城建税															3	5	6	9	7	2	
		应交教育费附加															1	5	2	9	8	8	
附件 1张	合　计					¥	5	0	9	9	6	0				¥	5	0	9	9	6	0	

会计主管：李想　　记账：郭维　　复核：苏琪　　制单：钱途

任务六　核算企业利润形成和利润分配业务

任务要求

1. 理解主要账户的性质、用途和结构
2. 核算企业利润形成和利润分配业务

知识储备

企业在利润形成和分配阶段会有哪些经营活动发生？核算的内容是什么？

财务成果核算和分配阶段是企业在一定会计期间实现了销售收入后，需要将当期的收入与费用相互配比，以计算确定企业在该会计期间的经营成果；企业取得经营成果后，还需要计算缴纳所得税和向投资者分配利润等。企业在一定时期内生产经营活动的财务成果，表现为实现的利润或发生的亏损。财务成果的核算和分配阶段主要内容包括：结转各损益类账户、计算并结转所得税、结转净利润、提取盈余公积、向投资者分配股利和结转有关利润分配明细账户等。

一. 财务成果的核算

（一）主要账户的设置

企业利润形成阶段涉及的主要账户见表 5-115。

表 5-115 企业利润形成阶段涉及的主要账户

账户名称	账户性质	账户用途	账户结构	明细账
本年利润	所有者权益类	核算企业实现的净利润（或发生的净亏损）	贷方登记期末将主营业务收入、其他业务收入、营业外收入等转入的数额；借方登记期末将主营业务成本、税金及附加、其他业务成本、管理费用、财务费用、销售费用、营业外支出、所得税费用等转入的数额。期末余额如在贷方，表示企业自年初至本期末累计实现的净利润数额；期末余额如在借方，则表示企业自年初至本期末累计发生的净亏损数额。年度终了，企业应将本年实现的净利润（或发生的净亏损）转入“利润分配”账户，结转后该账户无余额	无
所得税费用	损益类	核算企业按税法规定计提的所得税金额	借方登记企业本期应负担的税费；贷方登记期末转入“本年利润”账户的数额。期末结转后该账户无余额	无
营业外收入	损益类	核算企业发生的各项营业外收入，主要包括非流动资产处置利得、政府补助、盘盈利得、捐赠利得等	贷方登记企业取得的各项营业外收入；借方登记期末转入“本年利润”账户的数额。期末结转后该账户无余额	按营业外收入项目设置明细账，进行明细核算
营业外支出	损益类	核算企业发生的各项营业外支出，包括非流动资产处置损失、公益性捐赠支出、非常损失、盘亏损失等	借方登记企业发生各项营业外支出实际发生数；贷方登记期末转入“本年利润”账户的数额。期末结转后该账户无余额	按营业外支出项目设置明细账，进行明细核算

（二）财务成果核算举例

财务成果是企业生产经营活动的最终成果，即利润或亏损（简称利润）。利润是综合反映企业经营管理水平的一个重要指标。企业在产品销售过程中取得的销售成果，还不是最终的财务成果，因为企业在经营活动中，由于种种原因，还会发生一些其他业务收入、其他业务成本、期间费用（管理费用、财务费用、销售费用）、营业外收入、营业外支出等，这些收支都是财务成果的组成部分。

【例 5-39】 2017 年 12 月 31 日，公司处理一笔无法支付给东方公司的应付账款 4 000 元。原始凭证如下。

授权批准书

财务科：

应付东方公司的账款 4 000 元，经批准列入企业的营业外收入。

深电电子有限公司（盖章）

2017 年 12 月 31 日

账户分析如图 5-49 所示。

借方 营业外收入 贷方			借方 应付账款 贷方	
期末转入“本年利润”账户的数额	企业取得的各项营业外收入 4 000	←→	应付账款的偿还数 4 000	应付未付款项的数额
				企业尚未偿还的款项

图 5-49 营业外收入的账户分析

编制会计分录如下：

借：应付账款——东方公司 4 000

  贷：营业外收入 4 000

编制记账凭证见表 5-116：

表 5-116 营业外收入的记账凭证

转 账 凭 证

分号____

日期：2017 年 12 月 31 日 总号 22

摘要	总账科目	明细科目	借方金额										贷方金额										记账
			千	百	十	万	千	百	十	元	角	分	千	百	十	万	千	百	十	元	角	分	√
转销无法支付的款项	应付账款	东方公司					4	0	0	0	0	0											
	营业外收入																4	0	0	0	0	0	
附件 1 张	合计					¥	4	0	0	0	0	0				¥	4	0	0	0	0	0	

会计主管：李想 记账：郭维 复核：苏琪 制单：钱途

【例 5-40】 2017 年 12 月 31 日，收到本公司职工夏海交来的罚款，现金 190 元。原始凭证如下。

> **处 罚 决 定**
>
> 财务科：
>
> 夏海因违反本公司管理规定，罚款 190 元。
>
> 深电电子有限公司（盖章）
>
> 2017 年 12 月 31 日

账户分析如图 5-50 所示。

借方 营业外收入 贷方			借方 库存现金 贷方	
期末转入“本年利润”账户的数额	企业取得的各项营业外收入 190	←→	现金的增加额 190	现金的减少额
			库存现金的实有数额	

图 5-50 营业外收入的账户分析

编制会计分录如下：

借：库存现金 190

  贷：营业外收入 190

编制记账凭证见表 5-117：

表 5-117　营业外收入的记账凭证

收款凭证

借方科目：库存现金　　日期：2017 年 12 月 31 日　　现收字第 3 号

对方单位（或缴款人）	摘要	贷方科目		金额										记账
		总账科目	明细科目	千	百	十	万	千	百	十	元	角	分	√
夏海	收到罚款	营业外收入							1	9	0	0	0	
附件 1 张		合计金额						¥	1	9	0	0	0	

会计主管：李想　　记账：郭维　　稽核：沈慎　　出纳：钱途　　制单：钱途

【例 5-41】 2017 年 12 月 31 日，公司向希望工程捐款 8 000 元。原始凭证见捐赠专用收据和表 5-118。

希望工程捐赠专用收据

日期：2017 年 12 月 31 日　　No.0224

捐赠者：深电电子有限公司　　捐赠号：

捐赠货币（实物）种类：人民币

捐赠金额（实物价值）

小写：　¥8 000.00

大写：人民币捌仟元整

收款单位（签章）　　经手人

表 5-118　营业外支出的原始凭证——转账支票

存根：

中国工商银行
转账支票存根（苏）
支票号码：No.2187
附加信息

出票日期 2017 年 12 月 31 日

收款人：希望工程基金会
金　额：¥8 000.00
用　途　希望工程捐款

单位主管　　会计

支票：

中国工商银行转账支票（苏）　　支票号码 No.2187

出票日期（大写）：贰零壹柒年壹拾贰月叁拾壹日　　开户行名称：工行香樟路支行

收款人：希望工程基金会　　出票人账号：708-12345

本支票付款期限十天

人民币（大写）	亿	千	百	十	万	千	百	十	元	角	分
捌仟元整					¥	8	0	0	0	0	0

用途　希望工程捐款

上列款项请从
我账户内支付

出票人签章　　复核　　记账

账户分析如图 5-51 所示。

借方	银行存款	贷方
银行存款的增加额		银行存款的减少额 8 000
企业存在银行或其他金融机构的款项		

借方	营业外支出	贷方
企业发生各项营业外支出的实际发生数 8 000		期末转入“本年利润”账户的金额

图 5-51　营业外支出的账户分析

编制会计分录如下：

借：营业外支出　　　　8 000

　　贷：银行存款　　　　8 000

编制记账凭证见表 5-119：

表 5-119　营业外支出的记账凭证

付 款 凭 证

贷方科目：银行存款　　　　日期：2017 年 12 月 31 日　　　　银付字第 12 号

对方单位（或领款人）	摘　要	借方科目		金　额										记账
		总账科目	明细科目	千	百	十	万	千	百	十	元	角	分	√
希望工程基金会	捐款	营业外支出						8	0	0	0	0	0	
附件 2 张		合 计 金 额					¥	8	0	0	0	0	0	

会计主管：李想　　记账：郭维　　稽核：沈慎　　出纳：钱途　　制单：钱途

【例 5-42】 2017 年 12 月 31 日，结转损益类账户本期发生额[㊀]。

（1）结转收入类账户本期发生额。

账户分析如图 5-52 所示。

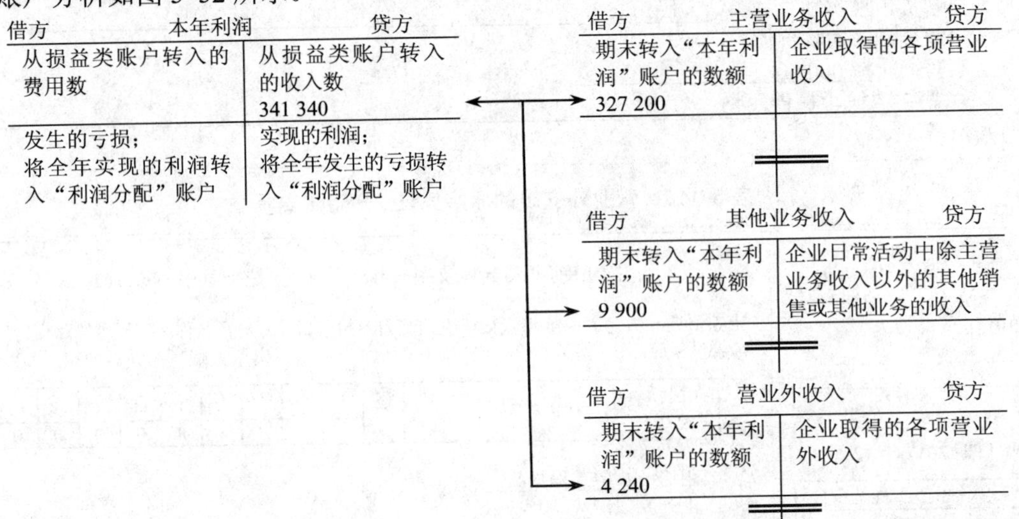

图 5-52　结转收入类账户本期发生额的账户分析

编制会计分录如下：

借：主营业务收入　　　　327 200

　　其他业务收入　　　　9 900

　　营业外收入　　　　4 240

　　贷：本年利润　　　　341 340

编制记账凭证见表 5-120：

㊀ 本例中含项目七中任务五财产清查阶段业务的数据资料。

表 5-120 结转收入类账户本期发生额的记账凭证

转 账 凭 证

分号____

日期：2017 年 12 月 31 日　　　　总号 31

摘要	总账科目	明细科目	借方金额										贷方金额										记账
			千	百	十	万	千	百	十	元	角	分	千	百	十	万	千	百	十	元	角	分	
结转各项收入	主营业务收入				3	2	7	2	0	0	0	0											√
	其他业务收入						9	9	0	0	0	0											
	营业外收入						4	2	4	0	0	0											
	本年利润														3	4	1	3	4	0	0	0	
附件 0 张	合　计			¥	3	4	1	3	4	0	0	0		¥	3	4	1	3	4	0	0	0	

会计主管：李想　　记账：郭维　　复核：苏琪　　制单：钱途

（2）结转费用类账户本期发生额。

账户分析如图 5-53 所示。

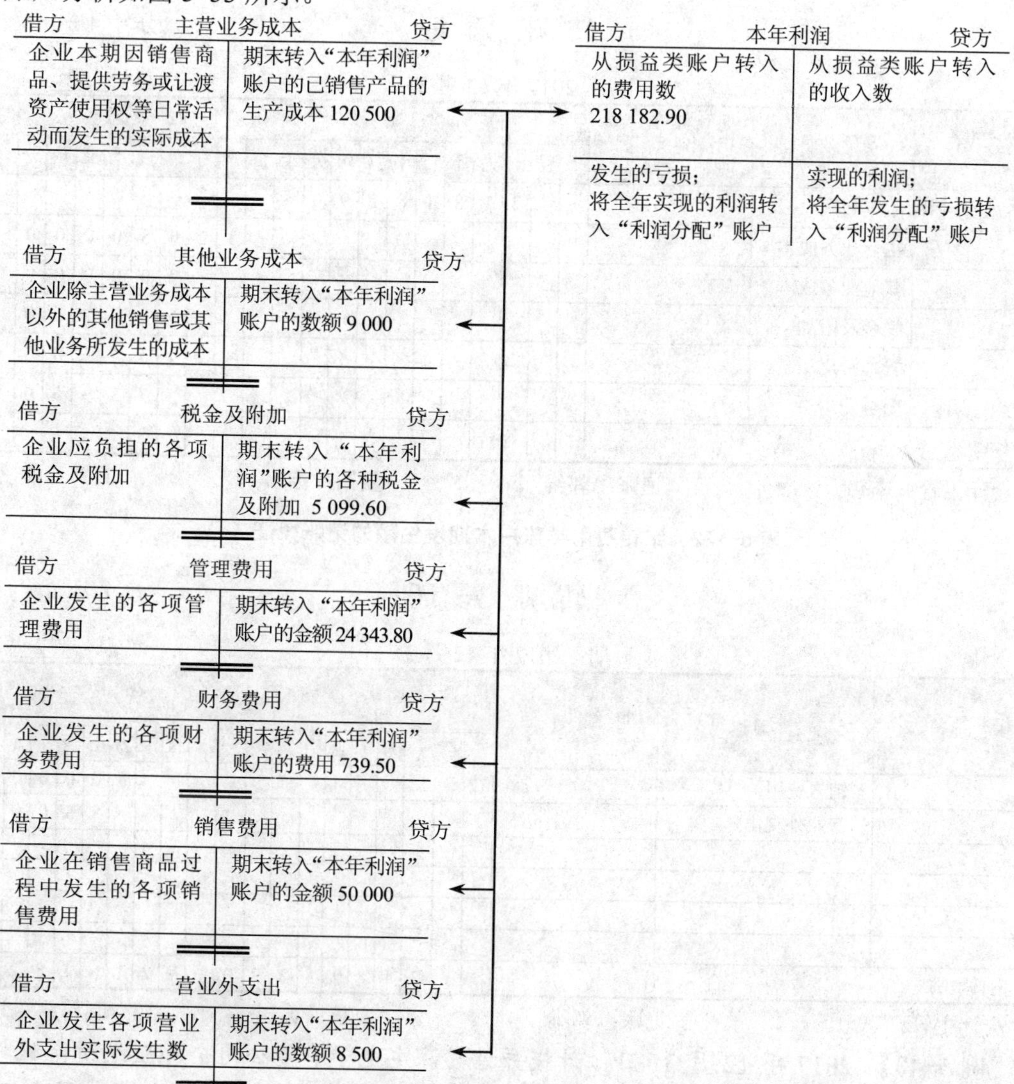

图 5-53 结转费用类账户本期发生额的账户分析

编制会计分录如下：

借：本年利润　　218 182.90

　　贷：主营业务成本　　120 500

　　　　其他业务成本　　9 000

　　　　税金及附加　　5 099.60

　　　　管理费用　　24 343.80

　　　　财务费用　　739.50

　　　　销售费用　　50 000

　　　　营业外支出　　8 500

编制记账凭证见表 5-121 和表 5-122：

表 5-121　结转费用类账户本期发生额的记账凭证一

转 账 凭 证

分号 1/2

日期：2017 年 12 月 31 日　　总号 32

摘　要	总账科目	明细科目	借方金额										贷方金额										记账
			千	百	十	万	千	百	十	元	角	分	千	百	十	万	千	百	十	元	角	分	√
结转各项费用	本年利润				2	1	8	1	8	2	9	0											
	主营业务成本														1	2	0	5	0	0	0	0	
	其他业务成本																9	0	0	0	0	0	
	税金及附加																5	0	9	9	6	0	
	管理费用															2	4	3	4	3	8	0	
	财务费用																	7	3	9	5	0	
附件　张	合　计																						

会计主管：李想　　记账：郭维　　复核：苏琪　　制单：钱途

表 5-122　结转费用类账户本期发生额的记账凭证二

转 账 凭 证

分号 2/2

日期：2017 年 12 月 31 日　　总号 32

摘　要	总账科目	明细科目	借方金额										贷方金额										记账
			千	百	十	万	千	百	十	元	角	分	千	百	十	万	千	百	十	元	角	分	√
	销售费用															5	0	0	0	0	0	0	
	营业外支出																8	5	0	0	0	0	
附件 0 张	合　计			¥	2	1	8	1	8	2	9	0		¥	2	1	8	1	8	2	9	0	

会计主管：李想　　记账：郭维　　复核：苏琪　　制单：钱途

【例 5-43】 2017 年 12 月 31 日，计提并结转深电电子有限公司全年应纳所得税额及法定盈余公积金，盈余公积金的提取比例为 10%（假设无纳税调整项目）。原始凭证见表 5-123。

表 5-123　全年所得税申报表工作底稿

全年所得税申报表工作底稿

2017 年 12 月 31 日

项　目	金　额	项　目	金　额
1. 利润总额	423 157.10	3. 应纳所得税（税率 25%）	105 789.28
2. 应纳税所得额	423 157.10	4. 全年应纳所得税	105 789.28

会计主管：李想　　复核：苏琪　　制表：傅星

注：企业的利润总额=341 340−218 182.90+300 000=423 157.10（元）

账户分析如图 5-54 和图 5-55 所示。

借方　应交税费——应交所得税　贷方

借方	贷方
实际交纳的所得税费用	应交纳的所得税费用 105 789.28
多上交或尚未抵扣的所得税	企业尚未交纳的所得税

借方　所得税费用　贷方

借方	贷方
企业本期应负担的税费 105 789.28	期末转入“本年利润”账户的数额

图 5-54　结转应交税费的账户分析

借方　所得税费用　贷方

借方	贷方
企业本期应负担的税费	期末转入“本年利润”账户的数额 105 789.28

借方　本年利润　贷方

借方	贷方
从损益类账户转入的费用数 105 789.28	从损益类账户转入的收入数
发生的亏损； 将全年实现的利润转入“利润分配”账户	实现的利润； 将全年发生的亏损转入“利润分配”账户

图 5-55　结转所得税费用的账户分析

编制会计分录如下：

1）计提所得税费用

借：所得税费用　105 789.28

　贷：应交税费——应交所得税　105 789.28

2）结转所得税费用

借：本年利润　105 789.28

　贷：所得税费用　105 789.28

编制记账凭证见表 5-124 和表 5-125：

表 5-124　结转应交所得税的记账凭证

转 账 凭 证

分号____

日期：2017 年 12 月 31 日　　总号 33

摘　要	总账科目	明细科目	借方金额 千	百	十	万	千	百	十	元	角	分	贷方金额 千	百	十	万	千	百	十	元	角	分	记账
计提所得税费用	所得税费用				1	0	5	7	8	9	2	8											√
	应交税费	应交所得税													1	0	5	7	8	9	2	8	
附件　1张	合　计			¥	1	0	5	7	8	9	2	8		¥	1	0	5	7	8	9	2	8	

会计主管：李想　　记账：郭维　　复核：苏琪　　制单：钱途

表 5-125 结转所得税费用的记账凭证

转 账 凭 证

分号____

日期：2017年12月31日　　总号 34

摘　要	总账科目	明细科目	借方金额										贷方金额										记　账
			千	百	十	万	千	百	十	元	角	分	千	百	十	万	千	百	十	元	角	分	√
结转所得税费用	本年利润				1	0	5	7	8	9	2	8											
	所得税费用														1	0	5	7	8	9	2	8	
附件0张	合　计			¥	1	0	5	7	8	9	2	8		¥	1	0	5	7	8	9	2	8	

会计主管：李想　　记账：郭维　　复核：苏琪　　制单：钱途

二. 利润分配的核算

（一）利润分配的程序

依据2006年1月1日起开始施行的《中华人民共和国公司法》（以下简称《公司法》）的规定，公司分配当年税后利润时、应当提取利润的10%列入公司法定盈余公积，如果公司以前年度发生亏损的，在依规定提取法定盈余公积之前，应当先用当年利润弥补亏损。公司从税后利润中提取法定盈余公积后，经股东会或者股东大会决议，还可以从税后利润中提取任意盈余公积。公司弥补亏损和提取盈余公积后所余税后利润，可向投资者分配利润。按《公司法》的规定，公司提取的盈余公积可用于弥补公司亏损、扩大公司生产经营或者转为增加公司资本。

（二）主要账户的设置

企业利润分配阶段涉及的主要账户见表5-126。

表 5-126 企业利润分配阶段涉及的主要账户

账户名称	账户性质	账户用途	账户结构	明细账
利润分配	所有者权益类	核算企业利润的分配（或亏损的弥补）和历年分配（或弥补）后的积存余额	年度终了，企业应将全年实现的净利润，自“本年利润”科目转入本账户贷方，如为净亏损，则转入该账户的借方；当年对净利润的分配登记在该账户的借方。本账户年末余额，表示企业历年积存的未分配利润（或未弥补亏损）。期末余额如在贷方，表示历年累计未分配的利润；期末余额如在借方，则表示历年累计的未弥补亏损	该账户应当按项目设置明细账；期末将“利润分配”科目下的其他明细账的余额转入本账户的“未分配利润”明细账。结转后，除“未分配利润”明细账之外，该账户的其他明细账应无余额
盈余公积	所有者权益类	核算企业从净利润中提取的盈余公积	贷方登记盈余公积的提取数额；借方登记用盈余公积弥补亏损和转增注册资本数额。期末余额在贷方，表示盈余公积的结余数额	该账户设置法定盈余公积和任意盈余公积明细账
应付股利	负债类	核算企业经董事会或股东大会，或类似机构决议确定分配的现金股利或利润。企业分配的股票股利，不通过本科目核算	贷方登记企业向投资者支付的股利；借方登记已支付的股利。期末余额在贷方，反映尚未支付的现金股利或利润	可按投资者进行明细核算

（三）利润分配核算举例

【例 5-44】 2017 年 12 月 31 日，年末结转全年累计实现的净利润。

全年净利润=利润总额－所得税费用=423 157.10－105 789.28=317 367.82（元）

账户分析如图 5-56 所示。

借方	利润分配——未分配利润 贷方
从“本年利润”账户转入的全年发生的净亏损；利润的分配数	从“本年利润”账户转入的全年实现的净利润 317 367.82
历年累计未弥补亏损	历年累计未分配利润

借方	本年利润 贷方
从损益类账户转入的费用数	从损益类账户转入的收入数
发生的亏损；将全年实现的利润转入“利润分配”账户 317 367.82	实现的利润；将全年发生的亏损转入“利润分配”账户

图 5-56 结转全年净利润的账户分析

编制会计分录如下：

借：本年利润 317 367.82

　　贷：利润分配——未分配利润 317 367.82

编制记账凭证见表 5-127：

表 5-127 结转本年利润的记账凭证

转账凭证

分号____

日期：2017 年 12 月 31 日

总号 35

摘要	总账科目	明细科目	借方金额 千	百	十	万	千	百	十	元	角	分	贷方金额 千	百	十	万	千	百	十	元	角	分	记账
结转全年净利润	本年利润				3	1	7	3	6	7	8	2											√
	利润分配	未分配利润													3	1	7	3	6	7	8	2	
附件 0 张	合计			¥	3	1	7	3	6	7	8	2		¥	3	1	7	3	6	7	8	2	

会计主管：李想　　记账：郭维　　复核：苏琪　　制单：钱途

【例 5-45】 2017 年 12 月 31 日，按全年净利润的 10%计提法定盈余公积。原始凭证见表 5-128。

表 5-128 盈余公积计算表

盈余公积计算表

2017 年 12 月 31 日

项目	金额	项目	金额
1. 全年净利润	317 367.82		
2. 盈余公积（净利润×10%）	31 736.78		

制表：傅星　　记账：郭维

账户分析如图5-57所示。

借方 盈余公积	贷方
用盈余公积弥补亏损；转增注册资本数	盈余公积的提取数 31 736.78
	盈余公积的结余数

⟷

借方 利润分配	贷方
利润的分配数 31 736.78	从“本年利润”账户转入的全年实现的净利润
历年累计未弥补亏损	历年累计未分配利润

图5-57 提取盈余公积的账户分析

编制会计分录如下：

借：利润分配——提取法定盈余公积　　31 736.78

　贷：盈余公积——法定盈余公积　　31 736.78

编制记账凭证见表5-129：

表5-129 提取盈余公积的记账凭证

转 账 凭 证

分号____

日期：2017年12月31日　　总号 36

摘 要	总账科目	明细科目	借方金额										贷方金额										记账
			千	百	十	万	千	百	十	元	角	分	千	百	十	万	千	百	十	元	角	分	√
提取盈余公积	利润分配	提取法定盈余公积				3	1	7	3	6	7	8											
	盈余公积	法定盈余公积														3	1	7	3	6	7	8	
附件1张	合 计				¥	3	1	7	3	6	7	8			¥	3	1	7	3	6	7	8	

会计主管：李想　　记账：郭维　　复核：苏琪　　制单：钱途

【例5-46】 2017年12月31日，公司按可供投资者分配利润的50%向投资者分配利润。原始凭证见表5-130。

表5-130 利润分配计算表

利润分配计算表

2017年12月

项 目	金额（元）	项 目	金额（元）
1. 年初未分配利润	100 000.00	3. 应付股利	192 815.52
加：本年实现净利润	317 367.82	（1）总公司 （60%）	115 689.31
减：提取盈余公积金	31 736.78	（2）紫鑫公司（15%）	28 922.33
2. 可供投资者分配利润	385 631.04	（3）康辉公司（25%）	48 203.88

制表：傅星　　记账：郭维

账户分析如图5-58所示。

借方 应付股利	贷方
已支付的股利	企业应向投资者支付的股利 192 815.52
	尚未支付的现金股利或利润

⟷

借方 利润分配	贷方
利润的分配数 192 815.52	从“本年利润”账户转入的全年实现的净利润
历年累计未弥补亏损	历年累计未分配利润

图5-58 利润分配的账户分析

编制会计分录如下：

借：利润分配——应付股利　　192 815.52

　贷：应付股利——总公司　　115 689.31

　　　　　　——紫鑫公司　　28 922.33

　　　　　　——康辉公司　　48 203.88

编制记账凭证见表 5-131：

表 5-131　利润分配的记账凭证

转 账 凭 证

分号____

日期：2017 年 12 月 31 日

总号 37

摘　要	总账科目	明细科目	借方金额										贷方金额										记账
			千	百	十	万	千	百	十	元	角	分	千	百	十	万	千	百	十	元	角	分	
分配股利	利润分配	应付股利			1	9	2	8	1	5	5	2											√
	应付股利	总公司													1	1	5	6	8	9	3	1	
		紫鑫公司														2	8	9	2	2	3	3	
		康辉公司														4	8	2	0	3	8	8	
附件 1 张	合　计			¥	1	9	2	8	1	5	5	2		¥	1	9	2	8	1	5	5	2	

会计主管：李想　　记账：郭维　　复核：苏琪　　制单：钱途

【例 5-47】 2017 年 12 月 31 日，结清“利润分配”账户有关明细账户的余额。

账户分析如图 5-59 所示。

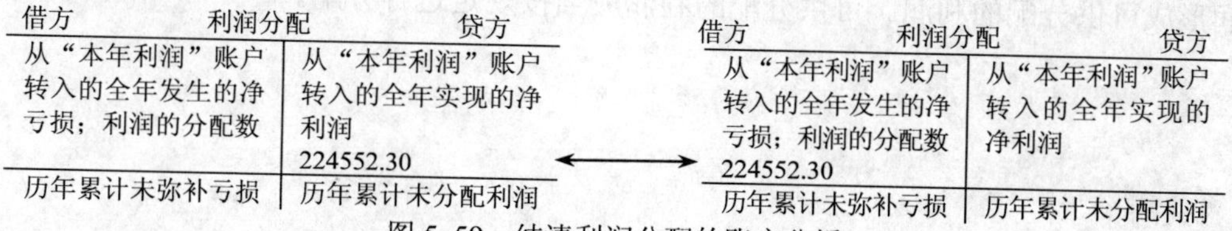

借方　　利润分配	贷方
从“本年利润”账户转入的全年发生的净亏损；利润的分配数	从“本年利润”账户转入的全年实现的净利润 224552.30
历年累计未弥补亏损	历年累计未分配利润

⟷

借方　　利润分配	贷方
从“本年利润”账户转入的全年发生的净亏损；利润的分配数 224552.30	从“本年利润”账户转入的全年实现的净利润
历年累计未弥补亏损	历年累计未分配利润

图 5-59　结清利润分配的账户分析

编制会计分录如下：

借：利润分配——未分配利润　　224 552.30

　贷：利润分配——提取法定盈余公积　　31 736.78

　　　　　　——应付股利　　192 815.52

编制记账凭证见表 5-132：

表 5-132　结清利润分配账户的记账凭证

转 账 凭 证

分号____

日期：2017 年 12 月 31 日

总号 38

摘　要	总账科目	明细科目	借方金额										贷方金额										记账
			千	百	十	万	千	百	十	元	角	分	千	百	十	万	千	百	十	元	角	分	
结平明细账	利润分配	未分配利润			2	2	4	5	5	2	3	0											√
	利润分配	提取法定盈余公积														3	1	7	3	6	7	8	
		应付股利													1	9	2	8	1	5	5	2	
附件 0 张	合　计			¥	2	2	4	5	5	2	3	0		¥	2	2	4	5	5	2	3	0	

会计主管：李想　　记账：郭维　　复核：苏琪　　制单：钱途

2017 年年末的未分配利润=100 000+317 367.82−224 552.30=192 815.52（元）

项目总结

工业企业的主要经济业务包括筹资、采购、生产、销售和利润形成与分配等内容。

可供企业运用的资金来源主要有两个方面：一是投资者投入的资本金，二是向债权人借入的款项。投资者投入的资本金，在会计上称为实收资本。向企业提供借款的债权人主要是银行或非银行金融机构，企业取得的借款分为短期借款和长期借款。

采购业务的基本内容包括：企业与供货单位或其他有关单位签订购销合同，并按合同的规定办理款项的结算。这中间除了要支付所购货物的价款和增值税外，还要支付与购进货物有关的运输费、装卸费、保险费、包装费等各种采购费用。不同的货款结算方式需要不同的会计处理。采购业务还涉及采购成本计算。

生产业务主要涉及产品制造成本的归集和核算以及为组织管理生产经营所发生的与产品生产无直接关系的管理费用的核算。

销售业务是指从产品完工并验收入库、形成库存商品开始，至将库存商品出售给买方为止的全部业务。销售业务主要涉及销售收入的核算，不同货款结算方式需要不同的会计处理。为此，销售业务还包括销售成本、销售费用及流转税等内容的核算。

利润业务的基本内容包括利润的形成和利润的分配两个部分。利润是企业在一定会计期间的经营成果，包括营业利润、利润总额和净利润。企业取得的净利润加上年初留存的未分配利润形成可供分配的利润。可供分配的利润应当按规定进行分配。

项目六 会计账簿 06

项目导航

学习目标

- 了解会计账簿的含义
- 掌握会计账簿的概念和分类
- 理解会计账簿的使用规则
- 掌握日记账、总分类账的结构和登记方法
- 掌握明细账的结构、适用范围和登记方法
- 掌握总分类账和明细分类账平行登记的含义及登记方法
- 掌握错账的更正方法
- 理解对账的含义
- 掌握结账的方法
- 了解会计账簿的更换与保管

具体任务

任务一　知悉会计账簿
任务二　知悉会计账簿的登记规则
任务三　学会登记会计账簿
任务四　学会更正错账
任务五　学会对账和结账
任务六　知悉会计账簿的更换与保管

任务一　知悉会计账簿

任务要求

1. 理解会计账簿的含义
2. 了解会计账簿的分类

知识储备

有了会计凭证记录经济业务，为什么还要设置会计账簿，并登记到会计账簿中去呢？

设置账簿是会计工作的一个重要步骤，通过设置和登记会计账簿，把大量分散的数据通过账簿进行归类整理，逐步加工成为系统性的、有用的会计信息，以便全面记录各单位经济活动的全过程，并为下一步编制会计报表提供重要依据。一般称账簿设置为建账。

一、会计账簿

会计账簿是指由一定格式的账页组成的，以经过审核的会计凭证为依据，全面、系统、连续地记录各项经济业务的簿籍。

根据会计凭证，将所有经济业务的所有信息内容按其发生的时间顺序，分门别类地记入有关账簿的方法就是登记账簿，简称记账。

账簿可以全面、连续、系统地反映经济活动，账簿是编制会计报表的依据，账簿是重要的经济档案，账簿是经济监督的依据。

设置和登记会计账簿是会计核算工作中的一个重要环节，是编制会计报表的基础，是连接会计凭证和会计报表的纽带，在会计核算中具有重要意义。设置、登记和管理账簿是会计人员的基本技能。

二、会计账簿的种类

会计核算中使用的账簿，其种类和结构是多种多样的，记录和反映的内容也不完全一样。为便于了解、掌握和使用各种账簿，需要对账簿进行分类。

1. 账簿按用途分类

账簿按用途分类情况见表6-1。

表6-1 账簿分类情况表

具体分类	描　述	再分类	具体内容
序时账簿	按照经济业务发生或完成时间先后顺序，逐日、逐笔进行连续登记的账簿。序时账簿又称为“日记账”	普通日记账	用来记录全部业务的日记账，格式见表6-2、表6-3
		特种日记账	用来记录某一类型经济业务的日记账，格式见表6-4，如记录现金收付业务及其结存情况的库存现金日记账，记录银行存款收付业务及其结存情况的银行存款日记账以及专门记录转账业务的转账日记账
分类账簿	对全部经济业务事项按照会计要素的具体类别而设置的分类账户进行登记的账簿	总分类账	按照总分类账户分类登记经济业务事项的是总分类账簿，简称总账，总分类账提供总括的会计信息
		明细分类账	按照明细分类账户分类登记经济业务事项的是明细分类账簿，简称明细账。明细分类账提供详细的会计信息，明细账是对总账的补充和具体化，受总分类账的控制和统驭

（续）

具体分类	描　述	再 分 类	具体内容
备查账簿	简称备查簿，是对某些在序时账簿和分类账簿等主要账簿中都不予登记或登记不够详细的经济业务事项进行补充登记时使用的账簿，也称辅助账簿	例如，租入固定资产登记簿，应收、应付票据登记簿	该种账簿可以提供某些有用的参考资料或信息

为了加强对货币资金的监督和管理，我国大多数企业一般只设库存现金日记账和银行存款日记账，而不设转账日记账和普通日记账。

分类账簿提供的核算信息是编制会计报表的主要依据。

备查账簿的记录与会计报表的编制没有直接关系，因而是一种表外账簿。

表 6-2　普通日记账（两栏式）

第　页

年		凭　证		摘　要	账户名称	借　方	贷　方	过　账	总账页数
月	日	种类	号数						

表 6-3　普通日记账（多栏式）

第　页

年		凭　证		摘　要	账户名称	借　方			贷　方		
月	日	种类	号数			库存现金	管理费用	……	银行存款	短期借款	……

表 6-4　库存现金日记账（三栏式）

第　页

年		凭　证		摘　要	对方科目	借　方	贷　方	余　额
月	日	种类	号数					

2．账簿按账页格式分类

按账页格式不同，账簿可以分为两栏式、三栏式、数量金额式、横线登记式等几种，其分类及具体内容见表 6-5～表 6-8。

表 6-5 账簿按账页格式分类情况

具体分类	描述	账页格式	具体内容
两栏式	由两栏式账页组成的账簿	借方 贷方	结构比较简单
三栏式	由三栏式账页组成的账簿	借方 贷方 余额	用以反映某项资金的增加（或减少）、减少（或增加）和结余的情况及结果 适用于只需要进行金额核算的经济业务。总分类账、日记账和债权、债务明细分类账一般采用三栏式账簿，如“应收账款”“应付账款”等明细账。格式见表 6-6
多栏式	由多栏式账页组成的账簿	基本结构由借方、贷方和余额组成，在以上每栏下面再分别设置若干专栏	根据所要反映的经济业务的特点和对会计资料的分析要求，在基本三栏下面再分别设置若干专栏，以详细具体地记载某一小类经济业务的活动情况 一般适用于需要进行分项目具体反映的经济业务。收入、费用明细账一般是采用这种格式的账簿，如“制造费用”“管理费用”“本年利润”等明细账采用这种形式。格式见表 6-7
数量金额式	由数量金额式账页组成的账簿	基本结构由收入、发出和结存组成，在以上每栏下面再分别设置“数量”“单价”“金额”三个小栏目	适用于既需要进行金额核算又需要进行数量核算的经济业务。如“原材料”“库存商品”等明细账一般都采用这种形式。格式见表 6-8
横线登记式	由横线登记式账页组成的账簿。这种账簿也可以称为平行式账簿	在同一张账页的同一行，记录某一笔经济业务从发生到结束的有关内容	一般适用于需要逐笔进行结算的经济业务，这样可以对照反映一项经济活动的来龙去脉。如“在途物资”“应收票据”等明细账采用这种形式

表 6-6 三栏式账页

账户名称

年		凭证		摘要	借方	贷方	借或贷	余额
月	日	种类	号数					

表 6-7 多栏式账页

账户名称

年		凭证		摘要	借方（项目）			余额
月	日	种类	号数				合计	

表 6-8 数量金额式账页

材料类别： 材料名称： 数量单位：

年		凭证		摘要	收入			发出			结存		
月	日	种类	号数		数量	单价	金额	数量	单价	金额	数量	单价	金额

3. 账簿按外形特征分类

账簿按其外形特征不同可分为订本式、活页式和卡片式三种。账簿按外形特征分类情况及卡片式账簿分别见表 6-9 和表 6-10。

表 6-9 账簿按外形特征分类情况

具体分类	描述	优缺点	适用范围
订本式	简称订本账，是指启用之前就已将账页装订在一起，并对账页进行了连续编号的账簿	优点：可以防止账页的散失和被非法抽换 缺点：不便于记账人员分工，也不便于根据需要增减账页，会影响账簿记录的连续性或造成账页的浪费	一般适用于库存现金日记账、银行存款日记账和总分类账
活页式	简称活页账，是指在账簿登记完毕之前并不固定装订在一起，而是装在活页夹中的账簿。当账簿登记完毕之后（通常是一个会计年度结束之后），才将账页予以装订，加具封面，并给各账页连续编号	优点：便于分工记账，可根据需要随时增减账页，对账户进行重新排列 缺点：账页容易散失和被抽换	明细分类账一般采用活页账形式
卡片式	简称卡片账，是指将账户所需格式印刷在硬卡上的一种账簿。严格说，卡片账也是一种活页账，只不过它不是装在活页账夹中，而是装在卡片箱内	优缺点同活页账	在我国，企业一般对固定资产的明细分类核算采用卡片账形式。固定资产卡片账页见表 6-10

表 6-10 固定资产卡片账页

第 号

资产类别		制造厂名		资金来源	
编 号		出厂编号		购置日期	
名 称		出厂日期		安装日期	
型 号		使用部门		开始使用日期	
技术特征		存放地点		建卡日期	

项 目	金 额	折 旧			折 旧		
		年 份	摊提额	累计额	年 份	摊提额	累计额
重置完全价值							
改装或添置价值							
清理残值							
清理费用							
使用年限							
已使用年限							
尚可使用年限							

		原价变动记录				
		日 期	增 加	减 少	变动后记录	变动原因
年：基本折旧率	%					
年：基本折旧率	%					

任务二 知悉会计账簿的登记规则

任务要求

1. 了解会计账簿的基本内容

2. 了解会计账簿的启用规则
3. 掌握会计账簿的登记规则

知识储备

如何使用这些账簿，并确保收集信息资料的及时和准确呢?

登记账簿是会计核算的内容之一，为保证会计核算资料的及时提供和内在质量，企业、行政事业单位在使用和登记账簿时必须遵循有关原则，做好账簿登记工作。

一、会计账簿的基本内容

各种会计账簿的形式和格式多种多样，但均应具备下列组成内容：

（1）封面，主要标明账簿的名称、记账单位和会计年度。

（2）扉页，应填列账簿启用的日期和截止日期、页数、册次；经管账簿人员一览表及其签章；会计主管人员姓名和签章；账户目录等。

（3）账页，账页的格式因反映经济业务的内容不同，可有不同的格式，但基本内容应包括：①账户的名称；②登记账户的日期栏；③凭证种类和号数栏；④摘要栏；⑤金额栏；⑥总页次、分户页次等基本内容。

二、会计账簿的启用规则

启用会计账簿时，应当在账簿封面上写明单位名称和账簿名称，并在账簿扉页上附启用表。启用订本式账簿应当从第一页到最后一页顺序编定页数，不得跳页、缺号。使用活页式账页应当按账户顺序编号，并定期装订成册；装订后再按实际使用的账页顺序编定页码，另加目录，记明每个账户的名称和页次。账簿启用登记表格式见表6-11。

表6-11 账簿启用登记表

<table>
<tr><td colspan="4">单位名称
账簿名称
账簿编号 ____年 总____册____第____册
账簿页数 ________本账簿共计____页
启用日期 ________年____月____日</td><td colspan="2">单位盖章</td></tr>
<tr><td rowspan="2">经管人员</td><td>负 责 人</td><td colspan="2">主办会计</td><td>复 核</td><td>记 账</td></tr>
<tr><td>姓 名 盖章</td><td colspan="2">姓 名 盖章</td><td>姓 名 盖章</td><td>姓 名 盖章</td></tr>
<tr><td rowspan="2">交接记录</td><td colspan="3">经 管 人 员</td><td>接 管</td><td>接 管</td></tr>
<tr><td colspan="2">职 别</td><td>姓 名</td><td>年 月 日 盖章</td><td>年 月 日 盖章</td></tr>
<tr><td>备 注</td><td colspan="5"></td></tr>
</table>

温馨提示

办理会计交接手续

记账人员或者会计机构负责人、会计主管人员调动工作时，应当在“账簿启用登记表”中注明交接日期、接办人员和监交人员姓名，并由交接双方及监交人员签名或盖章，以明确有关人员的责任，增强有关人员的责任感。一般会计人员办理交接手续，由会计机构负责人（会计主管人员）监交；会计机构负责人（会计主管人员）办理交接手续，由单位负责人监交，必要时主管单位可以派人会同监交。

三、会计账簿的登记规则

账簿记录是否客观、准确，内容是否清楚、完整，直接影响到会计核算的顺利进行和会计资料的质量，也影响到会计职能作用的正常发挥。因此，会计人员在登记账簿时必须遵循下面的规则。

1. 记账时间

会计人员必须根据审核无误的会计凭证，及时完成登账工作，不得拖延、迟办。工作积压易造成漏记、错记，造成资料在传递、使用、分析中的障碍。

相关链接

登记账簿的时间间隔

登记账簿的间隔时间，总的讲是越短越好。一般情况下，总账可以三五天登记一次，最长不得超过一个星期。明细账的登记时间间隔要短于总账，日记账和债权债务明细账至少一天要登记一次。

2. 记账日期的登记

记账时应根据记账凭证上填列的日期，登记“日期”栏，不应以记账时的日期填列。当下一行的日期与上一行的日期相同时，既不得空置不填，也不得以同上符号简略。

3. 摘要的填写

账簿摘要一般应根据记账凭证的摘要内容填写。

4. 文字和数字书写要求

在账簿中书写的文字和数字要有适当间距，不要写满格，紧靠本行底线，一般应占行高的二分之一或三分之二左右。一旦发生登记错误时，能比较容易地进行更正，同时也方便查账工作。

5. 注明记账符号

登记账簿时，必须将记账凭证的填写日期、种类和编号、经济业务内容摘要、金额和其他有关资料逐项填写入账。同时，每当一笔经济业务登账完毕，记账人员要在相应的记账凭证上签名或者盖章并注明账簿的页数或用“√”符号表示已登记入账，以此防止重记、漏记，并便于查阅、核对。

6．正确使用蓝黑墨水、碳素墨水

登记账簿必须使用蓝黑或者碳素墨水书写，不得使用铅笔或圆珠笔。红色墨水必须按照规定使用，如画线、改错，或用红色墨水填写红字记账凭证冲销错误记录；在不设借贷等栏的多栏式账页中，登记减少数；在三栏式账户中，如未印明余额方向的，在余额栏内登记负数余额；根据国家统一会计制度的规定可以用红字登记的其他会计记录。

7．顺序连续登记

各种账页按页次顺序登记，不得跳行、隔页。如不慎发生跳行、隔页，应将空行金额栏用斜线注销或注明“此行空白”，将空页用“×”符号注销并注明“此页空白”，记账人员还应签名或盖章（盖章在“×”交叉点处）。发生隔行的处理见表6-12，发生隔页的处理见表6-13。

表6-12　实收资本总分类账

2017年		凭证编号	摘要	对方科目	借方									贷方									借或贷	余额								
月	日				百	十	万	千	百	十	元	角	分	百	十	万	千	百	十	元	角	分		百	十	万	千	百	十	元	角	分
6	2	银收1	收到投资款												1	5	0	0	0	0	0	0										
																									此	行	空	白		赵	苏	
	5	转1	收到投入设备													4	5	0	0	0	0	0										

表6-13　应收账款明细分类账

二级科目编号及名称：索普公司

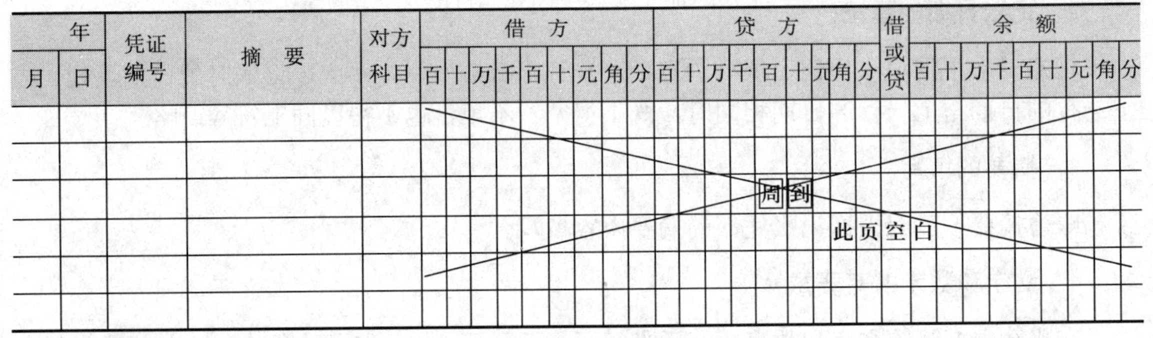

年		凭证编号	摘要	对方科目	借方									贷方									借或贷	余额								
月	日				百	十	万	千	百	十	元	角	分	百	十	万	千	百	十	元	角	分		百	十	万	千	百	十	元	角	分
																		周	到													
																					此	页	空	白								

8．结出余额

凡需要结出余额的账户，结出余额后，应在注明余额方向的“借或贷”栏中注明“借”或“贷”字样，余额为零的账户应在余额方向栏中注明“平”字样，并在余额栏内的“元”位上用平账符号“$\overline{0}$”表示。

9．转页手续

每一张账页记录结束，转入下一页登记，在本账页最末一行和下一张账页的第一行办理转页手续。即在本账页最末一行加计本页借方、贷方发生额合计并结出余额，在“摘要”栏内注明“过次页”，同时将计算出的借、贷方发生额合计和余额记入下一页的第一行内的“借方”“贷方”“余额”栏内，并在“摘要”栏注明“承前页”。办完转页手续后，再开始登记经济业务，以此保证账簿记录连续进行，相互衔接。具体做法如下：

（1）对需要结计本月发生额的账户，结计“过次页”的本页合计数应当为自本月初起至本页末止的发生额合计数。

（2）对需要结计本年累计发生额的账户，结计“过次页”的本页合计数应当为自本年初起至本页末止的累计数。

（3）对既不需要结计本月发生额也不需要结计本年累计发生额的账户，可以只将每页末（倒数第二行）的余额结转次页。

相关链接

避免连环出错的办法

为了防止在账簿记录中更正错误引起连锁反应（即一个数字改动了，与之有关的其他数字都随之改动），除月末和转页这两种情况下，其他时候登记账簿，都不要结出余额。需要及时了解的账户余额，应用铅笔写在余额栏，这样就可以避免更正错误时的连锁反应。

10．记错处理

账簿记录如果发现错误，不得随意涂改，更不能进行刮擦、挖补或用褪色药水更改消除字迹。发现错误后，应及时查找原因，视错账的具体内容，按照规定的手续和更正错账的方法予以更正。

11．实行会计电算化的单位

实行会计电算化的单位，总账和明细账应当定期打印。发生收款和付款业务的，在输入收款凭证和付款凭证的当天必须打印出库存现金日记账和银行存款日记账，并与库存现金核对无误。

任务三　学会登记会计账簿

任务要求

1. 熟悉日记账、总分类账和明细分类账的格式
2. 掌握日记账、总分类账和明细分类账的登记方法
3. 了解备查账的格式和登记方法
4. 了解总分类账户和明细分类账户的关系
5. 理解平行登记的概念
6. 掌握平行登记的方法

知识储备

工作中我们看到单位里有各种各样的会计账簿，它们的登记方法都是一样的吗?

企业应根据自身经济活动的特点和国家有关会计制度的规定以及会计核算的要求设置相应的账簿，及时登记发生的各种经济业务。每种账簿的格式不同，用途也不一样，所以登记的方法也不尽相同。

账簿的设置应该科学、合理、系统、严密，便于会计人员的操作使用。设置账簿包括确定账簿种类、数量、名称、账页格式、反映的内容等方面。

一、日记账的格式和登记方法

为了加强对货币资金的管理，各单位都应当设置库存现金日记账和银行存款日记账，用以逐日核算和监督库存现金与银行存款的收入、支出和结存情况。为了防止账页散失和随意抽换，便于查阅，日记账必须采用订本式账簿，并为每一张账页顺序编号。

（一）库存现金日记账的格式和登记方法

1. 库存现金日记账的格式

库存现金日记账是用来核算和监督库存现金每日的收入、支出和结存情况的账簿，其格式有三栏式和多栏式两种。无论采用三栏式还是多栏式库存现金日记账，都必须使用订本账。三栏式库存现金日记账格式见表6-14，多栏式库存现金日记账见表6-15和表6-16。

表6-14 三栏式库存现金日记账

年		凭证编号	摘要	对方科目	借方									√	贷方									√	余额								
月	日				百	十	万	千	百	十	元	角	分		百	十	万	千	百	十	元	角	分		百	十	万	千	百	十	元	角	分

注：余额可以到本日结束后结出余额，也可以在每笔业务登账后直接结出余额。本书采用第二种方法。

表6-15 多栏式库存现金收入日记账

年		凭证		摘要	贷方科目				支出合计	结余
月	日	种类	号数		银行存款	主营业务收入	……	收入合计		

表 6-16 多栏式库存现金支出日记账

年		凭证		摘要	借方科目				支出合计	结余
月	日	种类	号数		银行存款	其他应收款	管理费用	……		

2. 库存现金日记账的登记方法

库存现金日记账由出纳人员根据与库存现金收付有关的记账凭证，按时间顺序逐日逐笔进行登记，并根据“上日余额+本日收入-本日支出=本日余额”的公式，逐日结出库存现金余额，与库存现金实存数核对，以检查每日现金收付是否有误。

借、贷方分设的多栏式库存现金日记账的登记方法是：先根据有关库存现金收入业务的记账凭证登记库存现金收入日记账，根据有关库存现金支出业务的记账凭证登记库存现金支出日记账，每日营业终了，根据库存现金支出日记账结计的支出合计数，一并转入库存现金收入日记账的“支出合计”栏中，并结出当日余额。

（二）银行存款日记账的格式和登记方法

银行存款日记账是用来核算和监督银行存款每日的收入、支出和结余情况的账簿。银行存款日记账应按企业在银行开立的账户和币种分别设置，每个银行账户设置一本日记账。

三栏式银行存款日记账的格式和登记方法与三栏式库存现金日记账相同，见表 6-17。

表 6-17 三栏式银行存款日记账

年		凭证编号	摘要	结算方式	对方科目	借方									√	贷方									√	余额								
月	日					百	十	万	千	百	十	元	角	分		百	十	万	千	百	十	元	角	分		百	十	万	千	百	十	元	角	分

注：余额可在本日结束后结出余额，也可在每笔业务登账后直接结出余额。本书采用第二种方法。

二、总分类账的格式和登记方法

1. 总分类账的格式

总分类账是按照总分类账户分类登记以提供总括会计信息的账簿。总分类账最常用的格式为三栏式，设置借方、贷方和余额三个基本金额栏目。

2. 总分类账的登记方法

总分类账可以根据记账凭证逐笔登记，也可以根据经过汇总的科目汇总表或汇总记账凭证等登记。总分类账的登记方法取决于会计核算形式。

三、明细分类账的格式和登记方法

明细分类账是根据二级账户或明细账户开设账页，分类、连续地登记经济业务以提供明细核算资料的账簿，其格式有三栏式、多栏式、数量金额式和横线登记式。

1．明细分类账的格式

（1）三栏式明细分类账　三栏式明细分类账是设有借方、贷方和余额三个栏目，用以分类核算各笔经济业务，提供详细核算资料的账簿，其格式与三栏式总账格式相同，适用于只进行金额核算的账户。如“应收账款”“应付账款”等不需要进行数量核算的债权债务结算账户。三栏式明细账格式见表6-18。

表6-18　明细账

______级科目编号及名称：______

年		凭证号数	摘要	借方	贷方	借或贷	余额
月	日						

（2）多栏式明细分类账　多栏式明细分类账是将属于同一个总账科目的各个明细科目合并在一张账页上进行登记，适用于成本费用和收入类科目的明细核算。如生产成本、制造费用、管理费用、财务费用和销售费用、主营业务收入等账户的明细分类核算。生产成本明细账格式见表6-19，主营业务收入明细账见表6-20。

表6-19　生产成本明细账

生产成本明细分类账

投产日期____计划工时_____　　科目名称____页次__总页__
完工日期____实际工时_____　　生产批号__________
生产车间__________
完成产量______数量_____　产品规格__________　　产品名称__________

年		凭证号数	摘要	借方发生额	成本项目			
月	日				直接材料	直接人工	制造费用	……

表6-20　主营业务收入明细账

产品名称：

年		凭证号数	摘要	贷方（项目）			余额
月	日			产品销售	劳务收入	……	

（3）数量金额式明细分类账　数量金额式明细分类账中的收入、发出和结存栏都分别设有数量、单价和金额三个专栏，适用于既要进行金额核算又要进行数量核算的账户，如原材料、库存商品明细账。原材料明细账格式见表6-21。

表 6-21　数量金额式明细账

类别＿＿＿＿＿＿＿＿　　　　　　　　　　　　　　　　计量单位＿＿＿＿＿
名称、规格＿＿＿＿＿＿　　　　　　　　　　　　　　　存放地点＿＿＿＿＿
编号＿＿＿＿＿＿＿＿　　　　　　　　　　　　　　　　储备定额＿＿＿＿＿

年		凭证号数	摘　要	收　入			发　出			结　存		
月	日			数量	单价	金额	数量	单价	金额	数量	单价	金额

（4）横线登记式明细分类账　横线登记式明细分类账是采用横线登记，即将每一相关的业务登记在同一行，从而可依据每一行各个栏目的登记是否齐全来判断该项业务的进展情况。

明细分类账适用于需要进行逐笔对应反映的某些经济业务，如“在途物资”“应收票据”“应付票据”“其他应收款”等明细分类账。其他应收款明细分类账的格式见表 6-22。

表 6-22　其他应收款——备用金明细分类账

年		凭　证		摘　要	户　名	借方（借支）	贷方（报销、收回）						备注
							年		凭证		报销金额	收回金额	
月	日	字	号				月	日	字	号			

2．明细分类账的登记方法

不同类型经济业务的明细分类账可根据管理需要，依据记账凭证、原始凭证或汇总原始凭证逐日逐笔或定期汇总登记。固定资产、债权、债务等明细账应逐日逐笔登记；库存商品、原材料收发明细账以及收入、费用明细账可以逐笔登记，也可定期汇总登记。

四、备查账的格式和登记方法

备查账簿又称备查登记账簿，它是辅助账簿。通过这种账簿可以为企业、行政事业单位的经济活动、经营管理的需要提供必要的补充资料。它一般没有固定的格式，各单位可以根据实际管理需要设计相应的项目内容。如“租入固定资产登记簿”的格式见表 6-23。

表 6-23　租入固定资产登记簿

第　页

名称及规格	租　约	租出单位	租入日期	租　金	使用部门		归还日期
					日期	单位	
备注							

五、总分类账户与明细分类账户的平行登记

按提供信息的详细程度及统驭关系不同，账户可以分为总分类账户和明细分类账户。总分类账户提供总括核算资料，明细分类账户则是其具体化，是对总分类账户的补充说明。

1．平行登记的概念

平行登记是指对所发生的每一笔经济业务都要以相同的会计凭证为依据，一方面记入有关总分类账户，另一方面记入有关总分类账户所属明细分类账户的一种记账方法。

2．平行登记的要求

总分类账户与明细分类账户平行登记要求做到：所依据会计凭证相同、借贷方向相同、所属会计期间相同、计入总分类账户的金额与计入其所属明细分类账户的合计金额相等。平行登记要求归纳见表6-24。

表6-24 平行登记要求归纳表

具体要求	具体描述
依据相同	对发生的经济业务，都要以相同的会计凭证为依据，既登记有关总分类账户，又登记其所属明细分类账户
方向相同	将经济业务记入总分类账户和明细分类账户时，记账方向必须相同。即总分类账户记入借方，明细分类账户也应记入借方；总分类账户记入贷方，明细分类账户也应记入贷方
期间相同	对每笔经济业务在记入总分类账户和明细分类账户过程中，可以有先有后，但必须在同一会计期间（如同一个月、同一季度、同一年度）全部登记入账
金额相等	记入总分类账户的金额，应与记入其所属明细分类账户的金额合计相等

通过平行登记，总分类账户与明细分类账户之间在登记金额上就形成了如下关系：

总分类账户借方（贷方）发生额=所属各明细分类账户借方（贷方）发生额之和

总分类账户期初（期末）余额=所属各明细分类账户期初（期末）余额之和

企业可以根据总分类账户与其所属的明细分类账户的发生额和余额必然相等的原理，通过总分类账户与明细分类账户的相互核对，来检查总分类账户及其所属的明细分类账户的记录是否正确。

下面以“原材料”账户为例，说明总分类账户与明细分类账户的平行登记。

【例6-1】 宏达公司2017年3月1日“原材料”账户月初余额为255 000元，其明细分类账户月初余额为：甲材料为700千克，单价150元，计105 000元；乙材料为1 500千克，单价为100元，计150 000元。公司2015年3月份发生下列经济业务：

1）3月5日，上月从A公司购进的甲材料200千克，每千克150元，今日验收入库。编制会计分录如下：

借：原材料——甲材料 30 000
　　贷：在途物资——甲材料 30 000

2）3月10日，企业为生产产品从仓库领用甲材料500千克，单价150元，计75 000元；领用乙材料1 200千克，单价100元，计120 000元。
编制会计分录如下：

借：生产成本 195 000
　　贷：原材料——甲材料 75 000
　　　　　　　——乙材料 120 000

3）3月12日，上月向B公司购进的乙材料1 000千克，单价100元，已验收入库。
编制会计分录如下：

借：原材料——乙材料 100 000
　　贷：在途物资——乙材料 100 000

根据上述经济业务，对“原材料”总分类账户及其所属明细分类账户进行平行登记，见表 6-25～表 6-27。

表 6-25　总分类账户

账户名称：原材料

单位：元

2017年 月	日	凭证号数	摘要	借方	贷方	借或贷	余额
3	1	略	月初余额			借	255 000
	5		购入	30 000		借	285 000
	10		生产领用		195 000	借	90 000
	12		购入	100 000		借	190 000
3	31		本月合计	130 000	195 000	借	190 000

表 6-26　原材料明细分类账户

账户名称：甲材料

单位：元

2017年 月	日	凭证号数	摘要	收入 数量	单价	金额	发出 数量	单价	金额	结余 数量	单价	金额
3	1	略	月初余额							700	150	105 000
	5		购入	200	150	30 000				900	150	135 000
	10		生产领用				500	150	75 000	400	150	60 000
3	31		本月合计	200		30 000	500		75 000	400	150	60 000

表 6-27　原材料明细分类账户

账户名称：乙材料

单位：元

2017年 月	日	凭证号数	摘要	收入 数量	单价	金额	发出 数量	单价	金额	结余 数量	单价	金额
3	1	略	月初余额							1 500	100	150 000
	10		生产领用				1 200	100	120 000	300	100	30 000
	12		购入	1 000	100	100 000				1 300	100	130 000
3	31		本月合计	1 000		100 000	1 200		120 000	1 300	100	130 000

为了检查总分类账户与明细分类账户的平行登记是否正确，还必须将总分类账户与明细分类账户的记录进行相互核对。核对通常是通过编制“总账与明细账发生额及余额对照表”进行的，其格式和内容见表 6-28。

表 6-28　总账与明细账发生额及余额对照表

总账账户	明细账户	期初余额	借方发生额	贷方发生额	期末余额
原材料	甲材料	105 000	30 000	75 000	60 000
	乙材料	150 000	100 000	120 000	130 000
	合计	255 000	130 000	195 000	190 000

需要注意的是，总分类账户与明细分类账户通过核对后，如果期初余额、本期发生额和期末余额的有关金额不相符，则说明记账一定有错误；如果相符，一般来说记账是正确的。

任务四　学会更正错账

任务要求

1. 了解错账查找的方法

2. 选用错账更正方法
3. 掌握错账更正的具体操作方法

知识储备

在日常的会计核算中，可能发生各种各样的差错产生错账，如重记、漏记等，发生这些差错应如何查找呢？可以直接在错误上更改吗？

一、错账查找的方法

错账查找的方法很多，一般分全面检查和局部抽查两种。查找错账的具体方法见表6-29。

表6-29 错账的查找方法

方法	概念	种类	具体描述
全面检查	就是对一定时期内的账目逐笔核对的方法。按照查找的顺序是否与记账程序的方向相同，又可分为顺查法和逆查法	顺查法	是按照记账的顺序，从原始凭证到记账凭证，再到账簿顺序查找的方法。顺查法按照记账的先后顺序查找，有利于全面检查账簿记录的正确性，但查找的工作量大，适用于错账较多，难以确定查找方向与重点范围的情况
		逆查法	就是与记账顺序相反，从错账的位置开始，逆向查找错误原因的方法。这种方法能减少查找的工作量，实际工作中使用较多
局部抽查	就是针对错误的数字抽查账目的方法	差数法	是按照错账的差数查找错账的方法。这种方法主要是用以查明是否有重记或漏记。例如，在记账过程中只登记了会计分录的借方或贷方，漏记了另一方，从而形成试算平衡中借方合计与贷方合计不等。其表现形式是：借方金额遗漏，会使该金额在贷方超出；贷方金额遗漏，会使该金额在借方超出。对于这样的差错，可由会计人员通过回忆和相关金额的记账核对来查找
		尾数法	是用于查找属于“角、分”小数差错发生的错误。检查时只查找“角、分”部分，可提高查错的效率
		除2法	是指以差数除以2来查找错账的方法。可用于查找因数字记反方向而发生的错误。因为应记入借方的金额误记入贷方，或者应记入贷方的金额误记入借方，那么结出的余额将比错记金额多出一倍，所以除2法所取得的商数就是记错借贷方向的金额
		除9法	一是将数字写小。如将300误记为30，错误数字小于正确数字9倍。查找的方法是：以差数除以9后得出的商即为写错的数字，商乘以10即为正确的数字。上例整数270（即300-30）除以9，商30即为错数，扩大10倍后即可得出正确的数字300 二是将数字写大。如将40写成400，错误数字大于正确数字9倍。查找方法是：以差数除以9后得出的商即为正确的数字，商乘以10即为错误的数字。上例差数360（即400-40）除以9，商40即为正确的数字，扩大10倍后即可得出错误的数字400 三是数字颠倒。如将8 714误记为8 174，其差数540（即8 714-8 174）除以9，得60，根据商数的首位是6，则可判断颠倒的两个数字差异是6，这样在账簿记录中就可查找百位数与十位数之间的下列数字：1与7、2与8、3与9等。即查找17、28、39中哪一个数字颠倒了，当发现账簿记录中出现17这个数字时，就可结合该项业务的会计凭证，核对其是否将8 714误记成8 174

二、错账更正方法

对账簿记录中发生的错误，不准涂改、挖补、刮擦或者用药水消除字迹，不准重新抄写，必须按下列方法更正。

1．划线更正法

划线更正法是指用画线方式注销原有记录，以更正错账的一种方法。在结账前的核查时，发现记账凭证填制无误而账簿记录由于会计人员不慎出现笔误或计算失误，造成账上文字或数字错误，此种错账可采用划线更正法。

具体更正方法是：先在错误的文字或全部数字上划一条红线，表示错误内容已被注销，但应保持原记录文字或数字的内容清晰。然后，将正确的文字或数字用蓝、黑色墨水书写在被注销的文字或数字上端的空白处，并由记账及相关人员在更正处盖章，以保证以后会计核算的正确，同时明确相关人员责任。划线时应注意：对于错误的数字，应全部划红线更正，不得只更正其中的错误数字；对于文字错误，可只划去错误的部分。

【例 6-2】记账人员李枚登记账簿时把 2 365.50 误记为 2 356.50 应作如下更正（记账凭证上的数字为 2 365.50）。

正确更正法：2 365.50
~~2 356.50~~ 李枚

错误更正法：65　　　　　　65
~~2 356.50~~ 李枚　　　　2 3~~56~~.50 李枚

2．红字更正法

红字更正法又称红字冲销法，是用红字冲销或冲减原记数额，以更正和调整账簿记录的一种方法。当出现以下两种情况之一时，可采用红字更正法：

（1）记账后，经核对发现由于原记账凭证上会计科目写错或应借、应贷的方向记错而造成账簿记录错误。具体做法是：首先用红字填制一张与原错误的记账凭证内容完全相同的记账凭证，在凭证的“摘要”栏注明“注销×月×日×字×号凭证”字样，并据此红字凭证用红字登记入账，在账簿的“摘要”栏注明“冲销×月×日错账”，“凭证号数”栏写上凭证的“字、号”，将原有错误记录冲销。然后用蓝字重新填制一张内容正确的记账凭证，在“摘要”栏注明“订正×月×日×字×号凭证”字样，并依此记账凭证登记入账，在账簿的“凭证号数”栏写入该凭证的“字、号”，在“摘要”栏注明“更正×月×日错账”，将正确内容记载下来。

（2）记账或结账以后，在核对时发现原记账凭证上所记载的金额大于经济业务的实际金额，造成账簿记录中金额错误。具体做法是：首先按多记金额用红字填制一张记账凭证，其中使用的会计科目，应借、应贷方向应与原记账凭证相同，并在“摘要”栏注明“冲销×月×日×字×号凭证多记金额”，并据以用红字金额登记入账，在账簿的“摘要”栏注明“冲销×月×日账上多记金额”，将原记录中多记的金额冲销。

下面举例说明红字更正法的使用方法。

【例 6-3】企业行政管理部门领用材料 2 000 元，填制下列记账凭证并已登记入账。

借：制造费用　　2 000
　　贷：原材料　　2 000

此错误属于科目用错，更正时，先用红字填制一张与原错误记账凭证内容完全相同的记账凭证，并据此用红字登记入账，以冲销原错误记录。

借：制造费用 2 000

贷：原材料 2 000

然后再用蓝字或黑字填制一张正确的记账凭证，并据以用蓝字或黑字登记入账。

借：管理费用 2 000

贷：原材料 2 000

根据以上记账凭证记账后账户记录如图6-1所示：

借方 原材料	贷方		借方 制造费用	贷方
	2 000	原记	2 000	
	2 000	冲销	2 000	
			借方 管理费用	贷方
	2 000	更正	2 000	

图6-1 科目误用的红字更正法

【例6-4】 某企业以银行存款归还购料款30 000元，填制下列记账凭证并已登记入账。

借：应付账款 300 000

贷：银行存款 300 000

此错误属于所记金额大于应记金额，更正时直接按多记金额用红字作如下记账凭证，并登记入账。

借：应付账款 270 000

贷：银行存款 270 000

根据以上记账凭证记账后账户记录如图6-2所示：

借方 银行存款	贷方		借方 应付账款	贷方
	300 000	原记	300 000	
	270 000	冲销	270 000	

图6-2 冲销多记金额的红字更正法

3．补充登记法

在记账或结账以后，经核对发现记账凭证中使用的会计科目，应借、应贷方向没有错误，只是所记金额小于应记金额，并已据此登记入账，造成账簿记录相应出错，对这种类型的错账可使用补充登记法。

补充登记法的具体做法是：核对时发现记账凭证上记载的金额小于经济业务的实际金额，并已在相应的账簿中记载下来，此时可按照少记的金额，填写一张与原记账凭证中的会计科目，应借、应贷方向完全相同的记账凭证，在“摘要”栏注明“补充×月×日×字×号凭证少记金额”，依此凭证登记入账，在账簿的“摘要”栏注明“补充×月×日少记金额”。

【例6-5】 企业从银行提取现金2 000元，填制如下记账凭证并登记入账。

借：库存现金 200

贷：银行存款 200

发现错误后，应将少记的金额用蓝字或黑字填制一张记账凭证，并登记入账。

借：库存现金　　　　　　　　　　　　　　　　　　　1 800

　　贷：银行存款　　　　　　　　　　　　　　　　　　　1 800

根据以上记账凭证记账后账户记录如图 6-3 所示：

借方	银行存款	贷方		借方	库存现金	贷方
	200		原记	200		
	1 800		补记	1 800		

图 6-3　金额少记的补充登记法

相关链接

错账类型及其适用的方法

根据错账的实际情况，查明原因，选用正确的更正方法，确保会计账簿的真实准确，具体内容见表 6-30。

表 6-30　错账更正方法归纳表

错误类型			更正方法
凭证无误 账簿有误	文字有误	笔误	划线更正法
	数字有误	计算失误	
凭证有误 账簿有误	金额有误	所记小于应记	补充登记法
		所记大于应记	红字登记法
	科目有误	科目错误	
		借贷方向错误	
	摘要错误	笔误	划线更正法

任务五　学会对账和结账

任务要求

1. 了解对账和结账的概念
2. 理解对账的内容和结账的程序
3. 掌握结账的方法

知识储备

经常听到单位里的会计人员说，他们月末特别忙。为什么月末会计人员会这么忙呢？

一、对账

在结账之前要做好对账工作。所谓对账，就是核对账目，定期将各类账簿记录进行核对，以做到账证相符、账账相符和账实相符。对账的主要内容见表 6-31。

表 6-31 对账的主要内容

关键词	详细描述
账证核对	账证核对是指核对会计账簿记录与原始凭证、记账凭证的时间、凭证字号、内容、金额是否一致，记账方向是否相符。账证核对要求会计人员在编制凭证和记账过程中认真进行复核，并通过定期或不定期的复查进行核对，以保证账证相符
账账核对	账账核对是指核对不同会计账簿之间的账簿记录是否相符，一般是在账证核对的基础上进行的，其目的是保证账账相符。账账核对内容有： （1）所有总账账户借方发生额合计与贷方发生额合计是否相符； （2）所有总账账户借方余额合计与贷方余额合计是否相符； （3）总账账户余额与其所属明细分类账余额合计是否相符； （4）库存现金日记账、银行存款日记账的余额与其总账余额是否相符； （5）会计部门有关财产物资明细账余额与财产物资保管、使用部门的有关明细账是否相符
账实核对	账实核对是指各项财产物资、债权债务等账面余额与实有数额之间的核对。账实核对内容有： （1）库存现金日记账账面余额与库存现金实有数额是否相符； （2）银行存款日记账账面余额与银行对账单的余额是否相符； （3）各项财产物资明细账账面余额与财产物资的实有数额是否相符； （4）有关债权债务明细账账面余额与对方单位的账面记录是否相符

二、结账

结账，是在把一定时期内发生的全部经济业务登记入账的基础上，计算并记录本期发生额和期末余额。

1．结账程序

（1）结账前，必须将本期内所发生的各笔经济业务全部登记入账。

（2）结账时，应当结出每个账户的期末余额。需要结出当月发生额的，应当在摘要栏内注明“本月合计”字样，并在下面通栏划单红线。需要结出本年累计发生额的，应当在摘要栏内注明“本年累计”字样，并在下面通栏划单红线；12月末的“本年累计”就是全年累计发生额，全年累计发生额下应当通栏划双红线，年度终了结账时，所有总账账户都应当结出全年发生额和年末余额。

（3）年度终了，要把各账户的余额结转到下一会计年度，并在摘要栏注明“结转下年”字样；在下一会计年度新建有关会计账簿的第一行余额栏内填写上年结转的余额，并在摘要栏注明“上年结转”字样。

2．结账方法

（1）对于不需要按月结计本期发生额的账户，如各项应收款明细账和各项财产物资明细账等，每次记账以后，都要随时结出余额，每月最后一笔余额即为月末余额。也就是说，月末余额就是本月最后一笔经济业务记录的同一行内的余额。月末结账时，只需要在最后一笔经济业务记录之下划一单红线，不需要再结计一次余额。

（2）现金、银行存款日记账和需要按月结计发生额的收入、费用等明细账，每月结账时，要在最后一笔经济业务记录下面划一单红线，结出本月发生额和余额，在摘要栏内注明“本月合计”字样，在下面再划一条单红线。

（3）需要结计本年累计发生额的某些明细账户，如主营业务收入、主营业务成本明细账等，每月结账时，应在“本月合计”行下结计自年初起至本月末止的累计发生额，登记在月份发生额下面，在摘要栏内注明“本年累计”字样，并在下面再划一单红线。12月末的“本年累计”就是全年累计发生额，并在全年累计发生额下划双红线。

（4）总账账户平时只需结计月末余额。年终结账时，为了反映全年各项资产、负债及所有者权益增减变动的全貌，便于核对账目，要将所有总账账户结计全年发生额和年末余额，在摘要栏内注明“本年合计”字样，并在合计数下划一双红线。

（5）需要结计本月发生额的某些账户，如果本月只发生一笔经济业务，由于这笔记录的金额就是本月发生额，结账时，只要在此行记录下划一单红线，表示与下月的发生额分开就可以了，不需另结出“本月合计”数。

3．结账线的划法

结账划线的目的是为了突出本月合计数及月末余额，表示本会计期间的会计记录已经截止或结束，并将本期与下期的记录明显分开。根据《会计基础工作规范》规定，月结划单线，年结划双线。划线时，应划红线；划线应划通栏线，不应只在本账页中的金额部分划线。

4．填写结账时的账户余额

一般说来，每月结账时，应将账户的月末余额写在本月最后一笔经济业务记录的同一行内。但在现金日记账、银行存款日记账和其他需要按月结计发生额的账户，如各种成本、费用、收入的明细账等，每月结账时，还应将月末余额与本月发生额写在同一行内，在摘要栏注明“本月合计”字样。这样做，账户记录中的月初余额加减本期发生额等于月末余额，便于账户记录的稽核。需要结计本年累计发生额的某些明细账户，每月结账时，“本月合计”行已有余额的，“本年累计”行就不必再写余额了。

温馨提示

结账时能否用红字

账簿记录中使用的红字，具有特定的含义，它表示蓝字金额的减少或负数余额。因此，结账时，如果出现负数余额，可以用红字在余额栏登记，但如果余额栏前印有余额的方向（如借或贷），则应用蓝黑墨水书写，而不得使用红色墨水。

5．账户余额结转至下年的做法

账户余额转结至下年的正确方法如下，年度终了结账时，有余额账户的余额，直接记入新账余额栏内即可，不需要编制记账凭证，也不必将余额再记入本年账户的借方或贷方。因为，既然年末是有余额的账户，余额就应当如实地在账户中加以反映，这样更显得清晰、明了。否则，就混淆了有余额的账户和无余额的账户的区别。

任务六　知悉会计账簿的更换与保管

任务要求

1．了解会计账簿更换的概念、更换程序

2. 了解会计账簿保管的有关规定

知识储备

企业会计账簿可以一直记录下去吗？这些账簿可以随便堆放吗？

一、会计账簿的更换

会计账簿的更换是指在会计年度终了时将上年旧账更换为次年新账。通常在新会计年度建账时进行。总账、日记账和多数明细账应每年更换一次。部分明细账如固定资产明细账或固定资产卡片及备查账簿可以连续使用。

更换新账的程序是：年度终了，在本年有余额的账户“摘要”栏注明“结转下年”字样。在更换新账时，注明各账户的年份，在第一行“日期”栏写明1月1日，“记账凭证”栏空置不填；将各账户的年末余额直接抄入新账余额栏内，并注明余额的借贷方向。过入新账的有关账簿余额的转让事项，不需要编制记账凭证。在新的会计年度建账并不是所有的账簿都更换为新的。一般来说，库存现金日记账、银行存款日记账、总分类账、大多数明细分类账应每年更换一次。但是有些财产物资明细账和债权债务明细账，由于材料品种、规格和往来单位较多，更换新账，重抄一遍，工作量较大，因此，可以跨年度使用，不必每年更换一次。第二年使用时，可直接在上年终了的双线下面记账。各种备查账簿也可以连续使用。

二、会计账簿的保管

会计账簿是各单位重要的经济资料，必须建立管理制度妥善保管。账簿管理分为平时管理和归档管理两部分。

1. 账簿平时管理

各种账簿要分工明确，确定专门人员负责。账簿经管人员既要负责记账、对账、结账等工作，又要负责保证账簿的安全。会计账簿未经单位领导和会计负责人或有关人员批准，不能随意翻阅查看。会计账簿除需要与外单位核对外，一般不能携带外出，对携带外出的账簿，一般应由经管人员或会计主管人员指定专人负责。会计账簿不能随意交与其他人员管理，防止任意涂改账簿等问题发生，以保证账簿资料的安全。

2. 旧账归档保管

年度终了更换并启用新账后，对更换下来的旧账要整理装订，造册归档保存。

（1）归档前旧账的整理，包括检查和补齐应办手续，如改错盖章、注销空行空页、结转余额等。活页账应撤出未使用的空白账页再装订成册，并将各账页连续编号。

（2）旧账装订。活页账一般按账户分类装订成册，一个账户订一册或数册。某些账户账页较少，也可以合并装订成一册。装订时应检查账簿扉页的内容是否填写齐全。装订后应由经办人员、装订人员、会计主管在封口处签名或盖章。

（3）旧账归档。旧账装订完毕后暂由本单位财务会计部门保管 1 年，期满之后，由财务会计部门编造清册移交本单位的档案部门保管。

各种账簿同会计凭证和会计报表一样，都是重要的经济档案，必须按照制度统一规定的保存年限妥善保管，不得丢失和任意销毁。保管期满后，应按照规定的审批程序报经批准后才能销毁，销毁时应派人监销。

项目总结

设置和登记会计账簿是会计核算工作中的一个重要环节，是编制会计报表的基础，是连接会计凭证和会计报表的纽带。会计账簿是指由一定格式账页组成的，以经过审核的会计凭证为依据，全面、系统、连续地记录各项经济业务的簿籍。账簿按用途分为序时账簿、分类账簿和备查账簿；按账页格式分为两栏式、三栏式、多栏式、数量金额式和横线登记式；按外形特征分为订本式账簿、活页式账簿和卡片式账簿。

库存现金日记账的格式有三栏式和多栏式两种，都必须使用订本账，由出纳人员根据与库存现金收付有关的记账凭证，按时间顺序逐日逐笔进行登记。银行存款日记账是按企业在银行开立的账户和币种分别设置，每个银行账户设置一本日记账。总分类账是按照总分类账户分类登记以提供总括会计信息的账簿，最常用的格式为三栏式。明细分类账是根据二级账户或明细账户开设账页，分类、连续地登记经济业务以提供明细核算资料的账簿，其格式有三栏式、多栏式、数量金额式和横线登记式等。备查账簿又称备查登记账簿，是辅助账簿，一般没有固定的格式，各单位可以根据实际管理需要设计相应的项目内容。

总分类账户与明细分类账户的平行登记，是指对所发生的每笔经济业务都要以会计凭证为依据，一方面记入有关总分类账户，另一方面记入有关总分类账户所属明细分类账户的方法。

错账查找方法一般有全面查找和局部查找两种。错账的更正方法主要有划线更正法、红字更正法和补充登记法。

在结账之前要做好对账工作。所谓对账，就是核对账目，定期将各类账簿记录进行校对，以做到账证相符、账账相符和账实相符。所谓结账，就是把一定时期内（月份、季度、年度）应记入账簿的经济业务全部登记入账后，计算并记录各个账户的本期发生额和期末余额并将余额转入下期或新账的工作。

会计账簿的更换是指在会计年度终了时将上年旧账更换为次年新账。通常在新会计年度建账时进行。会计账簿的保管包括账簿平时管理和归档保管。

项目七 财产清查 07

项目导航

学习目标

- 掌握财产清查的含义、意义与方法
- 理解不同财产清查方法的适用范围
- 理解财产物资的盘存制度
- 掌握财产清查结果的账务处理方法

具体任务

任务一 知悉财产清查基本知识
任务二 理解财产物资的盘存制度
任务三 学会财产清查方法
任务四 学会处理财产清查的结果
任务五 核算企业财产清查阶段业务

任务一 知悉财产清查基本知识

任务要求

1. 知悉财产清查的概念、种类与范围
2. 了解财产清查的意义

知识储备

一天，公司总经理突然问会计小王，我们还有多少存货？数字准确吗？

本任务将告诉您如何解决总经理提出的问题。

一、财产清查的概念

企业的财产物资和货币资金，由于在管理过程及业务经营中，可能产生收发商品数量、金额的错误，检验计量不准或保管、销售、运输过程中的自然升溢、损耗等原因，而发生账实不符的现象，这不仅影响会计核算质量，还可能会给本单位带来不应有的损失。因此，为了正确掌握各项财产物资的真实情况，保证会计资料的准确性，必须在账簿记录的基础上运用财产清查这一会计核算方法，对本单位各项财产物资、货币资金等进行定期或不定期的清查，使账簿资料与实存数额相一致，保证会计资料的真实性。

财产清查是指通过对货币资金、实物资产和往来款项的盘点或核对，确定其实存数，查明账存数与实存数是否相符的一种专门方法。

二、财产清查的意义

财产清查，对于加强企业管理、充分发挥会计的监督作用具有重要意义，概括起来见表7-1。

表 7-1　财产清查的意义

关键词	基本内容
确保会计资料真实可靠	可以查明各项财产物资的实存数。将实存数与账存数进行核对，如果发现不符，确定盘盈或盘亏数，及时调整账簿记录，使得账实相符，以保证账簿记录的真实正确，为经济管理提供可靠的数据资料
保护财产物资的安全完整	财产清查是会计核算的一项专门方法，又是一项行之有效的会计监督措施。通过财产清查，发现财产管理上存在的问题，采取措施，不断改进财产物资管理工作，健全财产物资的管理制度，确保财产物资的安全、完整
促进财产物资的有效使用	可以查明财产物资的储备和利用情况。对储备不足的，应设法补充，保证生产需要；对积压、呆滞的，应及时处理，避免损失和浪费，以便充分发挥财产物资的潜力，提高其使用效能
确保财经纪律的贯彻执行	可以核查各单位财经纪律的遵守情况。查明有无积压浪费、偷税漏税等违纪情况，有无长期拖欠、无理拒付等不合理的债权债务关系，促进企业自觉遵守财经制度、维护财经纪律

三、财产清查的种类

实际经济活动中，企业进行财产清查的方法和手段多种多样。下面介绍财产清查的几种常见分类方法。

（一）按财产清查的范围和对象划分

财产清查按清查的范围和对象，可分为全面清查和局部清查，具体见表 7-2。

表 7-2　按财产清查的范围和对象划分

种类	全面清查	局部清查
定义	指对全部财产进行盘点和核对	指根据需要对一部分财产物资进行的清查
特点	范围广，参加的部门人员多，需要较长时间	范围小，内容少，涉及的人也少，但专业性较强
范围	企业编制年度会计报告前	各种存货、各类贵重物品、货币资金、债权、债务等
	单位撤销、分立、合并或改变隶属关系	有关保管人员调动
	开展清产核资	
	单位主要负责人调离工作	

（二）按财产清查的时间划分

财产清查按照清查的时间分，可分为定期清查和不定期清查，具体见表 7-3。

表 7-3 按财产清查的时间划分

种类	定期清查	不定期清查
定义	指根据管理制度的规定或预先计划安排的时间对财产所进行的清查	指根据需要所进行的临时清查
特点	清查的对象不确定，一般是在年末、季末或月末结账时进行	未规定好时间，如工作需要可随时进行
范围	企业编制年度报告前	更换出纳员时对库存现金、银行存款进行清查；更换仓库保管员时对其所保管的财产进行清查；发生自然灾害或意外时进行清查等

四、财产清查的范围

财产清查的范围相当广泛，包括本单位全部资产和权益。企业财产清查的范围具体见表 7-4。

表 7-4 企业财产清查的范围

类别	基本内容
货币资金	库存现金、银行存款和其他货币资金
存货	库存原材料、燃料、包装物、低值易耗品、库存商品、在产品、自制半成品、外购商品
固定资产	机器、厂房、办公设备、汽车以及在建工程物资
债权、债务	应收、应付、预收、预付等各种往来账款

任务二 理解财产物资的盘存制度

任务要求

1. 理解实地盘存制与永续盘存制的含义
2. 了解实地盘存制与永续盘存制的区别与适用范围

知识储备

什么是财产物资的盘存制度？盘存制度又有哪些呢？

企业财产物资的数量要靠盘存来确定，常用的盘存方法有实地盘存制和永续盘存制两种。对于财产物资的清查主要是确定各种财产物资的账面结存数量、账面结存金额与各项财产物资的实存数量、实存金额，以确定其账存与实存是否相符，所以对各项财产物资都必须从数量上和质量上进行清查。

一、实地盘存制

实地盘存制也称定期盘存制，是对各项财产物资平时在账簿中只登记增加数，不登记减少数，月末根据实地盘存的结存数来倒推当月财产物资的减少数，再据以登记有关账簿的一种方法。即：

本期发出数量=账面期初结存数量+本期账面增加合计数量−期末盘点实际结存数量

实地盘存制下账簿登记情况见表 7-5。

表 7-5　原材料明细账一

2017年		摘　要	收　入			发　出			结　存		
月	日		数量	单价	金额	数量	单价	金额	数量	单价	金额
4	1	上月结余							100	10	1 000
	5	购入	200	9	1 800						
	10	发出									
	17	购入	400	10	4 000						
	25	发出									
	30	合　计	600		5 800	450			250		

上表中采用实地盘存制，本期发出数 450 件等于账面期初结存数 100 件加上本期账面增加合计数 600 件再减去期末盘点实际结存数 250 件。因此采用实地盘存制，关键是确定期末财产物资的库存数量。

期末财产物资库存数量的确定，一般分为两个步骤：首先进行实地盘点，确定盘存数量，盘点的结果要填制盘存单，列明各种存货的盘存数量；其次调整盘存数量，即如果月末有已经销售但尚未提运出库的存货或已经提运出库但尚未当作销售入账的存货，都要进行调整，以确定实际库存数量。调整计算公式为：

实际库存数量=盘点数量+已提未销数量−已销未提数量

采用实地盘存制，核算工作比较简单。其缺点是无法结算出日常的账面余额，不能及时了解和掌握日常财产物资的账面结存额和财产物资的溢缺情况，且手续不严密，不利于管理。该制度一般适用于一些价值低、品种杂、进出频繁的商品或材料物资。

二、永续盘存制

永续盘存制也称账面盘存制，是对各项财产物资的增加或减少，都必须根据会计凭证逐笔或逐日在有关账簿中进行连续登记，并随时结算出该项物资结存数的一种方法。即：

账面期末数量=账面期初结存数量+本期账面增加合计数量 −本期账面发出合计数量

永续盘存制下账簿登记情况见表 7-6。

表 7-6 原材料明细账二

2017年		摘要	收入			发出			结存		
月	日		数量	单价	金额	数量	单价	金额	数量	单价	金额
4	1	上月结余							100	10	1 000
	5	购入	200	9	1 800				300		
	10	发出				200			100		
	17	购入	400	10	4 000				500		
	25	发出				150			350		
	30	合计	600		5 800	350			350		

采用永续盘存制，可随时反映出财产物资的收入、发出和结余情况，从数量和金额上进行双重控制，加强了对财产物资的管理，在实际工作中广泛应用该方法。其缺点是：在财产品种复杂、繁多的企业，其明细分类核算工作量较大。

采用这种制度，也可能发生账实不符的情况，如变质、损坏、丢失等，所以仍需对各种财产物资进行清查盘点，以查明账实是否相符和账实不符的原因。

需要指出的是，无论永续盘存制还是实地盘存制均需要进行实地盘点，但两者盘点的目的不同，前者是为了达到账实一致，后者是为了倒算出发出数。

财产物资账面结存金额是指各项财产物资的账面结存数量与财产物资的单位成本的乘积，即：

账面结存金额=该财产物资的单位成本×各项财产物资的账面结存数量

其中，该财产物资的单位成本可以采用先进先出法、加权平均法、个别计价法等进行计算。

任务三 学会财产清查方法

任务要求

1. 掌握库存现金的清查方法
2. 掌握银行存款的清查方法
3. 会编制银行存款余额调节表
4. 掌握实物资产的清查方法
5. 了解往来款项的清查方法

知识储备

领导要我们清查资产，可清查资产的具体方法有哪些呢？

财产清查面广量大，为了保证财产清查工作的质量，提高工作效率、达到财产清查的目的，确定各项财产清查的方法是很有必要的。由于企业各项财产物资的存在形态不同，其保管和使用情况也不一致，因此，财产清查的内容与方法也互不相同。

一、货币资金的清查方法

货币资金的清查主要包括对库存现金、银行存款和各种有价证券的清查。

（一）库存现金的清查

库存现金的清查，应采用实地盘点的方法。除现金出纳人员做到日清月结、账款相符外，单位还应组织清查人员对库存现金进行定期或不定期清查，确定库存现金的实存数，并且与库存现金日记账的账面余额核对，以查明账实是否相符和盈亏情况。

在进行库存现金清查时，为了明确经济责任，出纳员必须在场，在清查过程中不能用白条抵库，也就是不能用不具有法律效力的借条、收据等抵充库存现金。库存现金盘点后，应根据盘点的结果及与库存现金日记账核对的情况，填制“库存现金盘点报告表”。库存现金盘点报告表也是重要的原始凭证，它既起到确定实有数的作用，又起到实有数与账面数对比的作用，应正确填写。“库存现金盘点报告表”应由盘点人和出纳员共同签章方能生效。“库存现金盘点报告表”的一般格式见表 7-7。

表 7-7　库存现金盘点报告表

年　月　日

实存金额	账存金额	对比结果		备注
		盘盈	盘亏	

盘点人（签章）：　　　　　　　　出纳员（签章）：

（二）银行存款的清查

1. 银行存款的清查方法

银行存款的清查与库存现金的清查方法不同，不采用实地盘点法，而是采用对账单法。银行存款清查的对账单法，是指企业将其银行存款日记账与开户银行开给该企业的对账单进行逐笔核对，查明有无未达账项及其具体情况的财产清查方法。企业在采用对账单法进行银行存款清查之前，应先检查本企业银行存款记录的完整性和余额；然后，将银行开出的对账单上所记录的银行存款收付记录与本企业银行存款日记账中登记的收付记录逐笔核对，查明银行存款的实有数额。

2. 未达账项

实际工作中，企业的银行存款日记账的余额与对账单的余额往往不一致。这种不一致的原因，一是由于企业与开户银行双方或其中某一方记账有错误；二是存在未达账项。所谓未达账项是指企业与银行之间对于同一项业务，由于取得凭证的时间不同，而发生的一方已取得凭证并登记入账，但另一方由于尚未取得凭证而尚未入账的款项。

未达账项一般有以下四种类型，具体见表 7-8。

表 7-8 未达账项类型及举例

类型	举例
企业已收款记账、银行尚未收款记账	企业销售产品收到支票，送存银行后即可根据银行盖章、退回的“进账单”回单联登记银行存款的增加，而银行要待款项实际收妥后才能登记企业银行存款的增加
企业已付款记账、银行尚未付款记账	企业开出一张支票支付购货款，企业可以根据支票存根等凭证登记企业银行存款的减少，而此时银行由于尚未接到支付款项的凭证未登记企业银行存款的减少
银行已收款记账、企业尚未收款记账	外地某单位给企业汇来款项，银行收到汇款后登记企业银行存款的增加，而企业此时尚未收到汇款凭证未记银行存款的增加
银行已付款记账、企业尚未付款记账	银行代企业支付款项，银行已取得支付款项的凭证并登记企业银行存款的减少，而企业此时尚未收到凭证未登记银行存款的减少

上述任何一种未达账项存在，都会使企业银行存款日记账账面余额与银行对账单余额不符。因此，在核查时若双方账上没有漏记、错记的业务，应注意有无未达账项。如果发现存在未达账项，必须根据未达账项及有关数据编制“银行存款余额调节表”，对企业和开户银行双方的银行存款账面余额进行调整，以消除未达账项的存在对企业银行存款日记账账面余额和银行对账单余额的影响。

3．编制银行存款余额调节表

“银行存款余额调节表”是为了核对企业与其开户银行双方记录的企业银行存款账面余额而编制，列示双方未达账项的一种表格。现举例说明其格式和编制方法如下：

【例 7-1】 某企业 2017 年 6 月 25 日～30 日银行存款日记账和银行提供的对账单见表 7-9 和表 7-10。

表 7-9 银行存款日记账

存款种类：基本存款户　　　　第×页

2017年		凭证		摘要	结算凭证		收入	支出	借或贷	结余	√
月	日	种类	号数		种类	号数					
6	25	银收	8	销售产品	托收	4333	20000		借	150000	
	25	银付	11	采购A材料	转支	5170		24000	借	126000	
	26	银付	12	采购运费	转支	5171		1000	借	125000	
	27	银付	13	提现	现支	4293		20180	借	104820	
	27	银付	14	支付办公费	转支	5172		720	借	104100	
	28	银收	9	收前欠货款	电汇		11200		借	115300	
	29	银收	10	销售乙产品	转支	6688	21600		借	136900	
	30	银付	15	付保险费	现支	4294		8400	借	128500	

表 7-10　银行对账单

户名：某企业　　　　　　　　　　　　　　　　　　　　　　　　　　　　账号：0011233

2017年		结算凭证			存入	支出	结余
月	日	现金支票	转账支票	其他			
6	24			托收	20 000		150 000
	25		5 170			24 000	126 000
	26		5 171			1 000	125 000
	27	4 293				20 180	104 820
	27		5 172			720	104 100
	28			托收	37 000		141 100
	28			电汇	11 200		152 300
	30			委托付款		14 500	137 800

该企业“银行存款日记账”期末余额为 128 500 元，银行对账单上余额为 137 800 元。经逐笔核对，查明有以下未达账项：

（1）该企业销售乙产品收到货款 21 600 元（转账支票）；银行尚未收到单据，没有入账。

（2）该企业支付保险费 8 400 元（现金支票）；银行尚未收到单据，没有入账。

（3）银行代企业收到托收款项 37 000 元，已划入企业存款账户；企业尚未收到有关凭证，没有入账。

（4）银行代企业支付 14 500 元，已从企业存款账划出；企业尚未收到有关凭证，没有入账。

根据上述资料，编制“银行存款余额调节表”，见表 7-11。

表 7-11　银行存款余额调节表

2017 年 6 月 30 日　　　　　　　　　　　　　　　　单位：元

项目	金额	项目	金额
企业银行存款日记账余额	128 500	银行对账单余额	137 800
加：银行已收、企业未收	37 000	加：企业已收、银行未收	21 600
减：银行已付、企业未付	14 500	减：企业已付、银行未付	8 400
调节后存款余额	151 000	调节后存款余额	151 000

经过银行存款余额调节表调节后，如果双方的余额相等，则表明双方记账基本正确，而这个相等的金额表示企业可动用的银行存款实有数；若不符，则表示本单位及开户银行的一方或双方存在记账错误，应进一步查明原因，采用正确的方法进行更正。

需要注意的是，企业不应该也不需要根据调节的余额调整银行存款日记账的余额，银行存款余额调节表不能作为记账的原始依据。对于银行已入账而企业尚未入账的未达账项，企业应在收到有关结算凭证后再进行有关账务处理。

二、实物的清查方法

不同种类财产物资的实物形态、重量、体积、堆放的方式各不相同，清查的方法也不尽相同。实物资产清查时，实物资产的保管员必须在场，并参加盘点工作。常见的盘点方法见表 7-12。

表 7-12 实物资产清查方法

方 法	内 容	适用范围	特 点
实地盘点法	指在财产物资存放现场逐一清点数量或用计量仪器确定其实存数的方法	适用范围较广	工作量大，如以件或台为计量单位的产成品或机器设备，可以通过点数的方法确定实有数；又如以千克、吨等为计量单位的材料，则可以通过过秤来确定其实有数
技术推算法	指利用技术方法推算财产物资实存数的方法	适应于那些大量成堆、价廉笨重且不能逐项清点的物资，如露天堆放的煤、砂石、焦炭等	使用这种方法时，必须做到测定标准重量比较准确，整理后的形状符合规定要求

对财产物资实物数量的清查是一方面，还应对财产物资实物的质量进行核查。在核查实物质量时，根据其特点可以采用物理或化学的方法进行检验。

为了明确经济责任，各项财产物资盘点结果，应如实登记在盘存单上，并由盘点人员和实物保管人员同时签章，作为各项财产物资实存数额的书面证明，其格式见表 7-13。

表 7-13 盘存单

单位名称： 盘点时间： 编号：

财产类别： 存放地点：

序 号	名 称	规 格	计量单位	实存数量	单 价	金 额	备 注

盘点人（签章）： 保管人（签章）：

盘点结束后，将“盘存单”的实存数额与账面结存数额核对。若发现某些财产物资账实不符，应填制“实存账存对比表”（也称“盘盈或盘亏报告表”），用以确定财产物资盘盈或盘亏的数额。“实存账存对比表”是财产清查的重要报表，是调整账簿记录的原始凭证，也是分析差异原因、明确经济责任的重要依据。其格式见表 7-14。

表 7-14 实存账存对比表

单位名称： 年 月 日 单位：元

序号	名称	规格	计量单位	单价	实存		账存		盘盈		盘亏		备注
					金额	数量	金额	数量	金额	数量	金额	数量	

盘点人（签章）： 会计（签章）：

三、往来款项的清查方法

往来款项是指单位与其他单位或个人之间的各种应收账款、应付账款、预收款项、预付款项及其他应收、应付的款项。为了保证往来款项账目的正确性，并促使及时清算，防止长期拖欠，应对往来款项及时清查。

往来款项的清查一般采取发函询证的方法进行核对，即派人或以通信的方式，向往来结算单位核实账目。清查单位应在检查本单位各项往来款项正确性的基础上，按每一往来单位编制“往来款项对账单”一式两份，派人或发函送达对方。对方应在回单联上加盖公章退回，表示核对相符；如经核对不符，对方应在回单联上注明情况，或者另抄账单退回，以便进一步核对。核查过程中，如有未达账项，双方都应采用调节余额的方法，如有必要，可编制应收款项或应付款项余额调节表，核对是否相符。

往来款项清查结束后，应将清查结果编制“往来款项清查结果报告表”。对其中有财务纠纷的款项，以及无法收回或无法清偿的款项，应详细说明情况，报请财产清查小组或上级处理，以便尽快了结逾期的债权、债务。

往来款项清查结果经研究后，应按规定和批准意见处理。该收回的款项应积极催收，该归还的款项要及时归还；对有争议的账款要共同协商及时处理，不能协商解决的，可以通过法律途径进行调解或裁决；对确实无法收回或无法支付的款项应进行核销处理，但应在备查簿上进行记录。

任务四 学会处理财产清查的结果

任务要求

1. 了解财产清查结果的处理步骤
2. 了解财产清查结果核算的处理要求
3. 掌握库存现金清查结果的核算
4. 掌握存货清查结果的核算
5. 掌握固定资产清查结果的核算

知识储备

财产清查的结果出来了，有的账实相符，还有的资产不是多了就是少了，会计该怎么办呢？

某企业的副经理王某，将企业在用的机器设备出借给其亲属使用，但未办理任何手续。在年末进行的财产清查中清查人员发现少了一台设备，原值200 000元，已提折旧80 000元。经调查得知是王某借出，派人索要，对方称该设备已遗失。当问及王某的处理意见时，他建议按正常报废处理。王某的处理意见是否符合有关规定？企业应该怎样处理？

财产清查后，会出现两种可能，即账实相符或不相符，具体见表7-15。

表7-15 财产清查的结果

种类	特点
盘盈	实存数大于账存数
盘亏	实存数小于账存数
毁损	当实存数与账存数一致，但实存的财产物资有质量问题，不能按正常的财产物资使用

不论是盘盈，还是盘亏、毁损，都需要进行账务处理，调整账存数，使账存数与实存数一致，以保证账实相符。

一、财产清查结果的处理步骤

对于财产清查中发现的各种差异分两步进行处理：

（1）审批之前的处理。财产清查中发现的盘盈、盘亏，在报经有关领导审批之前，根据“盘存单”、“实存账存对比表”等已经查实的资料，编制会计分录，在账簿上如实反映，使各项财产物资的账存数同实存数完全一致。同时，查明原因，分清责任，根据企业的管理权限，将处理建议报股东会或董事会，或经理（厂长）会议或类似机构批准。

（2）审批之后的处理。经批准后根据差异发生的原因和批准处理意见进行差异处理，调整账项，并据以登记有关账簿。

在财产清查中，如果发现某项财产物资由于计量不准、手续不完备等造成实存数大于账面数的差额，称为盘盈；如果发现某项财产物资由于计量不准，自然灾害等原因造成实存数小于账面数的差额，称为盘亏或毁损。

二．财产清查结果处理的要求

对财产清查的结果，应以国家的有关法规、制度为依据，严肃认真地处理。具体要求如下：

1．分析产生差异的原因和性质，提出处理建议

财产清查所发现的实存数量与账存数量的差异，应进行对比，核定其相差数额，然后调查并分析产生差异的原因，明确经济责任，提出处理意见，处理方案应按规定的程序报请审批。

2．积极处理多余、积压物资，清理往来款项

对于财产清查中发现的多余、积压物资，应分别不同情况处理。属于盲目采购或者盲目生产等原因造成的积压，一方面积极利用或者改造出售，另一方面要停止采购或生产。

3．总结经验教训，提出改进措施，建立健全各项管理制度

财产清查后，要针对存在的问题和不足，总结经验教训，采取必要的措施，建立健全财产管理制度，进一步提高财产管理水平。

4．根据清查结果，调整账簿记录，做到账实相符

对于财产清查中发现的盘盈或盘亏，应及时调整账面记录，以保证账实相符。要根据清查中取得的原始凭证编制记账凭证，登记有关账簿，使各种财产物资的账存数与实存数相一致，同时反映待处理财产损溢的发生额。

任务五　核算企业财产清查阶段业务

任务要求

1. 了解对财产清查结果核算的账户设置
2. 核算企业财产清查结果

知识储备

企业处在财产清查阶段过程中会发生哪些业务活动？核算的内容是什么？

财产清查阶段是企业通过对本企业各项财产物资、现金的实地盘点，以及对银行存款、债权债务等往来款项的核对，查明某一时点的实际结存数与账面余额数是否相符，即账实是否相符的阶段。在财产清查的过程中，会发现企业在财产管理、保管、会计核算工作中做得不够完善、健全的地方及存在的问题。在清查之后，企业应按照规定的程序、手续，对清查结果进行严肃认真地总结和处理。财产清查结果处理核算的主要内容包括：库存现金、存货和固定资产发生盘盈、盘亏时的核算以及批准处理后的核算。

一、财产清查结果核算的账户设置

为了记录、反映财产物资的盘盈、盘亏和毁损情况，应设置“待处理财产损溢”账户，在该账户下设置“待处理固定资产损溢”和“待处理流动资产损溢”两个明细账户。“待处理财产损溢”账户属于双重性质账户，借方用来登记各项财产物资发生的盘亏、毁损数和经批准处理盘盈财产物资的转销数；贷方登记各项财产物资发生的盘盈数和经批准处理的盘亏、毁损财产物资转销数；期末如为借方余额，表示尚待处理的净损失，如为贷方余额，表示尚待处理的净溢余。对于等待批准处理的财产盘盈、盘亏，会计期末前应处理完毕。期末，该账户无余额。“待处理财产损溢”账户的基本结构如图 7-1 所示。

借方　　待处理财产损溢	贷方
发生额：财产物资发生盘亏、毁损数或经批准转销的盘盈数	发生额：财产物资盘盈数或经批准转销的盘亏、毁损数

图 7-1　待处理财产损溢账户结构

二. 财产清查结果的核算举例

企业财产清查阶段业务的主要内容有库存现金，存货和固定资产的盘盈、盘亏等核算的会计处理。

1. 库存现金盘盈、盘亏的核算

对库存现金清查的结果，应分别情况处理：如属于违反库存现金管理的有关规定，应及

时予以纠正。如属于账实不相符，应查明原因，并将短款或长款先记入“待处理财产损溢”科目。待查明原因后分别情况处理：

（1）属于记账差错的应及时予以更正。

（2）无法查明原因的长款应计入营业外收入；无法查明原因的短款应计入管理费用。

（3）由出纳人员失职造成的短款应由出纳人员赔偿，计入其他应收款。

【例7-2】 2017年12月20日，深电电子有限公司在财产清查中，发现库存现金溢余50元。原始凭证见表7-16。

表7-16 库存现金盘点报告表

库存现金盘点报告表

2017年12月20日

实存金额	账存金额	对比结果		备注
		盘盈	盘亏	
1250	1200	50		原因待查

盘点人（签章）： 出纳员（签章）：

账户分析如图7-2所示：

借方 待处理财产损溢	贷方
财产物资发生盘亏、毁损数或经批准转销的盘盈数	财产物资发生盘盈数 50
尚待处理的财产物资的净损失数	尚待处理的财产物资的净溢余数

↔

借方 库存现金	贷方
现金的增加额 50	现金的减少额
库存现金的实有数额	

图7-2 库存现金盘盈账户分析表

编制会计分录如下：

借：库存现金 50

贷：待处理财产损溢——待处理流动资产损溢 50

编制记账凭证见表7-17：

表7-17 库存现金盘盈的记账凭证

收 款 凭 证

借方科目：库存现金　　日期：2017年12月20日　　现收字第1号

对方单位（或领款人）	摘要	贷方科目		金额										记账
		总账科目	明细科目	千	百	十	万	千	百	十	元	角	分	√
	盘盈现金	待处理财产损溢	待处理流动资产损溢							5	0	0	0	
本凭证附件														
附件 1张		合计金额							¥	5	0	0	0	

会计主管：李想　　记账：郭维　　稽核：沈慎　　出纳：钱途　　制单：钱途

【例 7-3】 2017 年 12 月 31 日，公司在财产清查中，发现库存现金短缺 200 元。原始凭证见表 7-18。

表 7-18 库存现金盘点报告表

库存现金盘点报告表

2017 年 12 月 31 日

实存金额	账存金额	对比结果		备注
		盘盈	盘亏	
640	840		200	原因待查

盘点人（签章）： 出纳员（签章）：

账户分析如图 7-3 所示：

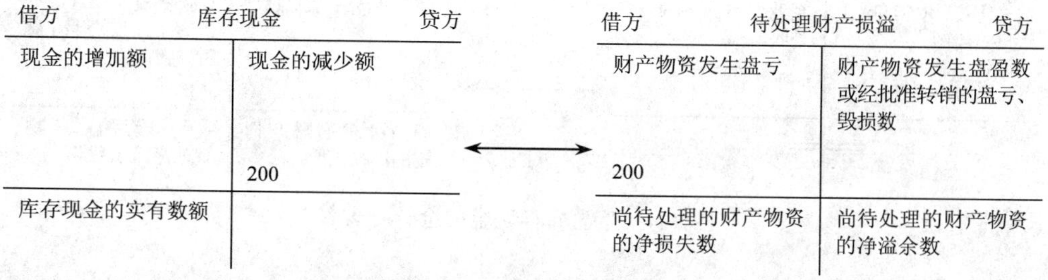

借方	库存现金	贷方
现金的增加额	现金的减少额 200	
库存现金的实有数额		

↔

借方	待处理财产损溢	贷方
财产物资发生盘亏 200	财产物资发生盘盈数或经批准转销的盘亏、毁损数	
尚待处理的财产物资的净损失数	尚待处理的财产物资的净溢余数	

图 7-3 库存现金盘亏的账户分析

编制会计分录如下：

借：待处理财产损溢——待处理流动资产损溢 200

贷：库存现金 200

编制记账凭证见表 7-19：

表 7-19 库存现金盘亏的记账凭证

付 款 凭 证

贷方科目：库存现金 日期：2017 年 12 月 31 日 现付字第 4 号

对方单位（或领款人）	摘要	借方科目		金额										记账
		总账科目	明细科目	千	百	十	万	千	百	十	元	角	分	√
	盘亏现金	待处理财产损溢	待处理流动资产损溢						2	0	0	0	0	
附件 1 张		合计金额						¥	2	0	0	0	0	

会计主管：李想 记账：郭维 稽核：沈慎 出纳：钱途 制单：钱途

【例 7-4】 2017 年 12 月 31 日，公司对库存现金溢余和短缺处理意见如下。

财产清查结果处理决定

财务科：

财产清查结果处理决定如下：

库存现金长款转作营业外收入，库存现金短缺中100元应由出纳员钱途赔偿，另外100元计入管理费用。

深电电子有限公司（盖章）

2017年12月31日

账户分析如图7-4和图7-5所示：

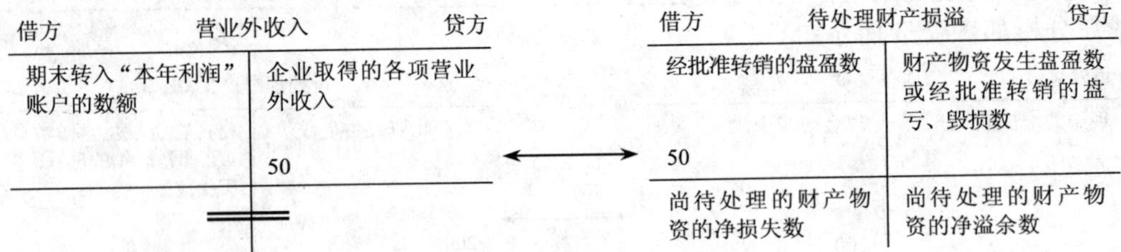

图7-4 盘盈库存现金的会计处理

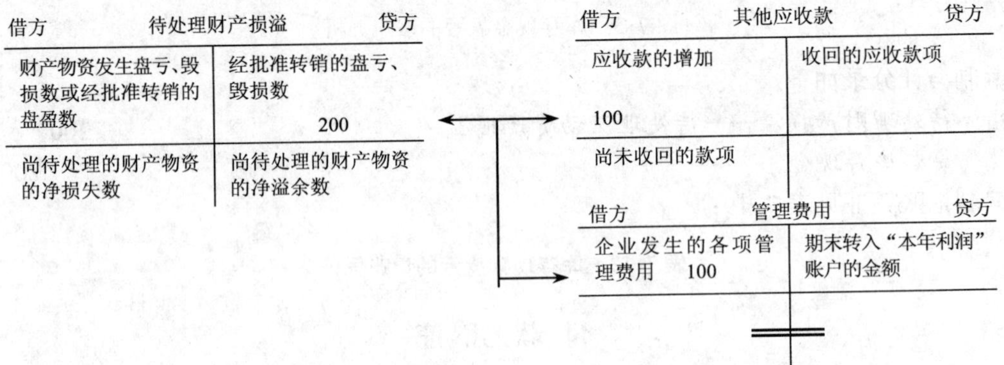

图7-5 盘亏的库存现金的会计处理

编制会计分录如下：

处理盘盈

借：待处理财产损溢——待处理流动资产损溢 50

贷：营业外收入 50

处理盘亏

借：其他应收款——钱途 100

管理费用 100

贷：待处理财产损溢——待处理流动资产损溢 200

编制记账凭证见表7-20和表7-21。

表 7-20 盘盈库存现金的记账凭证

转 账 凭 证

分号____

日期：2017 年 12 月 31 日

总号 23

摘 要	总 账 科 目	明 细 科 目	借 方 金 额										贷 方 金 额										记 账
			千	百	十	万	千	百	十	元	角	分	千	百	十	万	千	百	十	元	角	分	√
盘盈现金处理	待处理财产损溢	待处理流动资产损溢							5	0	0	0											
附件包括转 24	营业外收入																		5	0	0	0	
本凭证附件																							
附件 1 张	合 计							¥	5	0	0	0						¥	5	0	0	0	

会计主管：李想　　记账：郭维　　复核：苏琪　　制单：钱途

表 7-21 盘亏库存现金的记账凭证

转 账 凭 证

分号____

日期：2017 年 12 月 31 日

总号 24

摘 要	总 账 科 目	明 细 科 目	借 方 金 额										贷 方 金 额										记 账
			千	百	十	万	千	百	十	元	角	分	千	百	十	万	千	百	十	元	角	分	√
盘亏现金处理	其他应收款	钱途						1	0	0	0	0											
	管理费用							1	0	0	0	0											
	待处理财产损溢	待处理流动资产损溢																2	0	0	0	0	
附件见转 23 张	合 计						¥	2	0	0	0	0					¥	2	0	0	0	0	

会计主管：李想　　记账：郭维　　复核：苏琪　　制单：钱途

2．存货盘盈、盘亏和毁损的核算

（1）存货盘盈的核算。根据《企业会计准则》的规定，企业盘盈的各种材料、库存商品等存货，经查明是由于收发计量或核算上的误差等原因造成的，应及时办理存货入账的手续，调整存货的账面数，按盘盈存货的计划成本或估计成本记入“待处理财产损溢”账户。经有关部门批准后，再冲减管理费用。

（2）存货盘亏和毁损的核算。企业财产清查中发现的存货盘亏和毁损，在报经批准前，应按其实际成本转入待处理财产损溢，贷记存货类账户。报经批准以后，再根据造成盘亏和毁损的原因，分别以下情况进行处理：属于自然损耗产生的定额损耗，经批准后转作管理费用；属于计量收发差错或管理不善等原因造成的超定额损耗，先扣除残料价值和过失人的赔偿，然后将净损失计入管理费用；属于自然灾害或意外事故造成的存货毁损，应先扣除残料价值和可以收回的保险赔偿，然后将净损失转作营业外支出。

【例 7-5】 2017 年 12 月 31 日，公司盘点财产物资，发现盘盈丙材料 0.375 千克，实际总成本 150 元，原因不明；盘亏甲材料 0.5 千克，实际总成本 25 元，丁材料 0.7 千克，实际总成本 1 400 元。原始凭证见表 7-22。

表 7-22 原材料盘点盈亏报告表

原材料盘点盈亏报告表

单位名称： 2017 年 12 月 31 日

序号	名称	规格	计量单位	单价	实存		账存		盘盈		盘亏		备注
					数量	金额	数量	金额	数量	金额	数量	金额	
1	甲		千克								0.5	25	
2	丙		千克						0.375	150			
3	丁		千克								0.7	1 400	

盘点人（签章）： 会计（签章）：

账户分析如图 7-6 和图 7-7 所示：

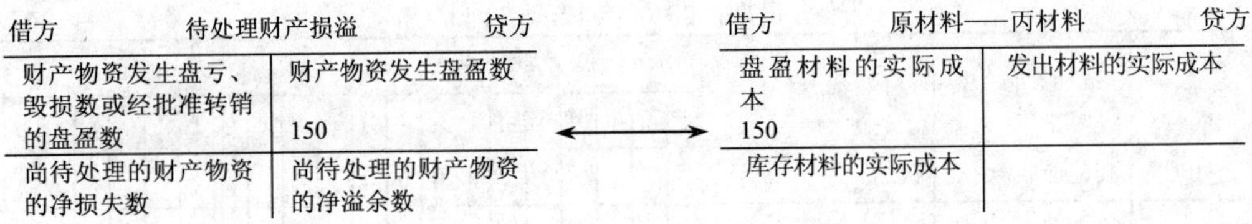

借方	待处理财产损溢 贷方
财产物资发生盘亏、毁损数或经批准转销的盘盈数	财产物资发生盘盈数 150
尚待处理的财产物资的净损失数	尚待处理的财产物资的净溢余数

借方	原材料——丙材料 贷方
盘盈材料的实际成本 150	发出材料的实际成本
库存材料的实际成本	

图 7-6 盘盈原材料账户分析

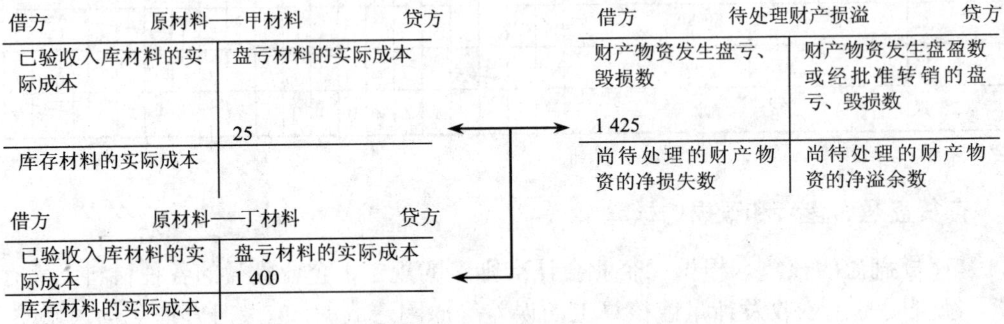

借方	原材料——甲材料 贷方
已验收入库材料的实际成本	盘亏材料的实际成本 25
库存材料的实际成本	

借方	原材料——丁材料 贷方
已验收入库材料的实际成本	盘亏材料的实际成本 1 400
库存材料的实际成本	

借方	待处理财产损溢 贷方
财产物资发生盘亏、毁损数 1 425	财产物资发生盘盈数或经批准转销的盘亏、毁损数
尚待处理的财产物资的净损失数	尚待处理的财产物资的净溢余数

图 7-7 盘亏原材料账户分析

编制会计分录如下：

借：原材料——丙材料 150

贷：待处理财产损溢——待处理流动资产损溢 150

借：待处理财产损溢——待处理流动资产损溢 1 425

贷：原材料——甲材料 25

——丁材料 1 400

编制记账凭证见表 7-23 和表 7-24：

表 7-23 盘盈原材料的记账凭证

转 账 凭 证

分号____

日期：2017 年 12 月 31 日

总号 25

摘 要	总账科目	明细科目	借方金额										贷方金额										记 账
			千	百	十	万	千	百	十	元	角	分	千	百	十	万	千	百	十	元	角	分	√
盘盈材料	原材料	丙材料						1	5	0	0	0											
附件包括转 26	待处理财产损溢	待处理流动资产损溢																1	5	0	0	0	
本凭证附件																							
附件 1 张	合 计						¥	1	5	0	0	0					¥	1	5	0	0	0	

会计主管：李想　　记账：郭维　　复核：苏琪　　制单：钱途

表 7-24 盘亏原材料的记账凭证

转 账 凭 证

分号____

日期：2017 年 12 月 31 日

总号 26

摘 要	总账科目	明细科目	借方金额										贷方金额										记 账
			千	百	十	万	千	百	十	元	角	分	千	百	十	万	千	百	十	元	角	分	√
盘亏材料	待处理财产损溢	待处理流动资产损溢					1	4	2	5	0	0											
	原材料	甲材料																	2	5	0	0	
		丁材料															1	4	0	0	0	0	
附件见转 25 张	合 计					¥	1	4	2	5	0	0				¥	1	4	2	5	0	0	

会计主管：李想　　记账：郭维　　复核：苏琪　　制单：钱途

【例 7-6】 2017 年 12 月 31 日，经公司批准，上述盘盈盘亏的材料物资批复意见如下。

材料物资清查结果处理决定

财务科：

材料物资清查结果处理决定如下：

1. 盘盈丙材料属于计量差错，应冲减管理费用。
2. 盘亏甲材料属于自然损耗产生的定额内损耗。
3. 盘亏丁材料系管理不善造成的毁损，预计可收回残料 400 元，向保管人员索赔 100 元。

深电电子有限公司（盖章）

2017 年 12 月 31 日

账户分析如图 7-8 和图 7-9 所示。

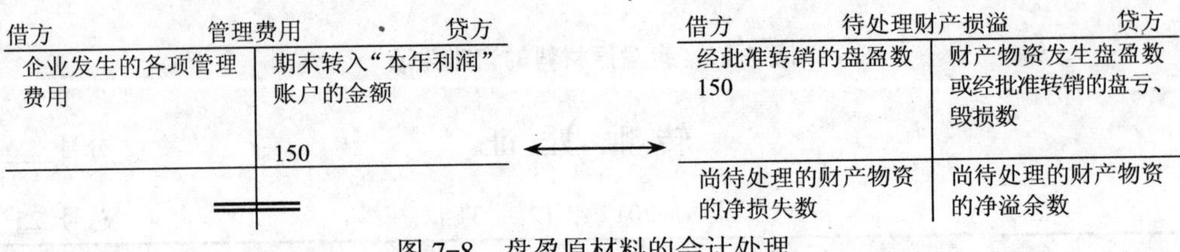

图 7-8 盘盈原材料的会计处理

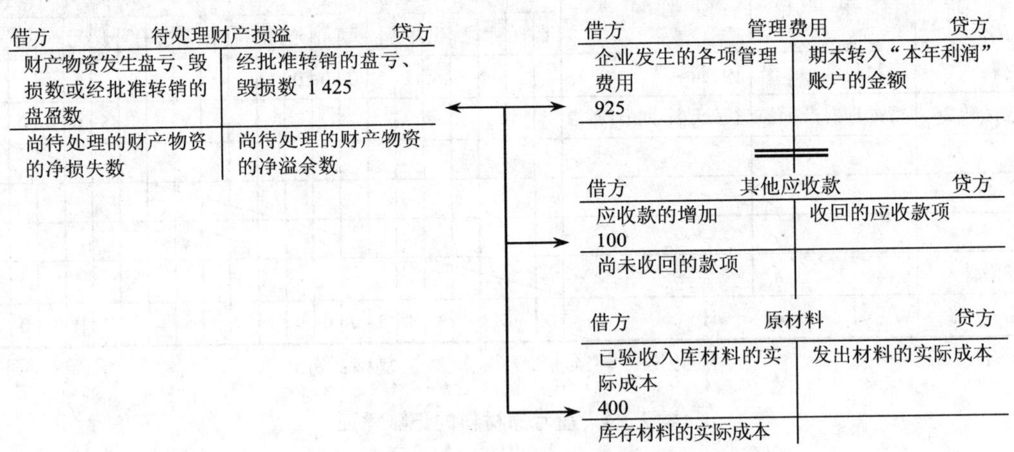

图 7-9 盘亏原材料的会计处理

编制会计分录如下：

处理盘盈

借：待处理财产损溢——待处理流动资产损溢 150

  贷：管理费用 150

处理盘亏

借：管理费用 925

  其他应收款 100

  原材料 400

  贷：待处理财产损溢——待处理流动资产损溢 1 425

编制记账凭证见表 7-25 和表 7-26。

表 7-25 盘盈原材料的记账凭证

转 账 凭 证

分号____

日期：2017 年 12 月 31 日 总号 27

摘要	总账科目	明细科目	借方金额										贷方金额										记账
			千	百	十	万	千	百	十	元	角	分	千	百	十	万	千	百	十	元	角	分	√
盘盈材料处理	待处理财产损溢	待处理流动资产损溢						1	5	0	0	0											
附件包括转 28	管理费用																	1	5	0	0	0	
本凭证附件																							
附件 1张	合计						¥	1	5	0	0	0					¥	1	5	0	0	0	

会计主管：李想 记账：郭维 复核：苏琪 制单：钱途

表 7-26　盘亏原材料的记账凭证

转 账 凭 证

分号____

日期：2017 年 12 月 31 日　　　　总号 28

摘　要	总账科目	明细科目	借方金额										贷方金额										记账
			千	百	十	万	千	百	十	元	角	分	千	百	十	万	千	百	十	元	角	分	√
盘亏材料处理	管理费用							9	2	5	0	0											
	其他应收款							1	0	0	0	0											
	原材料							4	0	0	0	0											
	待处理财产损溢	待处理流动资产损溢															1	4	2	5	0	0	
附件见转　27 张	合　计					¥	1	4	2	5	0	0				¥	1	4	2	5	0	0	

会计主管：李想　　记账：郭维　　复核：苏琪　　制单：钱途

3．固定资产盘盈和盘亏的核算

（1）固定资产盘盈的核算。对于企业在清查中盘盈的固定资产，应作为前期差错处理。

（2）固定资产盘亏的核算。企业发生固定资产盘亏时，按盘亏固定资产的净值，借记“待处理财产损溢”账户，按已计提的累计折旧，借记“累计折旧”账户，按固定资产的原价，贷记“固定资产”账户。报经批准转销后转入“营业外支出”账户的借方。

【例 7-7】 2017 年 12 月 31 日，公司盘点固定资产，发现盘亏一台电动机。原始凭证见表 7-27。

表 7-27　固定资产盘点盈亏报告表

固定资产盘点盈亏报告表

部门：99 型车间　　　　清查日期：2017 年 12 月 31 日

设备编号	设备名称	设备型号	数　量	盘　盈		盘　亏		备　注
				重置价值	估计折旧	原　值	累计折旧	
0015	电动机	DA11R	1 台			2 500	2 000	
合　计						2 500	2 000	

车间主任：　　　　清查人员（签章）：

账户分析如图 7-10 所示：

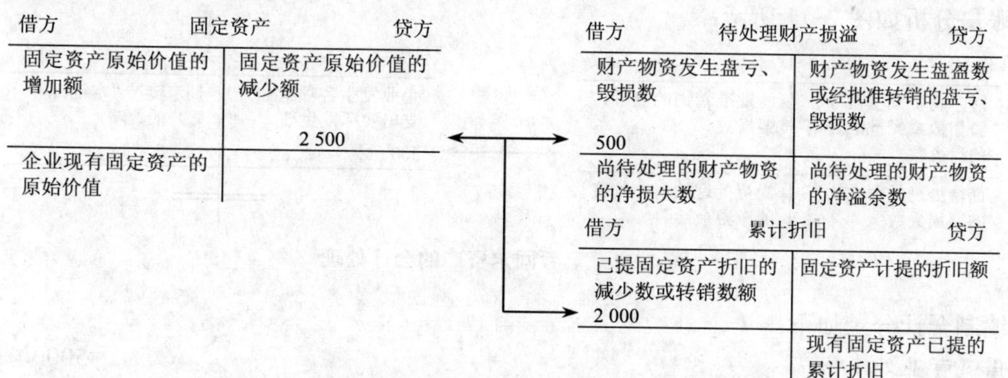

图 7-10　固定资产盘亏的账户分析

编制会计分录如下：

借：待处理财产损溢——待处理固定资产损溢　　500

　　累计折旧　　2 000

　　贷：固定资产　　2 500

编制记账凭证见表 7-28：

表 7-28　固定资产盘亏的记账凭证

转 账 凭 证

分号____

日期：2017 年 12 月 31 日

总号 29

摘要	总账科目	明细科目	借方金额										贷方金额										记账
			千	百	十	万	千	百	十	元	角	分	千	百	十	万	千	百	十	元	角	分	√
盘亏电动机	待处理财产损溢	待处理固定资产损溢						5	0	0	0	0											
	累计折旧						2	0	0	0	0	0											
	固定资产																2	5	0	0	0	0	
附件 1 张	合计					¥	2	5	0	0	0	0				¥	2	5	0	0	0	0	

会计主管：李想　　记账：郭维　　复核：苏琪　　制单：钱途

【例 7-8】 2017 年 12 月 31 日，处理盘亏电动机。

财产物资清查结果处理决定

财务科：

盘亏电动机损失列入营业外支出。

深电电子有限公司（盖章）

2017年12月31日

账户分析如图 7-11 所示：

借方　待处理财产损溢	贷方
财产物资发生盘亏、毁损数或经批准转销的盘盈数	经批准转销的盘亏、毁损数 500
尚待处理的财产物资的净损失数	尚待处理的财产物资的净溢余数

↔

借方　营业外支出	贷方
企业发生各项营业外支出实际发生数 500	期末转入“本年利润”账户的数额

图 7-11　盘亏固定资产的会计处理

编制会计分录如下：

借：营业外支出　　500

　　贷：待处理财产损溢——待处理固定资产损溢　　500

编制记账凭证见表 7-29：

表 7-29　盘亏固定资产的记账凭证

转 账 凭 证

分号____

日期：2017 年 12 月 31 日　　总号 30

摘　要	总账科目	明细科目	借方金额										贷方金额										记　账
			千	百	十	万	千	百	十	元	角	分	千	百	十	万	千	百	十	元	角	分	√
盘亏电动机处理	营业外支出							5	0	0	0	0											
	待处理财产损溢	待处理固定资产损溢																5	0	0	0	0	
附件 1 张	合　计						¥	5	0	0	0	0					¥	5	0	0	0	0	

会计主管：李想　　记账：郭维　　复核：苏琪　　制单：钱途

项目总结

财产清查是指通过对货币资金、实物资产和往来款项的盘点或核对，确定其实存数，查明账存数与实存数是否相符的一种专门方法。财产物资的盘存制度有永续盘存制和实地盘存制两种。财产清查按其清查的范围可分为全面清查和局部清查。由于企业各项财产物资的存在形态不同，其保管和使用情况也不尽一致。因此，财产清查的内容和方法也互不相同。财产清查工作结束后，应进一步核实财产清查中所发现的财产盘盈、盘亏数。同时，对已查明的各种财产盘盈、盘亏和毁损的原因，分清责任，根据有关制度提出处理意见，按规定的程序，报有关部门审批，并作出相应的账务处理。

项目八 财务会计报告 08

项目导航

学习目标

- 知悉财务会计报告的概念和种类
- 掌握资产负债表的编制方法
- 掌握利润表的编制方法

具体任务

任务一 知悉财务会计报告
任务二 学会编制资产负债表
任务三 学会编制利润表

任务一 知悉财务会计报告

任务要求

1. 知悉财务会计报告的概念
2. 知悉财务会计报告的内容
3. 知悉财务会计报表的种类

知识储备

一个企业的经营业绩如何？投资者和债权人通过什么样的途径来了解和把握企业的财务状况和经营成果呢？

前面各项目中我们带领大家学习了企业经济业务的核算、会计凭证的编制和会计账簿的登记，全面、系统地反映了企业的生产经营活动。然而，通过上述核算，在会计账簿中归集的信息是零星的、分散的，为了集中地向会计信息的使用者提供企业相关的财务信息，必须将分散在账簿中的资料进行归类、整理、分析，然后定期编制企业财务报表。

一、财务会计报告的概念和内容

财务会计报告是指企业根据经过审核的会计账簿记录和有关资料编制，并对外提供的反映企业某一特定日期财务状况和某一会计期间经营成果、现金流量等会计信息的文件。它是企业根据日常会计核算资料归集、加工和汇总后形成的，是企业会计核算的最终成果，也是会计核算工作的总结。

财务会计报告的目标，是向财务报告使用者提供与企业财务状况、经营成果和现金流量等有关的会计信息，反映企业管理层受托责任履行情况，有助于财务报告使用者作出经济决策。财务报告使用者通常包括投资者、债权人、政府及其有关部门和社会公众等。

财务会计报告包括会计报表及其附注和其他应当披露的相关信息和资料。会计报表是财务会计报告的核心，一套完整的财务会计报表至少应当包括下列组成部分：①资产负债表；②利润表；③现金流量表；④所有者权益变动表；⑤附注。

本项目主要介绍财务会计报表。

二、财务会计报表的种类

财务会计报表是财务会计报告的主要组成部分，财务会计报表可以按不同的标准划分类别。财务会计报表的种类见表 8-1。

表 8-1　财务会计报表的种类

划分标准	分　　类	具体内容
反映的经济内容	静态报表	综合反映企业某一特定日期资产、负债和所有者权益状况的报表，如资产负债表
	动态报表	综合反映企业一定期间的经营情况、现金流量情况的报表，如利润表、现金流量表
编制时期	年度财务报表	指企业每年末编制的财务报表，包括资产负债表、利润表、现金流量表和所有者权益变动表
	中期财务报表	中期财务会计报表是以短于一个完整会计年度的报表期间为基础编制的财务会计报表，包括月报、季报、半年报等，至少应当包括资产负债表、利润表、现金流量表和附注
服务对象	外部财务报表	指为满足企业外部投资者、债权人和政府部门了解企业财务状况和经营成果的需要而定期对外提供和发布的财务报表
	内部财务报表	指为满足企业内部经营管理的需要而定期报送企业内部管理者的财务报表
编制主体	个别财务报表	指由企业在自身会计核算基础上对账簿记录进行加工而编制的会计报表
	合并财务报表	指以母公司和子公司组成的企业集团为会计主体，根据母公司和所属子公司的会计报表，由母公司编制的综合反映企业集团财务状况、经营成果及现金流量的会计报表

任务二 学会编制资产负债表

任务要求

1. 知悉资产负债表的概念和格式
2. 掌握资产负债表中各项目金额的计算
3. 学会编制资产负债表

知识储备

资产负债表是反映企业财务状况的报表，也是投资者和债权人关注的报表，那这种表格该如何编制呢?

一、资产负债表的概述

（一）资产负债表的概念

资产负债表是指反映企业某一特定日期（月末、季末、年末）的财务状况的会计报表。它是根据“资产=负债+所有者权益”这一会计等式，按照一定的分类标准和顺序，将企业在一定日期的全部资产、负债和所有者权益项目进行适当分类、汇总、排列后编制而成的。

（二）资产负债表的格式

目前资产负债表格式主要有账户式和报告式两种。我国企业资产负债表采用账户式结构，一般格式见表8-2。

表8-2 资产负债表

编制单位： 年 月 日 单位：元

资 产	行 次	期末余额	年初余额	负债和所有者权益（或股东权益）	行 次	期末余额	年初余额
流动资产：				流动负债：			
货币资金				短期借款			
交易性金融资产				交易性金融负债			
应收票据				应付票据			
应收账款				应付账款			
预付账款				预收账款			
其他应收款				应付职工薪酬			
应收利息				应交税费			
应收股利				应付利息			

（续）

资　产	行　次	期末余额	年初余额	负债和所有者权益（或股东权益）	行　次	期末余额	年初余额
存货				应付股利			
一年内到期的非流动资产				其他应付款			
其他流动资产				一年内到期的非流动负债			
流动资产合计				其他流动负债			
非流动资产：				流动负债合计			
可供出售金融资产				非流动负债：			
持有至到期投资				长期借款			
长期应收款				应付债券			
长期股权投资				递延所得税负债			
固定资产				其他非流动负债			
在建工程				非流动负债合计			
工程物资				负债合计			
固定资产清理				所有者权益：			
无形资产				实收资本			
商誉				资本公积			
长期待摊费用				盈余公积			
递延所得税资产				未分配利润			
其他非流动资产				所有者权益合计			
非流动资产合计							
资产总计				负债和所有者权益总计			

账户式资产负债表分左右两方。左方为资产项目，大体按资产的流动性大小排列，流动性大的资产如“货币资金”“交易性金融资产”等排在前面，流动性小的资产如“长期股权投资”“固定资产”等排列在后面。右方为负债及所有者权益项目，一般按要求清偿时间的先后顺序排列，“短期借款”“应付票据”“应付账款”等需要在一年以内或者长于一年的一个正常营业周期内偿还的流动负债排在前面，“长期借款”等超过一年才需偿还的非流动负债排在中间，在企业清算之前不需要偿还的所有者权益项目排在后面。

账户式资产负债表中的资产各项目的合计等于负债和所有者权益各项目的合计，即资产负债表左方和右方平衡。因此，通过账户式资产负债表，可以反映资产、负债、所有者权益之间的内在关系，即“资产=负债+所有者权益”。

二、资产负债表的编制

由于资产负债表列示企业资产、负债和所有者权益三类账户的期末余额，所以，资产负债表是在会计期间终了时，由会计人员办理调整与结账之后，按总分类账户和有关明细分类账户上资产、负债和所有者权益三类账户的期末余额汇编而成。

（一）准备工作

在正式编制资产负债表以前应该做好准备工作，这些准备工作包括：

（1）编制有关资产、负债和所有者权益项目的期末调整会计分录，做好企业会计期末的转账工作。

（2）将本月所发生的会计事项和月末的调整事项依据会计分录登记入账。

（3）结算出各资产、负债和所有者权益账户的期末余额。

（二）编制方法

我国《企业会计准则》规定，会计报表应采取前后期对比的方式编制，所以，资产负债表由期末余额和年初余额两个栏目组成。

“年初余额”栏内各项数字，应根据上年末（12月31日）资产负债表的“期末余额”栏内数字填列。如果本年度资产负债表各项目的名称和内容与上年相比发生变动，应对上年年末资产负债表各项目的名称和数字按本年度的规定进行调整，按调整后的数字填入本表的“年初余额”栏内。

“期末余额”栏内各项数字则可为月末、季末或年末的数字，应根据会计账簿记录填列。其中大多数项目可以直接根据账户余额填列，少数项目则要根据账户余额进行分析、计算后才能填列。具体填列方法归纳起来主要有以下几种：

1. 根据某个总账账户的期末余额直接填列

在编制资产负债表时，根据有关账户余额直接填列到资产负债表中的有关项目中，包括：“应付职工薪酬”“应交税费”“应付股利”“短期借款”“实收资本”“资本公积”“盈余公积”等项目。一般情况下，资产类项目直接根据其总账账户的借方余额填列，负债类项目根据其总账账户的贷方余额填列。

需要注意的是，某些项目，如“应交税费”项目，是根据其总账账户的贷方期末余额直接填列的，但如果这些账户期末余额在借方，则以“–”号填列。

【例 8-1】 某企业 2017 年 9 月 1 日向银行借入 1 年期借款 230 000 元，11 月 1 日向其他金融机构借入半年期借款 240 000 元。（该企业此前短期借款无余额）

在资产负债表中，“短期借款”项目是根据“短期借款”账户余额直接填列，则：

该企业 2017 年 12 月 31 日的资产负债表中，“短期借款”项目的金额=230 000+240 000=470 000（元）。

【例 8-2】 某企业 2017 年 12 月 31 日“应付职工薪酬”账户借方余额 185 000 元。

在资产负债表中，“应付职工薪酬”项目是根据“应付职工薪酬”账户余额直接填列。因该账户是借方余额，则：该企业 2017 年 12 月 31 日的资产负债表中，“应付职工薪酬”项目的金额=–185 000（元）。

---

2. 根据若干个总账账户的期末余额分析计算填列

根据若干个总账账户的期末余额分析计算填列的项目主要有“货币资金”“存货”“未分配利润”等项目。

（1）“货币资金”项目，应根据“库存现金”“银行存款”和“其他货币资金”三个总账科目的期末余额合计数填列。

（2）“存货”项目，应根据“在途物资”“原材料”“库存商品”“生产成本”“周转材料”“委托加工物资”等账户期末余额合计减去“存货跌价准备”等账户期末余额后的金额填列。

（3）“未分配利润”项目，平时本项目应根据“本年利润”和“利润分配”账户的余额计算填列，未弥补的亏损，在本项目内以“–”号填列。“本年利润”和“未分配利润”的余额均在贷方的，用二者余额之和填列；余额均在借方的，将二者余额之和在本项目内以“–”号填列；二者余额一个在借方一个在贷方的，用二者余额互相抵减后的差额填列，如差额在借方则在本项目内以“–”号填列。

年度终了，该项目可以只根据“利润分配”账户的期末余额填列。余额在贷方的，直接填列；余额在借方的，在本项目内以“–”号填列。

【例 8-3】 某企业 2017 年 12 月 31 日结账后，“库存现金”账户余额为 12 000 元，“银行存款”账户余额为 450 000 元，“其他货币资金”账户余额为 150 000 元。

在资产负债表中，“货币资金”项目是根据“库存现金”“银行存款”和“其他货币资金”三个总账账户的余额加总后的金额填列，则：

该企业 2017 年 12 月 31 日的资产负债表中，“货币资金”项目的金额=12 000+450 000+150 000=612 000（元）。

3．根据有关总账所属明细账的期末余额分析计算填列

根据有关总账所属的明细账的期末余额分析计算填列的项目主要有“应收账款”“预付款项”“应付账款”“预收款项”等项目。

（1）“应收账款”项目，应根据“应收账款”账户及“预收账款”账户所属明细账的期末借方余额合计数，减去“坏账准备”账户中有关应收账款计提的坏账准备期末余额后的金额填列。

（2）“预付款项”项目，应根据“预付账款”账户及“应付账款”账户所属明细账的期末借方余额合计填列。

（3）“应付账款”项目，应根据“应付账款”账户及“预付账款”账户所属明细账的期末贷方余额合计填列。

（4）“预收款项”项目，应根据“预收账款”账户及“应收账款”账户所属明细账的期末贷方余额合计填列。

【例 8-4】 某企业 2017 年 12 月 31 日结账后，有关账户余额见表 8-3。

表 8-3 有关账户余额 单位：元

账户名称	明细账中的借方余额	明细账中的贷方余额
应收账款	1 500 000	100 000
预付账款	700 000	50 000
应付账款	300 000	1 700 000
预收账款	500 000	1 300 000

该企业 2017 年 12 月 31 日的资产负债表中，相关项目的金额为：

"应收账款"项目金额=1 500 000+500 000=2 000 000（元）

"预付款项"项目金额=700 000+300 000=1 000 000（元）

"应付账款"项目金额=1 700 000+50 000=1 750 000（元）

"预收款项"项目金额=1 300 000+100 000=1 400 000（元）

4. 根据有关总账及其明细账的期末余额分析计算填列

根据有关总账及其明细账的期末余额分析计算填列的项目有"长期应收款""长期待摊费用""长期借款""应付债券""长期应付款"等项目。如"长期借款"项目，应根据"长期借款"总账账户的期末余额扣除"长期借款"总账所属的明细账中反映的将于1年内（含1年）到期的长期借款部分分析计算填列；"应付债券"项目，应根据"应付债券"总账账户余额扣除"应付债券"总账所属明细账中将于1年内到期的部分填列。

【例8-5】 某企业2017年12月31日长期借款情况见表8-4。

表8-4 长期借款

借款起始日期	借款期限/年	金额/元
2016年1月1日	5	1 200 000
2017年1月1日	3	2 400 000
2014年8月1日	4	1 650 000

该企业"长期借款"总账账户余额=1 200 000+2 400 000+1 650 000=5 250 000（元），其中，将于1年内到期的长期借款为1 650 000元，应填列在流动负债下"1年内到期的非流动负债"项目中，则：

该企业2017年12月31日的资产负债表中，"长期借款"项目的金额=1 200 000+2 400 000=3 600 000（元）

5. 根据有关资产类账户与其备抵账户抵消后的净额填列

根据有关资产类账户与其备抵账户抵消后的净额填列的项目有"应收账款""其他应收款""存货""长期股权投资""固定资产""在建工程""无形资产"等项目。如"固定资产"项目，应根据"固定资产"账户余额减去"累计折旧""固定资产减值准备"等账户的期末余额后的金额填列。

【例8-6】 某企业2017年12月31日结账后，"固定资产"账户借方余额为1 200 000元，"累计折旧"账户贷方余额为80 000元，"固定资产减值准备"账户贷方余额为150 000元。

在资产负债表中，"固定资产"项目应当以"固定资产"账户余额减去"累计折旧"和"固定资产减值准备"两个备抵总账账户余额后的金额填列，则：

该企业2017年12月31日的资产负债表中，"固定资产"项目的金额=1 200 000–80 000–150 000=970 000（元）

【例8-7】根据项目五中任务一至任务六以及项目七中任务五的相关经济业务所涉及的账户发生额以及计算的期末余额，编制深电电子有限公司2017年12月份试算平衡表，见表8-5。

表 8-5 深电电子有限公司总账账户发生额、余额试算平衡表

账户名称	期初余额		本期发生额		期末余额	
	借方	贷方	借方	贷方	借方	贷方
库存现金	1 200		45 275	45 835	640	
银行存款	1 201 305		545 480	135 356.90	1 611 428.10	
其他货币资金						
应收票据			35 100		35 100	
应收账款	35 100		73 827		108 927	
预付账款			18 720	18 720	0	
其他应收款	1 800		2 550	900	3 450	
在途物资			39 090.90	39 090.90	0	
原材料	164 000		39 640.90	70 325	133 315.90	
周转材料	945				945	
库存商品	210 000		137 448.10	120 500	226 948.10	
生产成本	36 000		101 448.10	137 448.10	0	
制造费用			30 669.50	30 669.50	0	
待处理财产损溢			2 325	2 325	0	
固定资产	1 060 000		45 000	2 500	1 102 500	
累计折旧		120 000	2 000	7 590		125 590
工程物资	100 000		348 000		448 000	
短期借款		25 000		110 000		135 000
应付票据				4 680		4 680
应付账款		130 000	4 000	16 380		142 380
预收账款			14 040	14 040		0
应付职工薪酬			43 285	48 546.90		5 261.90
应交税费		23 825.50	6 311	168 195.88		185 710.38
应付利息		1 100		739.50		1 839.50
应付股利		36 000		192 815.52		228 815.52
长期借款		150 000				150 000
本年利润		300 000	641 340	341 340		0
实收资本		1 020 900		543 000		1 563 900
资本公积		500 000				500 000
盈余公积		403 524.50		31 736.78		435 261.28
利润分配		100 000	449 104.60	541 920.12		192 815.52
主营业务收入			327 200	327 200		
其他业务收入			9 900	9 900		
主营业务成本			120 500	120 500		
其他业务成本			9 000	9 000		
税金及附加			5 099.60	5 099.60		
营业外收入			4 240	4 240		
营业外支出			8 500	8 500		
所得税费用			105 789.28	105 789.28		
管理费用			24 493.80	24 493.80		
财务费用			739.50	739.50		
销售费用			50 000	50 000		
合计	2 810 350	2 810 350	3 290 117.28	3 290 117.28	3 671 254.10	3 671 254.10

【例 8-8】 承【例 8-7】根据试算平衡表，编制深电电子有限公司 2017 年 12 月份的资产负债表，见表 8-6。

表 8-6 资产负债表

编制单位：深电电子有限公司　　2017 年 12 月 31 日　　单位：元

资　　产	行　次	期末余额	年初余额	负债和所有者权益（或股东权益）	行　次	期末余额	年初余额
流动资产：				流动负债：			
货币资金		1 612 068.10		短期借款		135 000	
以公允价值计量且其变动计入当期损益的金融资产				以公允价值计量且其变动计入当期损益的金融负债			
应收票据		35 100		应付票据		4 680	
应收账款		108 927		应付账款		142 380	
预付款项				预收款项			
其他应收款		3 450		应付职工薪酬		5 261.90	
应收利息				应交税费		185 710.38	
应收股利				应付利息		1 839.50	
存货		361 209		应付股利		228 815.52	
一年内到期的非流动资产				其他应付款			
其他流动资产				一年内到期的非流动负债			
流动资产合计		2 120 754.10		其他流动负债			
非流动资产：				流动负债合计		703 687.30	
可供出售金融资产				非流动负债：			
持有至到期投资				长期借款		150 000	
长期应收款				应付债券			
长期股权投资				递延所得税负债			
固定资产		976 910		其他非流动负债			
在建工程				非流动负债合计		150 000	
工程物资		448 000		负债合计		853 687.30	
固定资产清理				所有者权益（或股东权益）：			
无形资产				实收资本（或股本）		1 563 900	
商誉				资本公积		500 000	
长期待摊费用				盈余公积		435 261.28	
递延所得税资产				未分配利润		192 815.52	
其他非流动资产				所有者权益合计		2 691 976.80	
非流动资产合计		1 424 910					
资产总计		3 545 664.10		负债和所有者权益总计		3 545 664.10	

任务三　学会编制利润表

任务要求

1. 知悉利润表的概念和格式
2. 熟悉利润表各项目金额的计算
3. 学会编制利润表

知识储备

利润表是反映经营成果的报表，也是投资者和债权人关注的报表，那如何编制利润表呢？

一、利润表概述

（一）利润表的概念

利润表是指反映企业一定期间经营成果的报表。它是以“收入–费用=利润”为依据编制。

（二）利润表的格式

利润表的格式，主要有单步式和多步式。按照《企业会计准则》的规定，我国企业的利润表采用多步式，一般格式见表 8-7。

表 8-7　利润表

编制单位：　　　　　　　　　　年　　月　　　　　　　　　　单位：元

项　目	行　次	本期金额	上期金额
一、营业收入			
减：营业成本			
税金及附加			
销售费用			
管理费用			
财务费用			
资产减值损失			
加：公允价值变动收益（损失以“–”号填列）			
投资收益（损失以“–”号填列）			
其中：对联营企业和合营企业的投资收益			
二、营业利润（亏损以“–”号填列）			
加：营业外收入			
减：营业外支出			
其中：非流动资产处置损失			
三、利润总额（亏损总额以“–”号填列）			
减：所得税费用			
四、净利润（净亏损以“–”号填列）			

多步式利润表的栏目分"本期金额"和"上期金额"两栏，纵向项目分为四个层次，各层次的关系及计算如下：

第一层次，营业收入。它是由主营业务收入和其他业务收入组成。

第二层次，营业利润。它以营业收入为基础，计算公式为：

营业利润=营业收入（主营业务收入+其他业务收入）–营业成本（主营业务成本+其他业务成本）–税金及附加–销售费用–管理费用–财务费用–资产减值损失+公允价值变动收益+投资收益

第三层次，利润总额。它以营业利润为基础，计算公式为：

利润总额=营业利润+营业外收入–营业外支出

第四层次，净利润。它以利润总额为基础，计算公式为：

净利润=利润总额–所得税费用

二、利润表的编制

利润表一般应根据期末结转前各损益类账户本期发生额分析计算填列，具体填列方法归纳起来有以下几种：

（一）收入类项目的填列

收入类项目大多是根据收入类账户期末结转前贷方发生额减去借方发生额后的差额填列，若差额为负数，以"–"号填列，如"公允价值变动收益""投资收益"等项目。但"营业收入"项目，应根据"主营业务收入"账户借贷方发生额的差额，加上"其他业务收入"账户的借贷方发生额的差额之和填列。

（二）费用类项目的填列

费用类项目大多是根据费用类账户期末结转前借方发生额减去贷方发生额后的差额填列，若差额为负数，以"–"号填列，如"税金及附加""销售费用""管理费用""财务费用""资产减值损失""营业外支出""所得税费用"等项目。但"营业成本"项目，应根据"主营业务成本"借贷方发生额的差额，加上"其他业务成本"账户的借贷方发生额的差额之和填列。

（三）自然计算项目的填列

利润表中有些项目，应通过表中有关项目自然计算后的金额填列。如"营业利润""利润总额""净利润"等项目。需要指出的是，"利润总额"项目如为亏损，以"–"号填列；"净利润"项目如为净亏损，也以"–"号填列。

另外，月度利润表与年度利润表的编制方法有所不同。

月度利润表的"本期金额"栏，反映各项目的本月实际发生数；"上期金额"栏的数字，可根据上月利润表的"本期金额"栏的数字，填入相应的项目内。

在编报年度利润表时，"本期金额"栏反映各项目自年初起至本月末止的累计发生数。"上期金额"填列上年全年累计实际发生数，从而与"本期金额"各项目进行比较。如果上年度的利润表的项目名称和内容与本年度不一致，应对上年度的报表项目的名称和数字按本年度的规定进行调整，填入"上期金额"栏内。

【例 8-9】 承【例 8-7】根据试算平衡表，编制深电电子有限公司 2017 年 12 月份利润表，见表 8-8。

表 8-8　利润表

编制单位：深电电子有限公司　　2017 年 12 月　　单位：元

项　　目	行　　次	本期金额	上期金额
一、营业收入		337 100	
减：营业成本		129 500	
税金及附加		5 099.60	
销售费用		50 000	
管理费用		24 343.80	
财务费用		739.50	
资产减值损失			
加：公允价值变动收益（损失以“–”号填列）			
投资收益（损失以“–”号填列）			
其中：对联营企业和合营企业的投资收益			
二、营业利润（亏损以“–”号填列）		127 417.10	
加：营业外收入		4 240	
减：营业外支出		8 500	
其中：非流动资产处置损失			
三、利润总额（亏损总额以“–”号填列）		123 157.10	
减：所得税费用		105 789.28	
四、净利润（净亏损以“–”号填列）		17 367.82	

利润表中各项目金额计算如下：

1）营业收入=327 200+9 900=337 100（元）

2）营业成本=120 500+9 000=129 500（元）

3）营业利润=337 100–129 500–5 099.60–50 000–24 343.80–739.50=127 417.10（元）

4）利润总额=127 417.10+4 240–8 500=123 157.10（元）

5）净利润=123 157.10–105 789.28=17 367.82（元）

项目总结

财务报表是企业财务报告的重要组成部分。财务报表至少应当包括资产负债表、利润表、现金流量表、所有者权益变动表和附注。财务报表按照不同标准可以分为很多种类：按反映内容的不同，财务报表可分为静态报表和动态报表；按编报时间不同，财务报表可分为中报和年报；按照服务对象的不同，财务报表可分为内部报表和外部报表；按编制主体的不同，财务报表可分为个别财务报表和合并财务报表。

资产负债表是反映企业在某一特定日期（月末、季末或年末）财务状况的财务报表。它是根据“资产=负债+所有者权益”这一会计等式编制的，我国企业的资产负债表采用账户式结构。资产负债表项目应根据各有关账户的期末余额分析填列。

利润表是反映企业在一定时期（如年度、季度、月份）内经营成果的财务报表。利润表是以“收入–费用=利润”的会计等式为依据编制的。我国企业的利润表采用多步式。利润表是以损益类账户的发生额为依据编制的。

项目九 会计核算程序 09

项目导航

学习目标

- 理解会计核算程序的含义与种类
- 了解常用的会计核算程序
- 掌握记账凭证核算程序的特点和适用范围
- 掌握科目汇总表核算程序的特点和适用范围

具体任务

任务一 知悉会计核算程序

任务二 运用记账凭证核算程序

任务三 运用科目汇总表核算程序

任务一 知悉会计核算程序

任务要求

1. 理解会计核算程序的概念与种类
2. 了解常用的会计核算程序

知识储备

什么是会计核算程序？常见的会计核算程序有哪些？

在企业会计实务中，如何按照简便、高效和实用的原则，使会计凭证、会计账簿和会计报表三者有机地结合，这就是会计核算程序所要讲述的内容。因此，理解和掌握会计核算程序的特点、处理程序和过程是做好会计核算工作，提高会计信息质量和会计工作效率的重要保证。

一、会计核算程序的概念

会计核算程序又称会计核算组织形式或账务处理程序，是指在会计核算中，账簿组织、记账程序和会计报表有机结合的形式。账簿组织是指会计凭证和账簿的种类、格式及账簿之间的相互关系；记账程序是指从填制审核会计凭证，登记会计账簿，直到编制财务会计报表的整个会计处理程序。不同的记账程序规定了填制会计凭证、登记账簿、编制会计报表的方法和步骤不同。

二、会计核算程序的种类

在会计实践中，不同的账簿组织、记账程序和记账方法，以及其不同的结合方式，形成了不同种类的会计核算程序。在我国，常用的会计核算程序主要有记账凭证核算程序、科目汇总表核算程序和汇总记账凭证核算程序。除此之外，会计核算程序还有多栏式日记账核算程序、日记总账核算程序等。

不同会计核算程序有很多相似之处，其主要区别即各自的特点主要表现在登记总账的依据和方法不同。合理组织会计核算程序要适应本单位的实际情况，要满足实际需要。在保证核算资料正确、及时和完整的前提下，尽可能简化会计核算手续，提高会计工作效率。

任务二　运用记账凭证核算程序

任务要求

1. 掌握记账凭证核算程序的特点
2. 掌握记账凭证核算程序的账簿设置、记账程序
3. 了解记账凭证核算程序的优缺点和适用范围

知识储备

什么是记账凭证核算程序？记账凭证核算程序有何特点？记账程序如何规定的呢？

一、记账凭证核算程序的特点

记账凭证核算程序是指对发生的经济业务事项，都要根据原始凭证或汇总原始凭证编制记账凭证，然后根据记账凭证直接逐笔登记总分类账的一种会计核算程序。它是最基本的会计核算程序，其他各种会计核算程序都是在此核算程序的基础上发展而形成的。

记账凭证核算程序的主要特点是直接根据记账凭证逐笔登记总分类账。

二、记账凭证核算程序的账簿组织

在记账凭证核算程序下，记账凭证可以采用一种通用的格式，即通用记账凭证；也可采用收款凭证、付款凭证和转账凭证三种格式，即专用记账凭证。

账簿组织，一般应设置库存现金日记账、银行存款日记账、总分类账和明细分类账。库存现金日记账和银行存款日记账可采用三栏式；总分类账应按总账科目设置，可采用三栏式；明细分类账可根据管理的需要设置，采用三栏式、数量金额式或多栏式。

三、记账凭证核算程序中的记账程序

采用专用记账凭证的会计核算程序的记账程序如图 9-1 所示。

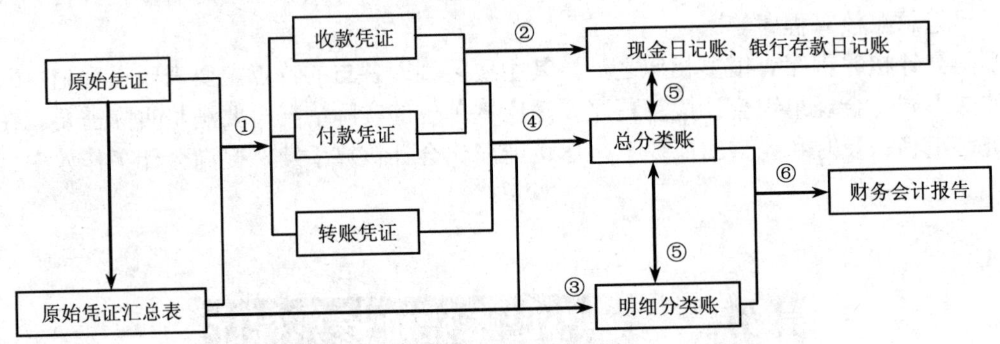

图 9-1 记账凭证核算程序的记账程序

① 根据各种原始凭证和原始凭证汇总表填制收款凭证、付款凭证和转账凭证。

② 根据收款凭证和付款凭证登记库存现金日记账和银行存款日记账。

③ 根据原始凭证、原始凭证汇总表和记账凭证登记各种明细分类账。

④ 根据各种记账凭证逐笔登记总分类账。

⑤ 月末，将库存现金、银行存款日记账和明细分类账分别与总分类账核对。

⑥ 根据总分类账和明细分类账的资料编制财务会计报表。

四、记账凭证核算程序的优缺点及适用范围

记账凭证核算程序的优缺点及适用范围见表 9-1。

表 9-1 记账凭证核算程序的优缺点及适用范围

关 键 词	内 容 描 述
优 点	简单明了，易于理解，总分类账可以详细地反映经济业务的发生情况
缺 点	登记总分类账的工作量较大
适用范围	规模较小，经济业务量较少的单位

任务三　运用科目汇总表核算程序

任务要求

1. 掌握科目汇总表的概念及编制方法
2. 掌握科目汇总表核算程序的特点
3. 掌握科目汇总表核算程序的账簿设置、记账程序
4. 了解科目汇总表核算程序的优缺点和适用范围

知识储备

什么是科目汇总表？什么是科目汇总表核算程序？科目汇总表核算程序有何特点？记账程序如何规定的呢？

一、科目汇总表核算程序的概念及特点

1．科目汇总表核算程序的概念

科目汇总表核算程序又称记账凭证汇总表核算程序，它是根据记账凭证分类定期编制科目汇总表，再根据科目汇总表登记总分类账的一种会计核算程序。

在科目汇总表核算程序下记账凭证、银行存款日记账、现金日记账、各种总分类账和明细分类账的设置与记账凭证核算程序基本相同。为了将记账凭证定期进行汇总，还需要设置科目汇总表。

科目汇总表，是指根据一定时期内的全部记账凭证，按相同科目进行归类，并计算出每一总账科目本期借方、贷方发生额所编制的汇总表。

科目汇总表一般是每月汇总一次，其格式见表 9-2。业务量大的单位也可以按旬汇总，编制科目汇总表，其格式见表 9-3。

表 9-2　科目汇总表（按月）

年　月　日至　月　日　　　　第　号

会计科目	本期发生额		总账页数	记账凭证起讫号数
	借　方	贷　方		
合　计				

表 9-3　科目汇总表（按旬）

年　月　　　　第　号

会计科目	1—10日		11—20日		21—31日		合计		总账页数
	借方	贷方	借方	贷方	借方	贷方	借方	贷方	
合计									

2．科目汇总表核算程序的特点

科目汇总表核算程序的特点是定期地将所有的记账凭证编制成科目汇总表，然后再根据科目汇总表登记总分类账。

二、科目汇总表核算程序的账簿组织

在科目汇总表核算程序下，会计凭证可采用通用格式，也可采用收款凭证、付款凭证和转账凭证专用格式。同时应设置记账凭证汇总表即科目汇总表。其账簿组织与记账凭证核算程序相类似。

三、科目汇总表核算程序中的记账程序

科目汇总表核算程序中的记账程序如图 9-2 所示。

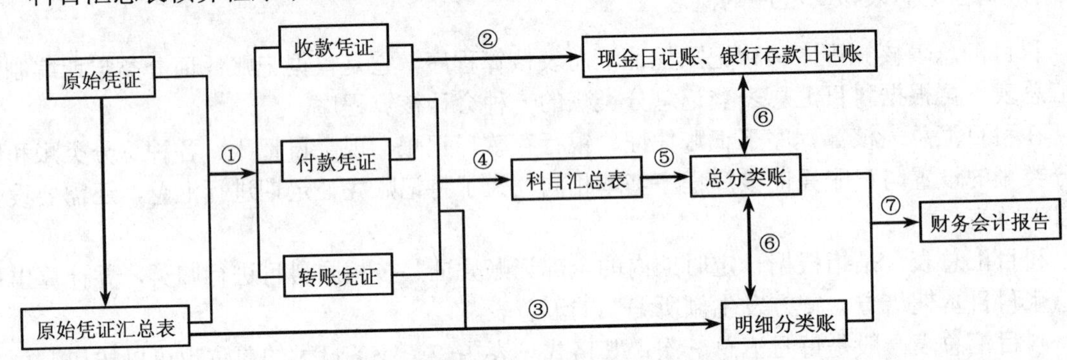

图 9-2　科目汇总表核算程序的记账程序

① 根据各种原始凭证和原始凭证汇总表填制收款凭证、付款凭证和转账凭证。
② 根据收款凭证和付款凭证登记现金日记账和银行存款日记账。
③ 根据原始凭证、原始凭证汇总表和记账凭证登记各种明细分类账。
④ 根据各种记账凭证汇总编制科目汇总表。
⑤ 根据科目汇总表登记总分类账。
⑥ 月末，将库存现金、银行存款日记账和明细分类账分别与总分类账核对。
⑦ 根据总分类账和明细分类账的资料编制财务会计报表。

【例 9-1】 深电电子有限公司每月采用全部汇总的方法编制科目汇总表见表 9-4，现根据编制的科目汇总表登记总分类账（仅以银行存款账户为例，其余从略）见表 9-5。

表 9-4　科目汇总表

2017 年 12 月 1 日至 12 月 31 日　　　　汇字第 1 号

会计科目	本期发生额		总账页数	记账凭证起讫号数
	借方	贷方		
库存现金	45 275	45 835	略	略
银行存款	545 480	135 356.90		
其他货币资金				
应收票据	35 100			
应收账款	73 827			
预付款项	18 720	18 720		
其他应收款	2 550	900		
在途物资	39 090.90	39 090.90		
原材料	39 640.90	70 325		
周转材料				
库存商品	137 448.10	120 500		
生产成本	101 448.10	137 448.10		
制造费用	30 669.50	30 669.50		
待处理财产损溢	2 325	2 325		
固定资产	45 000	2 500	略	略
累计折旧	2 000	7 590		
工程物资	348 000			
短期借款		110 000		
应付票据		4 680		
应付账款	4 000	16 380		
预收款项	14 040	14 040		
应付职工薪酬	43 285	48 546.90		
应交税费	6 311	168 195.88		
应付利息		739.50		
应付股利		192 815.52		
长期借款				
本年利润	641 340	341 340		
实收资本		543 000		
资本公积				
盈余公积		31 736.78		
利润分配	449 104.60	541 920.12		
主营业务收入	327 200	327 200		
其他业务收入	9 900	9 900		
主营业务成本	120 500	120 500		
其他业务成本	9 000	9 000		
税金及附加	5 099.60	5 099.60		
营业外收入	4 240	4 240		
营业外支出	8 500	8 500		
所得税费用	105 789.28	105 789.28		
管理费用	24 493.80	24 493.80		
财务费用	739.50	739.50		
销售费用	50 000	50 000		
合计	3 290 117.28	3 290 117.28		

表 9-5 银行存款（总账）

2014年		凭证号数	摘要	借方	贷方	借或贷	余额
月	日						
12	1		上年结转			借	1 201 305.00
	31	汇1	1-31日汇总过入	545 480.00	135 356.90	借	1 611 428.10
			本月合计	545 480.00	135 356.90	借	1 611 428.10

四、科目汇总表核算程序的优缺点及适用范围

科目汇总表核算程序的优缺点及适用范围见表9-6。

表 9-6 科目汇总表核算程序的优缺点及适用范围

关键词	内容描述
优点	减轻了登记总分类账的工作量，并可做到账户发生额试算平衡
缺点	不能反映账户的对应关系，不便于查对账目
适用范围	规模较大、经济业务量较多、记账凭证较多的单位

项目总结

本项目重点讲述了常见的会计核算程序，会计核算程序是对各种会计核算方法的综合运用。记账凭证核算程序是各种会计核算程序的基础，其主要特点是根据记账凭证逐笔登记总账。科目汇总表核算程序是在记账凭证核算程序的基础上发展起来的，其特点是根据记账凭证定期编制科目汇总表，根据科目汇总表定期登记总账。不同的会计核算程序有各自不同的优缺点和适用范围，企业应根据自身规模大小、经济业务多少等实际情况来选择合适的会计核算程序。

项目十 会计档案 10

项目导航

学习目标

- 了解会计档案的概念和基本内容
- 熟悉会计档案的归档和保管要求
- 掌握不同会计档案的保管期限
- 熟悉会计档案的查阅、复制登记制度
- 知悉会计档案的销毁程序

具体任务

任务一　知悉会计档案

任务二　学会会计档案的归档、保管和销毁

任务一　知悉会计档案

任务要求

1. 了解会计档案的概念和作用
2. 理解会计档案的种类和分类方法
3. 掌握会计档案的基本内容

知识储备

年度终了，存了一年的会计凭证和会计账簿是不是可以卖给收破烂的？

年底，财务报表已经编制完成了，剩下的会计凭证、账簿是不是可以卖给收破烂的了？有人说，至少要在单位保存十年。

那么，保存十年后就可以卖了吗？

有人说，好像也不能卖，会计账簿记完后都成为会计档案了，属于商业秘密，应该销毁。

该缴的税都交了，编的会计报表已报税务局了，这些会计档案还有什么用？

请阅读本项目会计档案的概念，看看会计档案有哪些基本内容和作用。

一、会计档案的概念和作用

1．会计档案的概念

会计档案是指会计凭证、会计账簿和财务会计报告等会计核算专业资料，它是记录和反映经济业务的重要史料和证据。《中华人民共和国会计法》规定各单位对会计凭证、会计账簿、财务会计报告和其他会计资料应当建立档案，妥善保管。会计档案的保管期限和销毁办法，由国务院财政部会同有关部门制定。

2．会计档案的作用

会计档案是各单位在办理会计事务中形成的记录企业经济业务的会计资料，是会计活动的客观产物，是检查各单位遵守财经纪律情况的客观依据，也是各单位总结经营管理经验的重要参考资料。加强会计档案的管理具有重要作用，包括四个方面：反映作用、史料作用、查证作用和监督作用。

二、会计档案的种类及分类方法

1．会计档案的种类

会计档案是会计活动中形成的客观记录，是一种具有专业性的档案，可以按不同的标准进行分类。按会计工作性质可分为公司、企业会计档案、预算会计档案和银行会计档案；按管理期限可分为永久会计档案和定期会计档案。

2．会计档案的分类方法

会计档案的分类要遵循会计档案的形成规律和本身固有的特点，从本单位会计档案的实际出发，可选择以下分类方法见表10-1。

表10-1　会计档案的分类方法

分类方法	详细描述	适用范围
年度—形成分类法	把一个年度内形成的会计档案分为凭证、账簿、财务报告和其他四大类，然后分别组成若干保管单位（卷）	企业、事业单位
年度—机构分类法	把一个年度内形成的会计档案按机构分开，然后在机构内再按凭证、账簿、财务报告和其他四类分别组成保管单位	各级财政、税务等部门和所属单位较多的大型企业

三、会计档案的基本内容

会计档案的基本内容具体包括以下四大类见表10-2。

表 10-2　会计档案的基本内容

类　别	基本内容
会计凭证类	包括原始凭证、记账凭证、汇总凭证和其他会计凭证
会计账簿类	包括总账、明细账、日记账、固定资产卡片、辅助账簿以及其他会计账簿
财务会计报告类	包括月度、季度、年度财务会计报告和其他财务会计报告
其他会计资料	包括银行存款余额调节表、银行对账单、其他应当保存的会计核算专业资料（如存贮在硬盘上的会计数据和财务数据统计资料等）、会计档案移交清册、会计档案保管清册、会计档案销毁清册等

任务二　学会会计档案的归档、保管和销毁

任务要求

1. 熟悉会计档案的归档和保管要求
2. 了解会计档案的归档程序
3. 掌握不同会计档案的保管期限
4. 熟悉会计档案的查阅、复制登记制度
5. 熟悉会计档案的销毁程序

知识储备

归档完的会计档案都放在财务部门吗？还能再借出查阅吗？这些会计档案要保存多久？

整理装订完的会计档案都放在财务部门的档案柜里吗？

有人说，财务部门暂管一年，一年后，可以集中送往档案部门保管。

送到了档案部门，以后还能查阅吗？档案部门要永久保管这些会计档案吗？

有人说，可以查阅，不同的会计凭证和账簿保管期限不一样，到期后有的还要销毁。

会计档案应该如何归档保管，怎样查阅，保管期限是多久，销毁程序是什么，请让本任务为您答疑。

一、会计档案的归档

在任务一中我们明确了会计档案的基本内容。下面我们将进一步学习会计档案归档和保管的要求以及归档的程序。

1．会计档案的归档和保管要求

根据财政部、国家档案局联合发布的《会计档案管理办法》，各单位对会计档案的归档和保管应做到：

（1）各单位每年形成的会计档案，都应由会计机构按照归档的要求，负责整理立卷，装

订成册，编制会计档案保管清册。

（2）当年形成的会计档案，在会计年度终了后，可暂由本单位会计机构保管1年。期满之后，应由会计机构编制移交清册，移交本单位的档案机构统一保管。

（3）移交本单位档案机构保管的会计档案，原则上应当保持原卷册的封装，不得随意拆封。个别需要拆封重新整理的，档案机构应当会同会计机构和经办人员共同拆封整理，以分清责任。

（4）交接会计档案时交接双方应当办理交接手续。

1）移交会计档案的单位，应当编制会计档案移交清册，其格式见表10-3。

表10-3 ××年会计档案移交清册

编　号	文件名称	起止卷号	应保管期限	已保管期限	保管地点及其他

移交单位：　　　　移交人：　　　　接收单位：　　　　接收人：

2）交接会计档案时，交接双方应当按照会计档案移交清册所列内容逐项交接，并由交接双方的单位负责人监交。

3）交接完毕后，交接双方经办人员和监交人员应当在会计档案移交清册上签名或者盖章。

（5）未设立档案机构的单位，会计档案应当在会计机构内部指定专人保管，但出纳人员不得兼任会计档案的保管工作。

（6）对会计档案应当科学管理，做到妥善保管、存放有序、查找方便。同时，严格执行安全和保密制度，不得随意堆放，严防毁损、散失和泄密。

（7）采用计算机进行会计核算的单位，应当保存打印的纸质会计档案。

（8）单位变更以后的会计档案应视不同情况进行归档保管。

1）单位终止：单位因撤销、解散、破产或者其他原因而终止的，在终止和办理注销登记手续之前形成的会计档案，应当由终止单位的业务主管部门或者财产所有者代管或者移交有关档案馆代管。

2）单位分立：单位分立后原单位存续的，其会计档案应当由分立后的存续方统一保管，其他方可查阅、复制与其业务相关的会计档案。单位分立后原单位解散的，其会计档案应当经各方协商后由其中一方代管或者移交档案馆代管，各方可以查阅、复制与其相关的会计档案。单位分立中未结清的会计事项所涉及的原始凭证，应当单独抽出由业务相关方保存。单位因业务移交其他单位办理所涉及的会计档案，应当由原单位保管，承接业务单位可以查阅、复制与其业务相关的会计档案，对其中未结清的会计事项所涉及的原始凭证，应当单独抽出由业务承接单位保存，并按照规定办理交接手续。

3）单位合并：单位合并后原单位解散或者一方存续其他方解散的，原各单位的会计档案应当由合并后的单位（存续方）统一保管。单位合并后原各单位仍然存续的，其会计档案仍应当由原各单位保管。

2. 会计档案的归档程序

（1）对会计档案进行整理立卷。各单位每年形成的会计资料，年度终了，应由会计人员按不同要求对其进行整理并装订立卷。

（2）对会计档案进行编制卷号。会计档案整理立卷后，会计机构首先要按不同要求对各类会计档案编制卷号。

（3）编制保管清册。对会计档案编制卷号后，会计机构应当编制会计档案保管清册，将会计档案的名称、种类、卷号、数量、起止日期、应保管期限等一一登记入册，并一式两份。

二、会计档案的保管期限

不同会计档案发挥作用的时期不同，各种会计档案的保管期限也不相同。会计档案按管理期限可分为永久会计档案和定期会计档案。

定期会计保管期限分为 5 年、10 年、30 年三类。会计档案的保管期限，从会计年度终了后的第一天算起。各类会计档案的具体保管期限按照《会计档案管理办法》的规定执行，各单位不得擅自变更。企业和其他组织的具体保管期限见表 10-4。

会计档案保管期限，原则上按以下表中规定的期限执行，但涉及外事的会计凭证、会计账簿，不需要永久保管的部分，可由有关主管部门另行制定保管年限。

表 10-4　企业和其他组织会计档案保管年限

序　号	档案名称	保管年限	备　注
一	会计凭证类		
1	原始凭证	30 年	
2	记账凭证	30 年	
二	会计账簿类		
3	总账	30 年	
4	明细账	30 年	
5	日记账	30 年	
6	固定资产卡片		固定资产报废清理后保管 5 年
7	其他辅助账簿	30 年	
三	财务会计报告类		
8	月、季度财务会计报告	10 年	
9	年度财务会计报告（决算）	永久	
四	其他会计资料类		
10	银行余额调节表	10 年	
11	银行对账单	10 年	
12	纳税申报表	10 年	
13	会计档案移交清册	30 年	
14	会计档案保管清册	永久	
15	会计档案销毁清册	永久	
16	会计档案鉴定意见书	永久	

三、会计档案的查阅和复制

各单位应建立健全会计档案查阅、复制登记制度。具体应做到：

（1）各单位保存的会计档案为本单位提供查阅使用，不得借出。如有特殊需要，经本单位负责人批准，可以提供查阅或者复制，并办理登记手续。

（2）外部人员查阅会计档案时，应持有单位正式介绍信，经本单位负责人批准后，方可办理查阅手续；单位内部人员查阅会计档案时，应经会计主管人员或单位负责人批准后，办理查阅手续。

（3）办理查阅手续时，查阅人应认真填写档案查阅登记簿，将查阅人姓名、单位、日期、数量、内容、归档等情况登记清楚。

（4）查阅或者复制会计档案的人员严禁在会计档案上涂画、标记、拆散原卷册，也不得抽换。

四、会计档案的销毁

会计档案销毁是会计档案管理的重要内容，必须严格规范、有序进行。

1. 保管期满的会计档案销毁

对于保管期满需要销毁的会计档案，销毁程序如下。

（1）由本单位档案机构提出销毁意见，编制“会计档案销毁清册”。其格式见表10-5。

表10-5 会计档案销毁清册

单位名称： 年 月 日

档案名称	卷号	册数	起止年度	应保管年限	已保管年限
主管部门审批：			本单位领导意见：		
会计机构意见：			档案部门意见：		
监销人员签名或签章：			销毁人员签名：		

（2）将已编制好的销毁清册及销毁意见报本单位负责人审核，单位负责人审核后，应在销毁清册上签署意见。

（3）会计档案销毁前，监销人员要按照清册所列的内容，对要销毁的会计档案进行清点校对、检查会计档案是否已保管期满、内容和卷号是否相符、编号是否连续等。

（4）会计档案销毁时，应按规定指派人员监销。

1）一般企事业单位的会计档案，由单位档案机构和会计机构共同派员监销。

2）国家机关的会计档案，应由同级财政、审计部门派员参加监销。

3）财政部门的会计档案，应由同级审计部门派员监销。

（5）会计档案销毁后，监销人员应当在销毁清册上签名或盖章，并及时将监销情况向本单位负责人报告。

2．会计档案销毁应注意的其他事项

（1）对于保管期满但未结清的债权债务的原始凭证和涉及其他未了事项的原始凭证，不得销毁，应单独抽出立卷，由档案部门保管到未了事项完结时为止。单独抽出立卷的会计档案应当在会计档案销毁清册和会计档案保管清册中列明。

（2）正在建设期间的建设单位的会计档案，不论是否已满保管期限，一律不得销毁，必须妥善保管，待项目办理竣工决算后，按规定的交接手续交给接收单位。

（3）会计档案销毁清册，应由单位档案部门永久保存。

项目总结

会计档案是指会计凭证、会计账簿和财务会计报告等会计核算专业资料，它是记录和反映经济业务的重要史料和证据。具体包括会计凭证、会计账簿、财务会计报告以及其他会计资料四大类。

各单位对会计档案的归档和保管应遵守财政部、国家档案局联合发布的《会计档案管理办法》。由于不同的会计档案发挥作用的时期不同，各种会计档案的保管期限也不相同，会计档案按管理期限可分为永久会计档案和定期会计档案。各单位保存的会计档案为本单位提供查阅使用，不得借出，应建立健全会计档案查阅、复制登记制度。对于保管期满的会计档案进行销毁，必须严格按照程序规范、有序地进行。

附录　项目五及项目七相关记账凭证编号一览表

凭证、日期和题号对照表

凭证号	银收1	银收2	银收3	银收4	银收5				
日期	12.2	12.3	12.8	12.9	12.26				
题号	例5-1	例5-2	例5-28	例5-29	例5-34				
凭证号	银付1	银付2	银付3	银付4	银付5	银付6	银付7	银付8	银付9
日期	12.8	12.10	12.10	12.12	12.17	12.18	12.20	12.25	12.25
题号	例5-5	例5-6	例5-13	例5-8	例5-15	例5-33	例5-9	例5-16	例5-17
凭证号	银付10	银付11	银付12						
日期	12.26	12.29	12.31						
题号	例5-18	例5-11	例5-41						
凭证号	现收1	现收2	现收3						
日期	12.20	12.26	12.31						
题号	例7-2	例5-19	例5-40						
凭证号	现付1	现付2	现付3	现付4					
日期	12.10	12.26	12.28	12.31					
题号	例5-14	例5-18	例5-20	例7-3					
凭证号	转1	转2	转3	转4	转5	转6	转7	转8	转9
日期	12.5	12.7	12.10	12.12	12.16	12.16	12.16	12.26	12.28
题号	例5-3	例5-4	例5-6	例5-7	例5-30	例5-31	例5-32	例5-19	例5-35
凭证号	转10	转11	转12	转13	转14	转15	转16	转17	转18
日期	12.29	12.31	12.31	12.31	12.31	12.31	12.31	12.31	12.31
题号	例5-10	例5-12	例5-21	例5-22	例5-23	例5-24	例5-25	例5-26	例5-27
凭证号	转19	转20	转21	转22	转23	转24	转 25	转 26	转27
日期	12.31	12.31	12.31	12.31	12.31	12.31	12.31	12.31	12.31
题号	例5-36	例5-37	例5-38	例5-39	例7-4	例7-4	例7-5	例7-5	例7-6
凭证号	转28	转29	转30	转31	转32	转33	转34	转35	转36
日期	12.31	12.31	12.31	12.31	12.31	12.31	12.31	12.31	12.31
题号	例7-6	例7-7	例7-8	例5-42	例5-42	例5-43	例5-43	例5-44	例5-45
凭证号	转37	转38							
日期	12.31	12.31							
题号	例5-46	例5-47							

参 考 文 献

[1] 郑在柏．基础会计[M]．苏州：苏州大学出版社，2013．

[2] 张玉森，陈伟清．基础会计[M]．3 版．北京：高等教育出版社，2008．

[3] 江苏省会计从业资格考试研究编审组．会计基础应试指南[M]．北京：经济科学出版社，2014．

职业教育会计专业课程改革规划新教材

基础会计习题集

第2版

主　编　周会林

参　编　徐晓云　金　兢　裴　畅

李　蓉　冯　欣　曹金融

褚　莹　顾关胜　邱　燕

机　械　工　业　出　版　社

目　录

项目一　总　　论　01

术语释义

1．会计

2．会计核算职能

3．会计监督职能

4．会计的对象

5．会计核算的基本前提

6．会计主体

7．持续经营

8．会计分期

9．货币计量

10. 权责发生制

11. 收付实现制

12. 会计核算方法

填空题

1. 会计的本质是一种____________________，它属于管理的范畴。
2. 会计的基本职能包括进行______________和实施______________两个方面。
3. 会计核算的基本前提包括______________、________________、________________和______________四项。
4. 会计核算的基础一般有_________________和__________________。

单项选择题（请将最佳选项代号填入括号中）

1. 会计是以（　　）为主要计量单位，反映与监督一个单位经济活动的一种经济管理工作。
A. 实物　　B. 货币　　C. 工时　　D. 劳动耗费
2. 会计的基本职能是（　　）。
A. 记账、算账和报账　　B. 核算和监督
C. 预测、决策和分析　　D. 监督和管理
3. 以货币为主要计量单位，通过确认、记录、计量、报告等环节，对特定主体的经济活动进行记账、算账、报账，为有关方面提供会计信息功能的是（　　）。
A. 会计核算职能　　B. 会计监督职能　　C. 会计计划职能　　D. 会计预测职能
4. 会计对象是企事业单位的（　　）。
A. 商品运动　　B. 经济活动　　C. 经济资源　　D. 劳动成果
5.（　　）是将一个会计主体持续经营的生产经营活动人为划分成若干个相等的会计期间。
A. 会计时段　　B. 会计分期　　C. 会计区间　　D. 会计年度
6. 在会计核算的基本前提中，确定会计核算空间范围的是（　　）。
A. 会计主体　　B. 持续经营　　C. 会计分期　　D. 货币计量
7. 会计核算必须以（　　）为核算的基础和假设条件。
A. 会计主体　　B. 持续经营　　C. 会计分期　　D. 货币计量

8．在我国，企业应当以（　　）作为会计核算的记账基础。
A．收付实现制　　B．权责发生制　　C．永续盘存制　　D．实地盘存制

多项选择题（每题有两个或两个以上的答案，请将正确选项代号填入括号中）

1．会计的两项基本职能是相辅相成、辩证统一的关系，下列说法正确的是（　　）。
A．会计监督是会计核算的基础
B．会计监督是会计核算质量的保证
C．没有核算所提供的信息，监督就失去依据
D．会计还具有预测经济前景、参与经济决策、评价经营业绩等功能
2．从监督的时间看，会计监督是一个过程，可分为（　　）。
A．事前监督　　B．事中监督　　C．集中监督　　D．事后监督
3．会计对象是指（　　）的内容。
A．会计核算　　B．实物流转　　C．会计监督　　D．财务活动
4．企业的经营过程包括（　　）。
A．创办过程　　B．供应过程　　C．生产过程　　D．销售过程
5．下列说法正确的是（　　）。
A．核算过程中采用货币作为统一的计量单位
B．我国会计核算只能以人民币作为记账本位币
C．业务收支以外币为主的单位也可以选择某种外币作为记账本位币
D．在境外设立的中国企业向国内报送的财务会计报告，也应当折算为人民币反映
6．会计核算的方法有（　　）。
A．复式记账　　B．会计分析
C．填制和审核会计凭证　　D．登记账簿

判断题（正确的打“√”，错误的打“×”）

1．会计是以货币作为唯一的计量单位。（　　）
2．核算职能是会计的唯一职能。（　　）
3．会计监督是指对特定主体经济活动的合法性、合理性的审查。（　　）
4．会计主体是法律主体，而法律主体不一定是会计主体。（　　）
5．会计七种核算方法是一个完整的方法体系。（　　）

实训题

【实训目的】掌握会计的核算基础。

【实训资料】

中大公司10月份发生的部分经济业务如下：

1．销售商品一批，价款11 700元，货款未收。

2．收到上个月销货欠款23 400元。

3．以银行存款支付本月水电费1 700元。

4．预收某公司订货款50 000元，存入银行。

5．以银行存款支付第四季度房屋租金3 000元。

【实训要求】根据经济业务分别按收付实现制和权责发生制计算本月份的收入、费用和利润，并将计算结果填入表1-1中。

表1-1 收付实现制和权责发生制计算对比表 （单位：元）

经济业务序号	收付实现制		权责发生制	
	收入	费用	收入	费用
1				
2				
3				
4				
5				
合 计				
利润额				

项目二　会计要素与会计等式　02

术语释义

1．资产

2．负债

3．所有者权益

4．收入

5．费用

6．利润

填空题

1．反映财务状况的会计要素包括________、________和________三项。

2．资产按其流动性不同，可以分为____________和____________；负债按其流动性不同，可以分为____________和____________。

3．所有者权益的来源包括____________、____________和____________等。

4．按日常活动在企业所处的地位，收入分为＿＿＿＿＿＿和＿＿＿＿＿＿。

5．费用按其性质可分为＿＿＿＿＿＿和＿＿＿＿＿＿。

6．利润包括＿＿＿＿＿＿、＿＿＿＿＿＿和＿＿＿＿＿＿。

7．资产与权益的恒等关系是＿＿＿＿＿＿的理论基础，也是企业会计＿＿＿＿＿＿、＿＿＿＿＿＿和＿＿＿＿＿＿的理论依据。

8．企业在任何时点所有的＿＿＿＿＿＿总是等于＿＿＿＿＿＿和＿＿＿＿＿＿总额。

9．广义的权益一般包括＿＿＿＿＿＿和＿＿＿＿＿＿。

单项选择题（请将最佳选项代号填入括号中）

1．下列各项中，属于反映企业财务状况的会计要素是（　　）。

A．收入　B．负债　C．费用　D．利润

2．下列资产中，属于流动资产的是（　　）。

A．无形资产　B．固定资产　C．交易性金融资产　D．研发支出

3．企业在日常活动中形成的、会导致所有者权益增加的、与所有者投入资本无关的经济利益的总流入称为（　　）。

A．资产　B．利得　C．收入　D．利润

4．某企业6月初的资产总额为60 000元，负债总额为25 000元。6月份取得收入共计28 000元，发生费用共计18 000元，则6月末该企业的所有者权益总额为（　　）元。

A．85 000　B．35 000　C．10 000　D．45 000

5．预付给供应单位的材料款应作为企业的一项（　　）。

A．负债　B．费用　C．资产　D．所有者权益

6．下列（　　）属于企业的流动资产。

A．预收款项　B．机器设备　C．专利权　D．库存商品

7．企业接受其他单位无偿捐赠的财物形成企业的（　　）。

A．资本公积　B．实收资本　C．盈余公积　D．营业外收入

8．下列经济活动中，引起资产和负债同时减少的是（　　）。

A．以银行存款偿付所欠货款　B．以现金支付办公费用

C．购买材料货款尚未支付　D．收回应收账款

9．最基本的会计等式是（　　）。

A．资产=负债+所有者权益

B．期初余额+本期增加额−本期减少额=期末余额

C．收入−费用=利润

D．资产=负债+所有者权益+（收入−费用）

10．下列各项中，会引起企业所有者权益增加的是（　　）。

A．用盈余公积转增实收资本　B．提取盈余公积

C．用以前年度未分配利润弥补亏损　D．接受外单位投资的资产

11．收入作为企业在销售商品、提供劳务及让渡资产使用权等日常经营活动中所形成的

经济利益总流入。下列各项中，最终不能作为企业收入确认的是（ ）。

A．销售原材料的收入　　B．销售商品的收入
C．处置固定资产的收入　　D．出租包装物的收入

12．下列各项中，不属于流动负债的是（ ）。

A．应交税费　B．预收款项　C．预付款项　D．应付利息

13．一个企业的资产总额与权益总额（ ）。

A．必然相等　　B．有时相等
C．不会相等　　D．只有在期末时相等

14．下列经济业务不影响会计等式中资产总额变化的是（ ）。

A．以银行存款支付税款　　B．向银行借款存入银行
C．将现金交存银行　　D．提取固定资产折旧

15．下列经济业务中会引起资产类项目和负债类项目同时增加的是（ ）。

A．从银行提取现金　　B．用银行存款归还企业的短期借款
C．赊购原材料　　D．接受投资者投入的非现金资产

16．一项资产增加、一项负债增加的经济业务发生后，都会使资产与权益原来的总额（ ）。

A．发生同增的变动　　B．发生同减的变动
C．不会变动　　D．难以确定是否变动

17．下列引起所有者权益项目有增有减的经济业务是（ ）。

A．以短期借款直接偿还应付账款　　B．以银行存款支付投资者的利润
C．接受捐赠固定资产　　D．经批准将盈余公积转增资本

18．经济业务发生仅涉及资产这一要素时，则必然引起该要素中某些项目发生（ ）。

A．同增变动　B．同减变动　C．一增一减变动　D．不变动

19．下列各项业务中，会引起企业所有者权益总额发生变动的是（ ）。

A．用盈余公积转增实收资本　　B．用盈余公积弥补亏损
C．提取盈余公积　　D．董事会决定向投资者分配现金利润

20．引起资产和所有者权益同时增加的经济业务是（ ）。

A．收到外单位投资的设备一台　　B．从税后利润中提取盈余公积
C．以资本公积金转增资本　　D．从银行取得短期借款一项

21．本年净利润与年初未分配利润之和为（ ）。

A．利润总额　　B．可供分配利润总额
C．利润净额　　D．未分配利润总额

22．下列项目中，符合资产定义的是（ ）。

A．购入的某项专利权　　B．经营租入的设备
C．待处理的财产损失　　D．计划购买的某项设备

多项选择题（每题有两个或两个以上的答案，请将正确选项代号填入括号中）

1．资产具有以下几个方面的基本特征（ ）。

A．资产是由于过去的交易或事项所引起的

B．资产必须是投资者投入或向债权人借入的
C．资产是企业拥有或者控制的
D．资产预期能够给企业带来经济利益

2．关于负债，下列说法中正确的有（　　）。
A．负债是指企业过去的交易或者事项形成的、预期会导致经济利益流出企业的现时义务和潜在义务
B．符合负债定义和负债确认条件的项目，应当列入资产负债表；符合负债定义，但不符合负债确认条件的项目，不应当列入资产负债表
C．现时义务是指企业在现行条件下已承担的义务
D．未来发生的交易或者事项形成的义务，不属于现时义务，不应当确认为负债

3．关于所有者权益，下列说法中正确的有（　　）。
A．所有者权益是指企业资产扣除负债后由所有者享有的剩余权益
B．直接计入所有者权益的利得和损失属于所有者权益
C．所有者权益金额取决于资产和负债的计量
D．所有者权益项目应当列入利润表

4．下列各项收到的款项中，属于“收入”要素的有（　　）。
A．出租无形资产收到的租金　B．销售商品收取的增值税
C．销售商品收到的价款　D．出售固定资产收到的价款

5．下列各项中，属于反映企业经营成果的会计要素有（　　）。
A．收入　B．费用　C．负债　D．利润

6．下列项目中，能同时引起资产和利润减少的项目有（　　）。
A．计提发行债券的利息　B．计提固定资产折旧
C．财产清查中发现的存货盘盈　D．无形资产价值摊销

7．关于会计要素，下列说法中正确的有（　　）。
A．收入可能表现为企业负债的减少
B．费用可能表现为企业负债的减少
C．出售无形资产产生的现金流入属于“收入”要素的内容
D．收入只包括本企业经济利益的流入，而不包括为第三方或客户代收的款项

8．下列各项中，属于利得的有（　　）。
A．出租无形资产取得的收益
B．投资者的出资额大于其在被投资单位注册资本中所占份额的金额
C．处置固定资产产生的净收益
D．出售无形资产取得的净收益

9．下列各项中，能引起资产与负债同时减少的有（　　）。
A．支付现金股利　B．取得短期借款
C．盈余公积补亏　D．以现金支付职工工资

10．六项会计要素表现的会计等式包括（　　）。
A．资产=负债+所有者权益　B．收入−费用=利润
C．期初+本期增加=期末+本期减少　D．本期借方发生额=本期贷方发生额

11．下列各项中，能使企业资产、负债总额同时减少的有（　　）。

A．支付应付债券利息　　B．发行公司债券

C．用银行存款偿还所欠货款　　D．宣告分配现金股利

12．下列有关对“资产=负债+所有者权益”会计等式的提法中，恰当的有（　　）。

A．该等式是企业在某一时点上所拥有的经济资源的不同表现形式

B．该等式是企业在某一期间内所拥有的经济资源的不同表现形式

C．该等式是复式记账的理论基础

D．该等式是编制利润表的依据

判断题（正确的打“√”，错误的打“×”）

1．按照我国的会计准则，负债不仅指现实已经存在的债务责任，还包括某些将来可能发生的、偶然事项形成的债务责任。（　）

2．企业的利得和损失包括直接计入所有者权益的利得和损失以及直接计入当期利润的利得和损失。（　）

3．经济业务的发生，可能影响资产与权益总额发生变化，但是不会破坏会计基本等式的平衡关系。（　）

4．企业如果在一定期间内发生了亏损，必将导致该企业的所有者权益减少。（　）

5．若要某项财产物资成为企业的资产，只能该企业拥有其所有权。（　）

6．资产、负债与所有者权益的平衡关系是企业资金运动处于相对静止状态下出现的，如果考虑收入、费用等动态要素，则资产与权益总额的平衡关系必然被破坏。（　）

7．资产定义中强调的“过去的交易、事项形成”是指资产负债表日及以前的交易、事项。（　）

8．收入能够导致企业的所有者权益增加，但导致企业所有者权益增加的不一定都是收入。（　）

9．用银行存款偿还短期借款的经济业务不会使得“资产=负债+所有者权益”这一会计等式左右双方的总额发生变动。（　）

10．收入可以表现为企业资产的增加或负债的清偿，或两者兼而有之，比如销售商品收到的货款和增值税就可以确认为企业的收入。（　）

11．任何一项经济业务的发生都不会破坏会计等式的平衡关系，只会使得资产和权益总额发生同时增加或者同时减少的变化。（　）

12．由于所有者权益和负债都对企业资产拥有要求权，因此它们的权利和义务是一样的。（　）

13．只要是过去的交易、事项形成的并由企业拥有或控制的资源，均应确认为企业的一项资产。（　）

14．费用和损失是指企业在日常活动中发生的、会导致所有者权益减少的、与向所有者分配利润无关的经济利益的总流出。（　）

15．收入减去费用等于利润的关系是企业编制利润表的基础。（　）

实训题

实训一

【实训目的】熟悉资产、负债、所有者权益的构成内容及确认方法。

【实训资料】

大阳实业有限责任公司2017年5月31日的资产、负债、所有者权益状况见表2-1。

表2-1 资产、负债及所有者权益状况表

2017年5月31日（单位：元）

序号	项目	资产	负债	所有者权益
1	质检科使用的仪器150 000元			
2	存入工商银行的款项220 000元			
3	欠甲公司货款5 000元			
4	投资者投入的资本750 000元			
5	尚未缴纳的增值税9 500元			
6	会计保险柜中的现金800元			
7	乙公司欠本公司货款45 000元			
8	用于生产产品的材料235 500元			
9	用于接送职工的汽车80 000元			
10	车间用于生产的机器12 000元			
11	预收丙公司的货款55 000元			
12	借入款项150 000元			
13	材料采购员向单位预借差旅费5 000元			
14	欠职工工资12 500元			
15	购入一年期国库券25 000元			
16	正在加工中的产品共计38 000元			
17	企业注册商标价值650 000元			
18	公司提取的盈余公积16 400元			
19	本年实现的利润530 800元			
20	仓库中的产成品35 900元			
21	购入准备随时变现的股票32 000元			
合计				

【实训要求】判断表内各项目的类别（资产、负债及所有者权益），并将各项目金额填入表2-1相应栏内。

实训二

【实训目的】掌握资产、负债、所有者权益的构成内容及确认方法；掌握收入、费用、利润的构成内容及确认方法。

【实训资料】

会计科目与会计要素资料见表2-2。

表 2-2　会计科目与会计要素配对表

项　　目	会 计 要 素
资本公积	
主营业务收入	资产
财务费用	
预收款项	负债
无形资产	
应付职工薪酬	所有者权益
原材料	
交易性金融资产	收入
短期借款	
本年利润	费用
应收账款	
预付账款	利润
盈余公积	

【实训要求】用直线连接上述有关项目所归属的会计要素。

实训三

【实训目的】熟悉会计平衡公式及其变化，掌握不同经济业务的发生对会计平衡公式的影响。

【实训资料】

大阳有限公司 2017 年 1 月 1 日的资产总计 575 000 元，负债总计 312 000 元，所有者权益总计 263 000 元。该公司 2017 年 1 月份发生如下经济业务：

1．用银行存款购入生产产品用的专利权一项，价值 50 000 元。

2．投资者投入货币资金 10 000 元，已经存入开户银行。

3．收到购货单位交来的欠款 12 000 元存入银行。

4．A 公司将大阳实业有限责任公司所欠的货款 50 000 元转作投资。

5．向银行借入短期借款 200 000 元。

6．偿还甲企业欠款 100 000 元。

7．提取盈余公积 20 000 元。

8．签发商业汇票支付前欠货款 30 000 元。

9．公司董事会决定向投资者分配现金股利 38 000 元。

10．公司决定向某投资者用银行存款退还其投资款 10 000 元。

【实训要求】根据有关经济业务，分析说明这些业务对会计要素情况的影响，并计算 2017 年 1 月末大阳有限公司的资产总额、负债总额和所有者权益总额。将计算结果填入表 2-3 内。

表 2-3　经济业务按会计要素分类表　　（单位：元）

业务序号	资产		负债		所有者权益	
	期初余额	575 000	期初余额	312 000	期初余额	263 000
	增加	减少	减少	增加	减少	增加
1						
2						
3						
4						
5						
6						
7						
8						
9						
10						

项目三 账户和复式记账 03

术语释义

1．会计科目

2．账户

3．复式记账法

4．借贷记账法

5．会计分录

填空题

1．反映财务状况的会计要素包括______、______和______三项。

2．目前我国采用的复式记账法主要是__________。

3．根据资产与权益的恒等关系以及借贷记账法的记账规则，检查所有账户记录是否正确的过程称为_________。

4．借贷记账法余额试算平衡的依据是_____________________。

5．存在对应关系的账户称为________。

单项选择题（请将最佳选项代号填入括号中）

1．对会计要素具体内容进行总括分类、提供总括信息的会计科目称为（　　）。
A．总分类科目　　B．明细分类科目　　C．二级科目　　D．备查科目

2．“预付账款”账户按其所归属的会计要素不同，属于（　　）类账户。
A．资产　　B．负债　　C．所有者权益　　D．成本

3．“预收账款”账户按其所归属的会计要素不同，属于（　　）类账户。
A．资产　　B．负债　　C．所有者权益　　D．成本

4．“主营业务收入”账户按其所归属的会计要素不同，属于（　　）类账户。
A．资产　　B．所有者权益　　C．成本　　D．损益

5．“管理费用”账户按其所归属的会计要素不同，属于（　　）类账户。
A．资产　　B．所有者权益　　C．成本　　D．损益

6．“制造费用”账户按其所归属的会计要素不同，属于（　　）类账户。
A．资产　　B．负债　　C．损益　　D．成本

7．一个账户的增加发生额与该账户的期末余额一般都应在该账户的（　　）。
A．借方　　B．贷方　　C．相同方向　　D．相反方向

8．下列表述中，正确的是（　　）。
A．明细账户根据明细分类科目设置
B．总账的余额不一定等于其所属明细账的余额的合计数
C．所有资产类总账的余额合计数应等于所有负债类总账的余额合计数
D．库存现金日记账实质上就是库存现金的总账

9．“生产成本”账户的期末余额应归属于（　　）类会计要素。
A．资产　　B．负债　　C．所有者权益　　D．利润

10．损益类账户的期末余额一般（　　）。
A．在借方　　B．在贷方　　C．无法确定方向　　D．为零

11．在借贷记账法下，“原材料”账户的余额（　　）。
A．只能在借方　　B．只能在贷方
C．既可能在借方也可能在贷方　　D．肯定为零

12．账户的基本结构是指（　　）。
A．账户的具体格式　　B．账户登记的方法
C．账户登记的日期　　D．账户中登记增减金额等的栏次

13．账户的左方和右方，哪一方记增加，哪一方记减少，取决于（　　）。
A．开设账户时间的长短　　B．所记金额的大小
C．所记经济业务和账户的性质　　D．所记经济业务的重要程度

14．各账户之间的本质区别在于（　　）。
A．反映的经济用途不同　　B．反映的经济内容不同
C．反映的结构不同　　D．反映的格式不同

15．账户的余额按照表示的时间不同，分为（　　）。

A．期初余额　　B．本期增加发生额和本期减少发生额
C．期末余额　　D．期初余额和期末余额

16．某账户的期初余额为700元，期末余额为3 000元，本期减少发生额为800元，则本期增加发生额为（　　）元。

A．1 500　　B．2 200　　C．3 100　　D．4 500

17．年末所有损益类账户的余额均为零，表明（　　）。

A．当年利润一定是零
B．当年利润一定是正数
C．当年利润一定是负数
D．损益类账户在结账时均已转入“本年利润”账户

18．在借贷记账法下，账户的借方用来登记（　　）。

A．资产的增加或权益的减少　　B．资产的减少或权益的增加
C．资产的增加或权益的增加　　D．资产的减少或权益的减少

19．在借贷记账法下，账户的贷方用来登记（　　）。

A．收入的增加或成本费用的增加　　B．收入的增加或成本费用的减少
C．收入的减少或成本费用的增加　　D．收入的减少或成本费用的减少

20．权益类账户的余额一般在（　　）。

A．借方　　B．贷方　　C．无余额　　D．借方或贷方

21．收入类账户的余额一般在（　　）。

A．借方　　B．贷方　　C．无余额　　D．借方或贷方

22．在借贷记账法下，资产类账户的期末余额等于（　　）。

A．期初余额+借方发生额−贷方发生额
B．期初余额+借方发生额+贷方发生额
C．期初余额−借方发生额+贷方发生额
D．期初余额−借方发生额−贷方发生额

23．乙公司月末编制的试算平衡表中，全部账户的本月贷方发生额合计为127万元，除库存现金以外的本月借方发生额合计124万元，则库存现金账户（　　）。

A．本月借方余额为3万元　　B．本月贷方余额为3万元
C．本月贷方发生额为3万元　　D．本月借方发生额为3万元

24．下列记账错误中，不能通过试算平衡检查发现的是（　　）。

A．将某一账户的发生额800元，误写成8 000元
B．漏记了某一账户的发生额
C．将应记入“销售费用”账户的借方发生额，误记入“财务费用”账户的借方
D．重复登记了某一账户的发生额

25．下列关于借贷记账法的表述中，正确的是（　　）。

A．在借贷记账法下，“借”代表增加，“贷”代表减少
B．在借贷记账法下，资产增加记借方，负债减少记贷方
C．在借贷记账法下，可以利用试算平衡检查出所有记账错误

D．借贷记账法是复式记账法的一种

26．借贷记账法的余额试算平衡公式是（　　）。

A．每个账户的借方发生额=每个账户的贷方发生额

B．全部账户本期借方发生额合计=全部账户本期贷方发生额合计

C．全部账户期末借方余额合计=全部账户期末贷方余额合计

D．全部账户期末借方余额合计=部分账户期末贷方余额合计

27．在借贷记账法下，哪一方登记增加金额，哪一方登记减少金额，取决于（　　）。

A．记账形式

B．账户的性质和业务内容

C．核算方法

D．增加的记借方，减少的记贷方的规则

28．企业发生的间接费用应先在“制造费用”账户归集，期末再按一定的标准和方法分配记入（　　）账户。

A．管理费用　　B．生产成本　　C．本年利润　　D．库存商品

多项选择题（每题有两个或两个以上的答案，请将正确选项代号填入括号中）

1．下列账户中，属于资产类账户的有（　　）。

A．预收账款　　B．预付账款

C．原材料　　D．其他应付款

2．下列账户中，属于负债类账户的有（　　）。

A．应付利息　　B．应收账款

C．应付账款　　D．应交税费

3．下列账户中，属于所有者权益类账户的有（　　）。

A．实收资本　　B．盈余公积

C．投资收益　　D．主营业务收入

4．下列账户中，属于成本类账户的有（　　）。

A．生产成本　　B．主营业务成本

C．制造费用　　D．其他业务成本

5．下列账户中，属于损益类账户的有（　　）。

A．主营业务收入　　B．主营业务成本

C．管理费用　　D．制造费用

6．下列项目中，属于账户基本结构内容的有（　　）。

A．账户的名称　　B．增减金额及余额

C．记账凭证的编号　　D．经济业务的摘要

7．下列各项中，属于流动负债的有（　　）。

A．预收账款　　B．预付账款

C．应付票据　　D．应付债券

8．下列账户的四个金额要素中，属于本期发生额的是（　　）。

A．期初余额　　B．本期增加金额

C．本期减少金额　　D．期末余额

9．有关会计科目与账户间的关系，下列表述中正确的有（　　）。

A．两者口径一致，性质相同

B．没有会计科目，账户就失去了设置的依据

C．账户是会计科目的具体运用

D．在实际工作中，会计科目和账户是相互通用的

10．账户一般可以提供的金额指标有（　　）。

A．期初余额　　B．本期增加发生额

C．期末余额　　D．本期减少发生额

11．以下税费可记入"税金及附加"账户核算的有（　　）。

A．增值税　　B．消费税

C．所得税　　D．教育费附加

12．在借贷记账法下，账户的贷方应登记（　　）。

A．资产、费用的增加数　　B．权益、收入的减少数

C．资产、费用的减少数　　D．权益、收入的增加数

13．下列项目中，属于借贷记账法特点的有（　　）。

A．以"借""贷"作为记账符号

B．以"有借必有贷，借贷必相等"作为记账规则

C．记账方向由账户所反映的经济内容来决定

D．可以进行发生额试算平衡和余额试算平衡

14．借贷记账法的试算平衡方法包括（　　）。

A．发生额试算平衡法　　B．增加额试算平衡法

C．减少额试算平衡法　　D．余额试算平衡法

15．在借贷记账法下，当贷记"主营业务收入"账户时，下列账户中可能成为其对应账户的有（　　）。

A．应收账款　　B．预收账款　　C．利润分配　　D．应收票据

判断题（正确的打"√"，错误的打"×"）

1．对于明细账户较多的总账账户，可在总分类账户与明细分类账户之间设置二级或多级账户。（　　）

2．账户分为左右两方，左方登记增加，右方登记减少。（　　）

3．会计科目是账户的名称，账户是会计科目的载体和具体运用。（　　）

4．账户基本结构的内容仅包括增减金额及余额。（　　）

5．"生产成本"账户以及"主营业务成本"账户都属于成本类账户。（　　）

6．会计科目和会计账户的口径一致，性质相同，都具有一定的结构，所以在实际工作

中，对会计科目和账户不加严格区分。（　　）

7．在账户中，登记本期增加的金额称为本期借方发生额，登记本期减少的金额称为本期贷方发生额。（　　）

8．如果某一账户的期初余额为 5 000 元，本期增加发生额为 8 000 元，本期减少发生额为 3 000 元，则期末余额为 10 000 元。（　　）

9．会计科目的基本结构包括原始凭证内容、增减金额、余额等。（　　）

10．账户中上期的期末余额转入本期即为本期的期初余额。（　　）

11．账户的四个金额要素之间的关系可用下面的等式表示：期末余额=期初余额+本期增加发生额–本期减少发生额。（　　）

12．账户的本期发生额是动态资料，而期末余额与期初余额是静态资料。（　　）

实训题

实训一

【实训目的】熟悉账户。

【实训资料】

大阳有限公司 2017 年 4 月 30 日资料如下。

1．存放在银行的款项 295 400 元。

2．房屋、机器设备等财产 438 800 元。

3．存放在出纳处的现金 6 500 元。

4．应付外单位的购货欠款 145 000 元。

5．公司接受投资者投入的资本 680 000 元。

6．预付给外单位的购料款 60 000 元。

7．从银行借入期限为 5 年的借款 650 000 元。

8．仓库中存放的等待销售的产品 86 700 元。

9．应收外单位的欠款 305 000 元。

10．货款已付但尚未入库的材料 100 000 元。

11．提取的法定盈余公积 88 400 元。

12．购买的专利权价值 520 000 元。

13．尚未缴纳的税金 48 000 元。

14．从银行借入期限为 5 个月的借款 50 000 元。

15．应付给银行的借款利息 5 000 元。

16．预收外单位购买产品的货款 98 000 元。

17．欠职工工资 60 000 元。

18．预付给本单位员工出差的差旅费 4 000 元。

19．正在生产流水线上制造的产品 58 000 元。

20．收到出租设备的押金 50 000 元。

【实训要求】按会计要素对账户进行分类，见表 3-1。

表 3-1 账户分类表 (单位：元)

资产		负债		所有者权益	
会计科目	金额	会计科目	金额	会计科目	金额
合 计		合 计		合 计	

实训二

【实训目的】熟悉账户余额与发生额的关系。

【实训资料】

大阳有限公司 2017 年 5 月 31 日部分账户发生额及余额资料，见表 3-2。

表 3-2 大阳有限公司部分账户发生额及余额表 (单位：元)

账户名称	期初余额	本期增加发生额	本期减少发生额	借或贷	期末余额
银行存款	420 000	320 000	540 000		( )
实收资本	1 000 000	300 000	( )		1 300 000
其他应收款	42 000	( )	30 000		18 000
库存现金	( )	9 800	9 900		2 400
固定资产	( )	580 000	80 000		1 250 000
应付账款	50 000	( )	25 000		70 000
盈余公积	450 000	200 000	( )		400 000
应交税费	100 000	240 000	380 000		( )

【实训要求】补充上表括号中的数据并注明余额的借贷方向。

实训三

【实训目的】熟悉借贷记账法下账户余额与发生额的关系。

【实训资料】

大阳有限公司 2017 年 6 月 30 日部分账户发生额及余额资料，见表 3-3。

表 3-3 大阳有限公司部分账户发生额及余额表 （单位：元）

账户名称	期初余额		本期发生额		期末余额	
	借方	贷方	借方	贷方	借方	贷方
库存现金	7 316		1 200	（ ）	4 916	
银行存款	（ ）		（ ）	75 600	（ ）	
原材料	61 380		26 400	（ ）	47 456	
应收账款	（ ）		123 897	（ ）	96 457	
固定资产	（ ）		27 800	2 900	126 900	
累计折旧		（ ）	0	500		（ ）
短期借款		60 000	（ ）	0		20 000
应付账款		96 500	10 200	（ ）		135 700
实收资本		180 000	0	（ ）		220 000
利润分配		48 974	（ ）	32 456		35 400
合计		392 000	（ ）	385 204	（ ）	

【实训要求】补充上表括号中的数据。

实训四

【实训目的】熟悉借贷记账法下会计科目的应用。

【实训资料】

大阳有限公司 2017 年 7 月发生下列经济业务。

1. 7 月 1 日，从银行取得短期借款 320 000 元存入银行存款账户。
2. 7 月 3 日，从银行提取现金 82 000 元。
3. 7 月 5 日，用现金发放工资 72 000 元。
4. 7 月 7 日，以银行存款支付业务招待费 2 000 元。
5. 7 月 8 日，以转账支票支付以前欠 A 公司购买材料款 32 000 元。
6. 7 月 10 日，以银行存款 1 000 元支付广告费。
7. 7 月 12 日，计算分配公司本月职工工资，其中生产工人工资 65 000 元，车间管理人员工资 5 000 元，厂部管理人员工资 7 000 元。
8. 7 月 25 日，1 000 件甲产品完工入库，单位成本 50 元，结转完工产品成本。
9. 7 月 30 日，以银行存款缴纳应交税费 2 300 元。

【实训要求】

1. 根据上述资料编制会计分录。

2. 编制账户发生额试算平衡表，见表 3-4。

表3-4 大阳有限公司账户发生额试算平衡表 （单位：元）

会计科目	本期发生额	
	借方	贷方
库存现金		
银行存款		
库存商品		
应付账款		
应付职工薪酬		
应交税费		
短期借款		
生产成本		
管理费用		
销售费用		
制造费用		
合计		

实训五

【实训目的】熟悉借贷记账法的应用。

【实训资料】

大阳有限公司2017年8月的资料如下。

1．8月初有关账户期初余额，见表3-5。

表3-5 大阳有限公司有关账户期初余额表

2017年8月1日 （单位：元）

资产类	借方余额	权益类	贷方余额
库存现金	4 000	短期借款	51 000
银行存款	265 789	应付账款	143 789
应收账款	70 000	应交税费	40 000
原材料	300 000	长期借款	600 000
库存商品	850 000	实收资本	4 300 000
固定资产	3 645 000		
合计	5 134 789	合计	5 134 789

2．大阳有限公司8月发生下列经济业务。

（1）8月2日，向银行借入4个月短期借款120 000元，存入银行存款账户。

（2）8月3日，以银行存款归还以前欠甲公司货款40 000元。

（3）8月4日，从乙公司购入A材料150 000元入库，货款尚未支付（暂不考虑增值税，下同）。

（4）8月5日，以银行存款缴纳企业所得税20 000元。

（5）8月6日，将多余现金2 000元存入银行。

（6）8月8日，从丙公司购入B材料100 000元入库，货款已付。

（7）8月10日，收到某企业投资1 500 000元，其中不需要安装的设备500 000元，银行存款1 000 000元。

（8）8 月 12 日，以银行存款归还长期借款 600 000 元。
（9）8 月 15 日，收到丁公司所欠货款 70 000 元，存入银行。
（10）8 月 20 日，购入不需要安装的设备一台，价值 250 000 元，以银行存款支付。
（11）8 月 22 日，以银行存款归还短期借款 51 000 元。
（12）8 月 24 日，以银行存款偿还以前欠乙公司材料款 150 000 元。

【实训要求】

1．根据资料 1 开设 T 形账户，并过入期初余额。

2．根据资料 2 逐笔编制会计分录。

3．根据会计分录逐笔登记 T 形账户，并结出期末余额。

4．编制本期发生额及余额试算平衡表，见表 3-6。

表 3-6 大阳有限公司总账账户发生额及余额试算平衡表 （单位：元）

账户名称	期初余额		本期发生额		期末余额	
	借方	贷方	借方	贷方	借方	贷方
合计						

项目四 会计凭证 04

术语释义

1．会计凭证

2．原始凭证

3．记账凭证

4．会计凭证的传递

填空题

1．会计凭证按其填制程序和用途不同，分为________和________两种。

2．在填制会计凭证时，¥1 518.53 的大写金额数字为人民币________________________。

3．登记账簿的直接依据是____________。

4．专用记账凭证按其所反映的经济业务是否与库存现金和银行存款有关，通常可以分为________、________和________三种。

5．记账凭证审核的主要内容有_________、_________、_________、________和__________。

单项选择题（请将最佳选项代号填入括号中）

1．仓库保管人员填制的收料单，属于企业的（　　）。

A．外来原始凭证　　B．自制原始凭证

C．汇总原始凭证　　D．累计原始凭证

2．下列各项中，不能作为原始凭证的是（　　）。

A．发票　　B．领料单

C．工资结算汇总表　　D．银行存款余额调节表

3．原始凭证金额有错误的，应当（　　）。

A．在原始凭证上更正

B．由出具单位更正并且加盖公章

C．由经办人更正

D．由出具单位重开，不得在原始凭证上更正

4．某会计人员在审核记账凭证时，发现误将 1 000 元写成 100 元，尚未入账，一般应采用（　　）改正。

A．重新编制记账凭证　　B．红字更正法

C．补充登记法　　D．冲账法

5．企业出售产品一批，售价 5 000 元，收到一张转账支票送存银行。这笔业务应编制的记账凭证为（　　）。

A．收款凭证　　B．付款凭证　　C．转账凭证　　D．以上均可

6．会计机构和会计人员对真实、合法、合理但内容不准确、不完整的原始凭证，应当（　　）。

A．不予受理　　B．予以受理

C．予以纠正　　D．予以退回，要求更正、补充

7．根据企业材料仓库保管员填制的发料单或发料凭证汇总表，通常应编制（　　）。

A．付款凭证　　B．原始凭证　　C．转账凭证　　D．收款凭证

8．下列记账凭证中，可以不附原始凭证的是（　　）。

A．所有收款凭证　　B．所有付款凭证

C．所有转账凭证　　D．用于结账的记账凭证

9．华达公司于 2017 年 10 月 12 日开出一张库存现金支票，对出票日期的正确填写方法是（　　）。

A．贰零壹柒年壹拾月拾贰日　　B．贰零壹柒年零壹拾月壹拾贰日

C．贰零壹柒年拾月壹拾贰日　　D．贰零壹柒年零拾月壹拾贰日

10．以下不属于原始凭证审核内容的是（　　）。

A．凭证反映的内容是否真实

B．凭证各项基本要素是否齐全

C．会计科目的使用是否正确

D．凭证是否有填制单位的公章和填制人员的签章

多项选择题（每题有两个或两个以上的答案，请将正确选项代号填入括号中）

1．以下各项中，属于原始凭证所必须具备的基本内容的有（　　）。

A．凭证名称、填制日期和编号　　B．经济业务内容摘要

C．对应的记账凭证号数　　D．填制经办人员的签字、盖章

2．张三出差回来，报销差旅费 1 000 元，原预借 1 500 元，交回剩余现金 500 元。这笔业务应该编制的记账凭证有（　　）。

A．付款凭证　　B．收款凭证　　C．转账凭证　　D．原始凭证

3．涉及库存现金与银行存款之间的划款业务时，可以编制的记账凭证有（　　）。

A．银行存款收款凭证　　B．银行存款付款凭证
C．库存现金收款凭证　　D．库存现金付款凭证

4．下列凭证属于外来原始凭证的有（　　）。

A．付款收据　　B．购货发货票
C．施工单　　D．出差人员车票

5．以下属于汇总原始凭证的有（　　）。

A．汇总收款凭证　　B．收料凭证汇总表
C．限额领料单　　D．发料凭证汇总表

6．下列项目中，属于会计凭证的是（　　）。

A．供货单位开具的发票　　B．领用材料时填制的领料单
C．付款凭证　　D．财务部门编制的费用开支计划

7．制造费用分配表属于（　　）。

A．累计凭证　　B．自制原始凭证
C．一次凭证　　D．外来原始凭证

8．下列项目中，属于原始凭证和记账凭证共同具备的基本内容的有（　　）。

A．凭证的名称及编号　　B．填制凭证的日期
C．填制及接受单位的名称　　D．有关人员的签章

9．记账凭证填制以后，必须有专人审核，下列各项中属于其审核的主要内容的有（　　）。

A．项目是否齐全
B．会计分录是否正确，对应关系是否清晰
C．经济业务是否合法合规，有无违法乱纪行为
D．有关项目是否填列完备和有关人员签章是否齐全

10．关于原始凭证的填制，下列说法中正确的是（　　）。

A．不得以虚假的交易或事项为依据填制原始凭证
B．购买实物的原始凭证，必须有验收证明
C．原始凭证应在交易或事项发生或完成时立即填制
D．自制原始凭证必须有经办部门负责人或其指定人员的签名或盖章

判断题（正确的打“√”，错误的打“×”）

1．填制会计凭证，所有以元为单位的阿拉伯数字，除单价等情况外，一律填写到角分；有角无分的，分位应当写“0”或用符号“－”代替。（　　）

2．审核无误的原始凭证是登记账簿的直接依据。（　　）

3．库存现金存入银行时，为避免重复记账，只编制银行存款收款凭证，不编制库存现金付款凭证。（　　）

4．复式凭证是指将每一笔经济业务事项所涉及的全部会计科目及其发生额均在同一张

记账凭证中反映的一种凭证，该凭证至少涉及 3 个会计科目。 （ ）

5．记账凭证既是记录经济业务发生和完成情况的书面证明，也是登记账簿的依据。 （ ）

6．会计凭证上填写的“人民币”字样或符号“¥”与汉字大写金额数字或阿拉伯金额数字之间应留有空白。 （ ）

7．记账凭证可以作为登记账簿的直接依据，原始凭证则不能作为登记账簿的直接依据。 （ ）

8．转账凭证只登记与货币资金收付无关的经济业务。 （ ）

9．会计档案保管期满后，可由档案管理部门自行销毁。 （ ）

10．一切外来的原始凭证都是一次凭证。 （ ）

11．从外部取得的原始凭证，必须盖有填制单位的公章；从个人取得的原始凭证，不需签名盖章。 （ ）

12．会计部门应于记账之后，定期对各种会计凭证进行分类整理，并将各种记账凭证按编号顺序排列，连同所附的原始凭证一起加具封面，装订成册。 （ ）

实训题

实训一

【实训目的】通过实训，使学生掌握大、小写金额的正确书写方法。

【实训资料】

实训资料见表 4-1。

表 4-1 大、小写金额表

题 号	小 写 金 额	大 写 金 额
(1)	¥427.84	
(2)	¥80 010.60	
(3)	¥3 905.00	
(4)	¥19.46	
(5)	¥3 605.08	
(6)		人民币陆佰零伍元捌角整
(7)		人民币壹拾万零叁佰元整
(8)		人民币壹佰零壹万零贰佰肆拾元伍角整

【实训要求】在上述资料表中，根据小写金额写出大写金额或根据大写金额写出小写金额。

实训二

【实训目的】通过实训，使学生掌握票据日期的正确填写方法。

【实训资料】

实训资料见表4-2。

表4-2 票据大、小写日期对应表

题　号	日　期	大写日期
(1)	1月13日	
(2)	10月30日	
(3)	11月2日	
(4)	2月10日	
(5)	7月20日	
(6)	5月11日	

【实训要求】根据上述资料中的日期写出正确的大写日期。

实训三

【实训目的】通过实训，使学生掌握原始凭证的基本内容及填制方法。

【实训资料】

方正公司相关资料如下所示。

地址：天津路9号；纳税人识别号：1100220033004；开户银行及账号：工商银行城西支行45566-78。

2017年1月发生下列经济业务：

1．1月4日，销售给复兴公司甲商品100件，售价120元/件，增值税率17%，共计14040元，开出增值税发票。将收到的转账支票1张，连同进账单（编号160号）一起送存银行办理转账手续（复兴公司地址：瑞和路1号；纳税人识别号：7700011010322；开户银行及账号：工商银行瑞和分理处67788-60）。

2．1月5日，上月从镇江运通公司购进（发票编号：No. 880226）的原材料A材料（编号01-1）运到，验收进入材料仓库。应收A材料1000千克，实收1000千克，单价26元，运费500元，共计26500元。

3．1月8日，一车间从材料仓库领用原材料A材料600千克用于甲产品生产，A材料单价26元，计15600元。

4．1月10日，开出转账支票1张，偿还应付长城公司货款186004元。

5．1月10日，张航交来出差余款现金200元。

【实训要求】

1．根据资料1填制1张增值税专用发票、1张进账单。

2．根据资料2填制1张收料单。

3．根据资料3填制1张领料单。

4．根据资料4填制1张转账支票。

5．根据资料 5 填制 1 张收款收据。

【实训用具】增值税专用发票 1 张，见表 4-3；进账单 1 张，见表 4-4；收料单 1 张，见表 4-5；领料单 1 张，见表 4-6；转账支票 1 张，见表 4-7；收款收据 1 张，见表 4-8。

表 4-3　增值税专用发票

江苏省增值税专用发票

发票联　　　　No. 1234509

开票日期：　　年　月　日

购货单位	名　称		纳税人登记号	
	地址电话		开户银行及账号	

货物或应税劳务名称	规格型号	计量单位	数量	单价	金额								税率	金额					
					十	万	千	百	十	元	角	分		千	百	十	元	角	分
合　计																			

价税合计	（大写）		¥	
销货单位	名　称		纳税人登记号	
	地址电话		开户银行及账号	

销货单位（章）　　收款人：　　复核：　　开票人：

表 4-4　银行进账单

中国工商银行进账单（收账通知）1

年　月　日　　　　第 160 号

付款人	全　称		收款人	全　称	
	账　号			账　号	
	开户银行			开户银行	

人民币（大写）				千	百	十	万	千	百	十	元	角	分
用　途													
票据张数		票据种类											

单位主管　　会计　　复核　　记账　　　　收款人开户银行盖章

表 4-5 收料单

收 料 单

供应单位： 年 月 日

发票号码： 编号：20021

材料编号	名称	规格	计量单位	数量		实际成本			
				应收	实收	单价	发票价格	运杂费	合计
备注：									

收料人： 交料人：

表 4-6 领料单

领 料 单

领用部门： 年 月 日

用途： 编号：00987

材料编号	名称	规格	计量单位	请领数量	实发数量	单位成本	金额	备注

审批人 领料人 发料人 领料部门负责人

表 4-7 转账支票

中国工商银行
转账支票存根（苏）
支票号码：No.2181
附加信息

出票日期 年 月 日

收款人：
金 额：
用 途：

单位主管 会计

本支票付款期限十天

中国工商银行转账支票（苏）

支票号码 No.2181

出票日期（大写）： 年 月 日 开户行名称：

收款人： 出票人账号：

人民币（大写）	亿	千	百	十	万	千	百	十	元	角	分

用途 ____________

上列款项请从
我账户内支付
出票人签章 复核 记账

表 4-8　收款收据

收 款 收 据　　No. 0000056780

日期：　　年　月　日

交款单位＿＿＿＿＿＿＿＿＿　收款方式＿＿＿＿＿＿＿＿＿

人民币（大写）＿＿＿＿＿＿＿＿　¥＿＿＿＿＿＿＿＿

收款事由＿＿＿＿＿＿＿＿＿＿＿＿＿＿＿＿＿＿

年　月　日

单位盖章	财会主管	记账	出纳	审核	经办

实训四

【实训目的】通过实训，使学生掌握收款凭证、付款凭证和转账凭证的填制。

【实训资料】实训三提供的原始凭证资料。

【实训要求】根据实训三提供的原始凭证资料，选择填制收款凭证、付款凭证、转账凭证。

【实训用具】实训用凭证：收款凭证 2 张、付款凭证 1 张、转账凭证 2 张，见表 4-9～表 4-13。

表 4-9　收款凭证一

收 款 凭 证

借方科目：＿＿＿＿　日期：　　年　月　日　　字第　号

对方单位（或缴款人）	摘　要	贷方科目		金额										记账
		总账科目	明细科目	千	百	十	万	千	百	十	元	角	分	√
附件　张		合计金额												

会计主管　　记账　　稽核　　出纳　　制单

表 4-10　收款凭证二

收 款 凭 证

借方科目：＿＿＿＿　日期：　　年　月　日　　字第　号

对方单位（或缴款人）	摘　要	贷方科目		金额										记账
		总账科目	明细科目	千	百	十	万	千	百	十	元	角	分	√
附件　张		合计金额												

会计主管　　记账　　稽核　　出纳　　制单

表 4-11 付款凭证一

付款凭证

贷方科目：______ 日期： 年 月 日 字第 号

对方单位（或领款人）	摘要	借方科目		金额										记账
		总账科目	明细科目	千	百	十	万	千	百	十	元	角	分	√
附件 张		合计金额												

会计主管 记账 稽核 出纳 制单

表 4-12 转账凭证一

转账凭证

分号____

日期： 年 月 日

总号____

摘要	总账科目	明细科目	借方金额											贷方金额											记账
			亿	千	百	十	万	千	百	十	元	角	分	亿	千	百	十	万	千	百	十	元	角	分	√
附件 张	合计																								

会计主管 记账 复核 制单

表 4-13 转账凭证二

转账凭证

分号____

日期： 年 月 日

总号____

摘要	总账科目	明细科目	借方金额											贷方金额											记账
			亿	千	百	十	万	千	百	十	元	角	分	亿	千	百	十	万	千	百	十	元	角	分	√
附件 张	合计																								

会计主管 记账 复核 制单

项目五 主要经济业务的核算 05

术语释义

1．生产费用

2．直接材料

3．直接人工

4．制造费用

5．期间费用

填空题

1．制造业企业的生产经营活动主要包括__________阶段、____________阶段、__________阶段、__________阶段、__________阶段、_______________阶段。

2. ________________阶段是企业筹集生产经营活动所需资金的阶段。

3. ________________阶段是制造业企业以货币资金通过市场购买各种原材料和固定资产，为进行产品生产而储备必要资产的阶段。

4. 某种材料采购总成本=____。

5. 产品生产阶段是制造业企业生产经营的主要阶段，在此阶段，企业要发生各种生产费用，这些费用构成了产品的________________________。

6. 产品销售成本=____。

单项选择题（请将最佳选项代号填入括号中）

1. 企业收到投资人投入的资本时，应贷记（　　）账户。
   A.“投资收益”　B.“实收资本”　C.“资本公积”　D.“盈余公积”
2. 采购员出差预借差旅费时，应借记（　　）账户。
   A.“其他应收款”　B.“管理费用”　C.“在途物资”　D.“其他应付款”
3. 计提本月固定资产折旧时，应贷记（　　）账户。
   A.“固定资产”　B.“累计折旧”　C.“管理费用”　D.“制造费用”
4. 支付产品广告费时，应借记（　　）账户。
   A.“管理费用”　B.“销售费用”
   C.“营业外支出”　D.“其他业务成本”
5. 下列关于“生产成本”账户的表述中，正确的是（　　）。
   A.“生产成本”账户期末肯定无余额
   B.“生产成本”账户期末若有余额，肯定在借方
   C.“生产成本”账户的余额表示已完工产品的成本
   D.“生产成本”账户的余额表示本期发生的生产费用总额
6. 下列关于“累计折旧”账户的表述中，正确的是（　　）。
   A.“累计折旧”账户应根据固定资产的类别进行明细核算
   B.“累计折旧”账户是实收资本账户的调整账户
   C.“累计折旧”账户的贷方登记折旧的增加额
   D.“累计折旧”账户的贷方登记折旧的减少额
7.“所得税费用”账户的贷方登记（　　）。
   A. 转入“本年利润”账户的所得税费用
   B. 实际缴纳的所得税费用
   C. 应由本企业负担的税费
   D. 转入“利润分配”账户的税费
8. 某企业2015年6月30日，“本年利润”账户的贷方余额为18万元，表明（　　）。
   A. 该企业2015年1～6月的净利润为18万元
   B. 该企业2015年6月的净利润为18万元
   C. 该企业2015年全年的净利润为18万元
   D. 该企业2015年12月的净利润为18万元

9．“借：库存商品，贷：生产成本”这笔会计分录反映的经济业务是（　　）。

A．结转已销售产品的生产成本　　B．结转完工入库产品的生产成本

C．冲减完工入库产品的生产成本　　D．冲销已销售产品的成本

10．某企业月初甲在产品成本为 8 900 元，本月为生产甲产品投入生产费用 28 000 元，月末有在产品成本 8 000 元，则本月已完工入库的甲产品成本为（　　）元。

A．28 900　　B．27 100　　C．28 000　　D．36 900

11．“借：本年利润，贷：利润分配”这笔会计分录反映的经济业务是（　　）。

A．分配本年实现的净利润

B．结转全年发生的亏损

C．结转全年实现的净利润

D．将利润分配数转入“本年利润”账户

12．用银行存款偿还前欠某厂购料款，应借记（　　）账户。

A．“在途物资”　　B．“应付账款”　　C．“原材料”　　D．“预付账款”

13．下列关于“本年利润”账户的表述中正确的是（　　）。

A．借方登记转入的主营业务收入、营业外收入等金额

B．贷方登记转入的主营业务成本、营业外支出等金额

C．年度终了结账后，该账户无余额

D．全年的任何一个月末都不应有余额

14．利润分配结束后，“利润分配”总账所属的明细账中只有（　　）可能有余额。

A．提取盈余公积　　B．盈余公积补亏

C．应付利润　　D．未分配利润

15．年末提取法定盈余公积的基数（假设该企业不存在年初未弥补亏损）是（　　）。

A．当年实现的净利润

B．当年实现的净利润+年初未分配利润

C．当年产生的净亏损

D．当年实现的净利润-当年向投资者分配的利润

多项选择题（每题有两个或两个以上的答案，请将正确选项代号填入括号中）

1．下列（　　）项目应直接计入当期损益。

A．管理费用　　B．制造费用　　C．财务费用　　D．销售费用

2．材料采购成本包括（　　）。

A．买价　　B．运杂费

C．运输途中的合理损耗　　D．入库前的挑选整理费用

3．下列费用中，应计入“制造费用”账户的有（　　）。

A．生产工人工资　　B．车间管理人员工资

C．生产工人的福利费　　D．车间管理人员的福利费

4. 下列项目中，属于营业外收入核算内容的有（　　）。
A．违约罚款收入　　B．确实无法支付的应付款项
C．出售材料取得的收入　　D．接受捐赠取得的收入

5. 下列属于利润分配内容的有（　　）。
A．弥补以前年度亏损　　B．提取盈余公积
C．向投资者分配利润　　D．计提所得税费用

6. 发生的下列费用中，应计入“管理费用”账户的有（　　）。
A．车间领用一般消耗性材料　　B．企业经理报销的会议费用
C．车间管理人员的工资　　D．企业的业务招待费用

7. 下列费用中，应计入“生产成本”账户的有（　　）。
A．生产工人工资　　B．车间管理人员工资
C．生产工人的福利费　　D．车间管理人员的福利费

8. 年末结转后，“利润分配”账户的余额可能表示（　　）。
A．未分配利润　　B．净利润
C．利润总额　　D．未弥补亏损

9. 下列项目可以作为工业企业主营业务收入核算内容的有（　　）。
A．提供工业性劳务取得的收入　　B．销售产品取得的收入
C．销售材料取得的收入　　D．购买国债取得的利息收入

10. 下列项目可以作为工业企业其他业务收入核算内容的有（　　）。
A．提供运输劳务取得的收入　　B．销售固定资产取得的收入
C．销售材料取得的收入　　D．罚款收入

11. 下列税金应列作管理费用核算的有（　　）。
A．增值税　　B．房产税
C．印花税　　D．土地使用税

12. 工业企业产品的成本项目一般包括（　　）。
A．直接材料　　B．直接人工　　C．管理费用　　D．制造费用

判断题（正确的打“√”，错误的打“×”）

1. 计提短期借款利息时，应借记“财务费用”账户，贷记“短期借款”账户。（　　）
2. 材料采购人员的差旅费不计入材料的采购成本。（　　）
3. 产品销售成本就是已销产品的生产成本。（　　）
4. 期末，应将“制造费用”账户的本期发生额合计数转入“库存商品”账户。（　　）
5. “销售费用”“管理费用”和“制造费用”账户都属于成本类账户。（　　）
6. “本年利润”账户的余额如果在借方，则表示自年初至本期末累计发生亏损数。（　　）
7. 计提职工福利费时，应贷记“应付福利费”账户。（　　）

8．企业分配生产工人工资时，应借记“生产成本”账户，分配车间管理人员工资时，应借记“管理费用”账户。（　　）

实训题

实训一

【实训目的】掌握企业筹集资金的核算。

【实训资料】

信伟工厂 2017 年 2 月发生下列经济业务。

1．2 月 1 日，向银行申请取得期限为 6 个月的短期借款 30 000 元。
2．2 月 2 日，接受大华公司的不需安装的设备投资，价值 80 000 元。
3．2 月 3 日，向银行申请取得期限为 3 年的借款 200 000 元。
4．2 月 5 日，接受大明公司的资本投资，款项 100 000 元，已存入银行。
5．2 月 6 日，接受阳光公司的专利权投资，评估价 30 000 元。
6．2 月 20 日，归还到期的短期借款本金 40 000 元，利息 3 000 元（已经预提 2 200 元）。
7．2 月 22 日，归还到期的长期借款本金 80 000 元。
8．2 月 28 日，经批准将资本公积 60 000 元转增注册资本。

【实训要求】

1．根据以上经济业务编制会计分录。

2．根据以上经济业务编制收、付、转记账凭证。

【实训用具】实训用凭证：收款凭证 3 张、付款凭证 2 张、转账凭证 3 张，见表 5-1～表 5-8。

表 5-1　收款凭证三

收 款 凭 证

借方科目：________　　日期：　　年　　月　　日　　字第　　号

对方单位（或缴款人）	摘　要	贷方科目		金　额										记　账
		总账科目	明细科目	千	百	十	万	千	百	十	元	角	分	√
附件　　张		合 计 金 额												

会计主管　　记账　　稽核　　出纳　　制单

表 5-2 转账凭证三

转 账 凭 证

分号_____

日期：　年　月　日　　总号_____

摘要	总账科目	明细科目	借方金额											贷方金额											记账
			亿	千	百	十	万	千	百	十	元	角	分	亿	千	百	十	万	千	百	十	元	角	分	√
附件 张	合计																							

会计主管　　记账　　复核　　制单

表 5-3 收款凭证四

收 款 凭 证

借方科目：_____　　日期：　年　月　日　　字第　号

对方单位（或缴款人）	摘要	贷方科目		金额										记账
		总账科目	明细科目	千	百	十	万	千	百	十	元	角	分	√
附件 张		合计金额												

会计主管　　记账　　稽核　　出纳　　制单

表 5-4 收款凭证五

收 款 凭 证

借方科目：_____　　日期：　年　月　日　　字第　号

对方单位（或缴款人）	摘要	贷方科目		金额										记账
		总账科目	明细科目	千	百	十	万	千	百	十	元	角	分	√
附件 张		合计金额												

会计主管　　记账　　稽核　　出纳　　制单

表 5-5 转账凭证四

转 账 凭 证

分号_____

日期：　年　月　日　　总号_____

摘要	总账科目	明细科目	借方金额											贷方金额											记账
			亿	千	百	十	万	千	百	十	元	角	分	亿	千	百	十	万	千	百	十	元	角	分	√
附件 张	合计																							

会计主管　　记账　　复核　　制单

表 5-6　付款凭证二

付 款 凭 证

贷方科目：______　　日期：　年　月　日　　字第　号

对方单位（或领款人）	摘　要	借方科目		金　额										记账
		总账科目	明细科目	千	百	十	万	千	百	十	元	角	分	√
附件　张		合计金额												

会计主管　　记账　　稽核　　出纳　　制单

表 5-7　付款凭证三

付 款 凭 证

贷方科目：______　　日期：　年　月　日　　字第　号

对方单位（或领款人）	摘　要	借方科目		金　额										记账
		总账科目	明细科目	千	百	十	万	千	百	十	元	角	分	√
附件　张		合计金额												

会计主管　　记账　　稽核　　出纳　　制单

表 5-8　转账凭证五

转 账 凭 证　　分号____

日期：　年　月　日　　总号____

摘　要	总账科目	明细科目	借方金额											贷方金额											记账
			亿	千	百	十	万	千	百	十	元	角	分	亿	千	百	十	万	千	百	十	元	角	分	√
附件　张	合　计																								

会计主管　　记账　　复核　　制单

实训二

【实训目的】掌握材料采购业务的核算。

【实训资料】

信伟工厂 2017 年 4 月发生下列经济业务。

1．4 月 5 日，从海湾工厂购入 D 材料 300 千克，买价 51 000 元，增值税 8 670 元，运杂费 800 元，款项尚未支付，材料已验收入库。

2．4月8日，用银行存款归还前欠南方工厂的购料款93 600元。

3．4月12日，从南洋工厂购入E材料500千克，买价80 000元，增值税13 600元，运杂费1 000元，款项已用银行存款支付，材料尚未到达。

4．4月18日，从南洋工厂购入E材料500千克到达，并验收入库。

5．4月20日，从武昌工厂购入A材料600千克，买价60 000元，增值税10 200元，B材料400千克，买价30 000元，增值税5 100元，共发生运杂费2 000元，款项已用银行存款支付，材料尚未到达（运杂费按材料重量分配）。

6．4月26日，从武昌工厂购入A、B材料到达，并验收入库。

【实训要求】

1．根据以上经济业务编制会计分录。

2．根据以上经济业务编制收、付、转记账凭证。

【实训用具】实训用凭证：付款凭证3张、转账凭证3张，见表5-9～表5-14。

表5-9　转账凭证六

转 账 凭 证

分号____

日期：　　年　　月　　日

总号____

摘　要	总账科目	明细科目	借方金额											贷方金额											记账
			亿	千	百	十	万	千	百	十	元	角	分	亿	千	百	十	万	千	百	十	元	角	分	√
附件　张	合　计																								

会计主管　　　　记账　　　　复核　　　　制单

表5-10　付款凭证四

付 款 凭 证

贷方科目：______　　　　日期：　年　月　日　　　　字第　号

对方单位（或领款人）	摘　要	借方科目		金　额										记账
		总账科目	明细科目	千	百	十	万	千	百	十	元	角	分	√
附件　张		合计金额												

会计主管　　　　记账　　　　稽核　　　　出纳　　　　制单

表 5-11 付款凭证五

付 款 凭 证

贷方科目：________ 日期： 年 月 日 字第 号

对方单位（或领款人）	摘　　要	借方科目		金　　额										记　账
		总账科目	明细科目	千	百	十	万	千	百	十	元	角	分	√
附件　张		合 计 金 额												

会计主管　　记账　　稽核　　出纳　　制单

表 5-12 转账凭证七

转 账 凭 证

分号____

日期： 年 月 日 总号____

摘　　要	总账科目	明细科目	借方金额											贷方金额											记　账
			亿	千	百	十	万	千	百	十	元	角	分	亿	千	百	十	万	千	百	十	元	角	分	√
附件　张	合　　计																								

会计主管　　记账　　复核　　制单

表 5-13 付款凭证六

付 款 凭 证

贷方科目：________ 日期： 年 月 日 字第 号

对方单位（或领款人）	摘　　要	借方科目		金　　额										记　账
		总账科目	明细科目	千	百	十	万	千	百	十	元	角	分	√
附件　张		合 计 金 额												

会计主管　　记账　　稽核　　出纳　　制单

表 5-14 转账凭证八

转 账 凭 证

分号____

日期： 年 月 日 总号____

摘　　要	总账科目	明细科目	借方金额											贷方金额											记　账
			亿	千	百	十	万	千	百	十	元	角	分	亿	千	百	十	万	千	百	十	元	角	分	√
附件　张	合　　计																								

会计主管　　记账　　复核　　制单

实训三

【实训目的】掌握企业产品生产的核算。

【实训资料】

信伟工厂 2017 年 6 月初“生产成本——甲产品”账户期初余额 80 000 元，其中直接材料 30 000 元，直接人工 38 000 元，制造费用 12 000 元。6 月份发生下列经济业务。

1．6 月 4 日，以现金支付购买办公用品费 900 元，其中生产车间 600 元，行政管理部门 300 元。

2．6 月 4 日，生产甲产品领用 A 材料 800 千克，单位成本 80 元，生产乙产品领用 B 材料 400 千克，单位成本 100 元，车间一般消耗 C 材料 100 千克，单位成本 40 元。

3．6 月 6 日，采购员张力出差，预借差旅费 3 000 元，用现金支付。

4．6 月 7 日，计提固定资产折旧 5 400 元，其中生产车间负担 4 000 元，行政管理部门负担 1 400 元。

5．6 月 7 日，从银行提取现金 400 000 元，准备发放工资。

6．6 月 8 日，用现金 400 000 元，发放工资。

7．6 月 10 日，生产甲产品领用 A 材料 1 000 千克，单位成本 80 元，生产乙产品领用 B 材料 600 千克，单位成本 100 元，厂部行政管理部门消耗 C 材料 50 千克，单位成本 40 元。

8．6 月 15 日，张力出差回来，报销差旅费 2 680 元，退回多余现金。

9．6 月 26 日，以银行存款支付本月水费 12 720 元（含增值税 720 元），其中生产车间负担 8 000 元，行政管理部门负担 4 000 元。

10．6 月 27 日，以银行存款支付本月电费 17 550 元（含增值税 2 550 元），其中生产车间负担 11 000 元，行政管理部门负担 4 000 元。

11．6 月 28 日，结算本月应付职工工资 400 000 元，其中生产甲产品职工工资 130 000 元，生产乙产品职工工资 120 000 元，车间管理人员工资 60 000 元，行政管理人员工资 90 000 元。

12．6 月 28 日，按应付职工工资的 10%计提职工福利费。

13．6 月 28 日，按应付职工工资的 40%计提职工“五险一金”。

14．6 月 30 日，按甲、乙产品生产工人工资分配并结转本月制造费用。

15．6 月 30 日，本月生产的甲产品 2 000 件，其中完工入库 1 600 件，月末在产品 400 件，在产品按定额成本计算，其中单位在产品的直接材料 87 元，直接人工 100 元，制造费用 30 元，乙产品 1 200 件全部完工入库。

【实训要求】

1．根据以上经济业务编制会计分录。

2．根据以上经济业务编制收、付、转记账凭证。

【实训用具】实训用凭证：付款凭证 6 张、转账凭证 8 张、通用记账凭证 1 张，见表 5-15～表 5-29。

表 5-15　付款凭证七

付 款 凭 证

贷方科目：______　　日期：　年　月　日　　字第　号

对方单位（或领款人）	摘　要	借方科目		金　额										记　账
		总账科目	明细科目	千	百	十	万	千	百	十	元	角	分	√
附件　张		合 计 金 额												

会计主管　　记账　　稽核　　出纳　　制单

表 5-16　转账凭证九

转 账 凭 证

分号______

日期：　年　月　日　　总号______

摘　要	总 账 科 目	明 细 科 目	借 方 金 额											贷 方 金 额											记　账
			亿	千	百	十	万	千	百	十	元	角	分	亿	千	百	十	万	千	百	十	元	角	分	√
附件　张	合　计																								

会计主管　　记账　　复核　　制单

表 5-17　付款凭证八

付 款 凭 证

贷方科目：______　　日期：　年　月　日　　字第　号

对方单位（或领款人）	摘　要	借方科目		金　额										记　账
		总账科目	明细科目	千	百	十	万	千	百	十	元	角	分	√
附件　张		合 计 金 额												

会计主管　　记账　　稽核　　出纳　　制单

表 5-18　转账凭证十

转 账 凭 证

分号______

日期：　年　月　日　　总号______

摘　要	总 账 科 目	明 细 科 目	借 方 金 额											贷 方 金 额											记　账
			亿	千	百	十	万	千	百	十	元	角	分	亿	千	百	十	万	千	百	十	元	角	分	√
附件　张	合　计																								

会计主管　　记账　　复核　　制单

表 5-19 付款凭证九

付 款 凭 证

贷方科目：________　　　日期：　年　月　日　　　字第　号

对方单位（或领款人）	摘　要	借方科目		金　额										记账
		总账科目	明细科目	千	百	十	万	千	百	十	元	角	分	√
附件　张		合计金额												

会计主管　　记账　　稽核　　出纳　　制单

表 5-20 付款凭证十

付 款 凭 证

贷方科目：________　　　日期：　年　月　日　　　字第　号

对方单位（或领款人）	摘　要	借方科目		金　额										记账
		总账科目	明细科目	千	百	十	万	千	百	十	元	角	分	√
附件　张		合计金额												

会计主管　　记账　　稽核　　出纳　　制单

表 5-21 转账凭证十一

转 账 凭 证

分号____

日期：　年　月　日

总号____

摘　要	总账科目	明细科目	借方金额											贷方金额											记账
			亿	千	百	十	万	千	百	十	元	角	分	亿	千	百	十	万	千	百	十	元	角	分	√
附件　张	合　计																								

会计主管　　记账　　复核　　制单

表 5-22 通用记账凭证一

通用记账凭证

日期：　年　月　日　　　第____号

摘　要	总账科目	明细科目	借方金额											贷方金额											记账
			亿	千	百	十	万	千	百	十	元	角	分	亿	千	百	十	万	千	百	十	元	角	分	√
附件　张	合　计																								

会计主管　　记账　　复核　　制单

表 5-23　付款凭证十一

付款凭证

贷方科目：________　　日期：　年　月　日　　字第　号

对方单位（或领款人）	摘　要	借方科目		金　额										记　账
		总账科目	明细科目	千	百	十	万	千	百	十	元	角	分	√
附件　张		合计金额												

会计主管　　记账　　稽核　　出纳　　制单

表 5-24　付款凭证十二

付款凭证

贷方科目：________　　日期：　年　月　日　　字第　号

对方单位（或领款人）	摘　要	借方科目		金　额										记　账
		总账科目	明细科目	千	百	十	万	千	百	十	元	角	分	√
附件　张		合计金额												

会计主管　　记账　　稽核　　出纳　　制单

表 5-25　转账凭证十二

转账凭证

分号____

日期：　年　月　日

总号____

摘　要	总账科目	明细科目	借方金额											贷方金额											记　账
			亿	千	百	十	万	千	百	十	元	角	分	亿	千	百	十	万	千	百	十	元	角	分	√
附件　张	合　计																								

会计主管　　记账　　复核　　制单

表 5-26　转账凭证十三

转账凭证

分号____

日期：　年　月　日

总号____

摘　要	总账科目	明细科目	借方金额											贷方金额											记　账
			亿	千	百	十	万	千	百	十	元	角	分	亿	千	百	十	万	千	百	十	元	角	分	√
附件　张	合　计																								

会计主管　　记账　　复核　　制单

表 5-27 转账凭证十四

转 账 凭 证

分号_____

日期： 年 月 日 总号_____

摘要	总账科目	明细科目	借方金额											贷方金额											记账
			亿	千	百	十	万	千	百	十	元	角	分	亿	千	百	十	万	千	百	十	元	角	分	√
附件 张	合计																								

会计主管 记账 复核 制单

表 5-28 转账凭证十五

转 账 凭 证

分号_____

日期： 年 月 日 总号_____

摘要	总账科目	明细科目	借方金额											贷方金额											记账
			亿	千	百	十	万	千	百	十	元	角	分	亿	千	百	十	万	千	百	十	元	角	分	√
附件 张	合计																								

会计主管 记账 复核 制单

表 5-29 转账凭证十六

转 账 凭 证

分号_____

日期： 年 月 日 总号_____

摘要	总账科目	明细科目	借方金额											贷方金额											记账
			亿	千	百	十	万	千	百	十	元	角	分	亿	千	百	十	万	千	百	十	元	角	分	√
附件 张	合计																								

会计主管 记账 复核 制单

实训四

【实训目的】掌握企业产品销售成本的核算。

【实训资料】信伟工厂2017年8月份发生下列经济业务。

1. 8月4日，以银行存款支付产品广告费40 000元。

2. 8月5日，销售给高扬工厂甲产品400件，单位售价500元，增值税税率为17%，价税款已收存银行。

3. 8月6日，销售给高扬工厂乙产品600件，单位售价400元，增值税税率为17%，价税款未收。

4. 8月8日，销售给扬子工厂甲产品600件，单位售价500元，乙产品800件，单位售价400元，增值税税率为17%，税款已收存银行，货款约定20天内付清。

5. 8月10日，以银行存款支付销售产品的运杂费2 400元。

6．8 月 24 日，收到高扬工厂所欠货款 280 800 元。

7．8 月 25 日，销售给华阳工厂 E 材料 200 千克，单位售价 200 元，增值税税率为 17%，价税款未收。

8．8 月 31 日，结转本月产品销售成本，其中甲产品单位成本 300 元，乙产品单位成本 240 元。

9．8 月 31 日，结转本月 E 材料销售成本 36 000 元。

10．8 月 31 日，按本月应交增值税 60 000 元的 7%和 3%分别计提城市维护建设税和教育费附加。

【实训要求】

1．根据以上经济业务编制会计分录。

2．根据以上经济业务编制收、付、转记账凭证。

【实训用具】实训用凭证：收款凭证 2 张、付款凭证 2 张、转账凭证 5 张、通用记账凭证 1 张，见表 5-30～表 5-39。

表 5-30 付款凭证十三

付款凭证

贷方科目：______ 日期： 年 月 日 字第 号

对方单位（或领款人）	摘要	借方科目		金额										记账
		总账科目	明细科目	千	百	十	万	千	百	十	元	角	分	√
附件 张		合计金额												

会计主管 记账 稽核 出纳 制单

表 5-31 收款凭证六

收款凭证

借方科目：______ 日期： 年 月 日 字第 号

对方单位（或缴款人）	摘要	贷方科目		金额										记账
		总账科目	明细科目	千	百	十	万	千	百	十	元	角	分	√
附件 张		合计金额												

会计主管 记账 稽核 出纳 制单

表 5-32　转账凭证十七

转 账 凭 证

分号______

日期：　　年　　月　　日　　　　总号______

摘　要	总账科目	明细科目	借方金额											贷方金额											记账
			亿	千	百	十	万	千	百	十	元	角	分	亿	千	百	十	万	千	百	十	元	角	分	√
附件　张	合　计																								

会计主管　　　　记账　　　　复核　　　　制单

表 5-33　通用记账凭证二

通用记账凭证

日期：　　年　　月　　日　　　　第______号

摘　要	总账科目	明细科目	借方金额											贷方金额											记账
			亿	千	百	十	万	千	百	十	元	角	分	亿	千	百	十	万	千	百	十	元	角	分	√
附件　张	合　计																								

会计主管　　　　记账　　　　复核　　　　制单

表 5-34　付款凭证十四

付 款 凭 证

贷方科目：______　　日期：　　年　　月　　日　　　　字第　　号

对方单位（或领款人）	摘　要	借方科目		金　额										记账
		总账科目	明细科目	千	百	十	万	千	百	十	元	角	分	√
附件　张		合计金额												

会计主管　　　　记账　　　　稽核　　　　出纳　　　　制单

表 5-35　收款凭证七

收 款 凭 证

借方科目：______　　日期：　　年　　月　　日　　　　字第　　号

对方单位（或缴款人）	摘　要	贷方科目		金　额										记账
		总账科目	明细科目	千	百	十	万	千	百	十	元	角	分	√
附件　张		合计金额												

会计主管　　　　记账　　　　稽核　　　　出纳　　　　制单

表 5-36　转账凭证十八

转账凭证

分号____

日期：　　年　　月　　日

总号____

摘　要	总账科目	明细科目	借方金额											贷方金额											记　账
			亿	千	百	十	万	千	百	十	元	角	分	亿	千	百	十	万	千	百	十	元	角	分	√
附件　张	合　计																								

会计主管　　记账　　复核　　制单

表 5-37　转账凭证十九

转账凭证

分号____

日期：　　年　　月　　日

总号____

摘　要	总账科目	明细科目	借方金额											贷方金额											记　账
			亿	千	百	十	万	千	百	十	元	角	分	亿	千	百	十	万	千	百	十	元	角	分	√
附件　张	合　计																								

会计主管　　记账　　复核　　制单

表 5-38　转账凭证二十

转账凭证

分号____

日期：　　年　　月　　日

总号____

摘　要	总账科目	明细科目	借方金额											贷方金额											记　账
			亿	千	百	十	万	千	百	十	元	角	分	亿	千	百	十	万	千	百	十	元	角	分	√
附件　张	合　计																								

会计主管　　记账　　复核　　制单

表 5-39　转账凭证二十一

转账凭证

分号____

日期：　　年　　月　　日

总号____

摘　要	总账科目	明细科目	借方金额											贷方金额											记　账
			亿	千	百	十	万	千	百	十	元	角	分	亿	千	百	十	万	千	百	十	元	角	分	√
附件　张	合　计																								

会计主管　　记账　　复核　　制单

实训五

【实训目的】掌握企业利润形成和利润分配的核算。

【实训资料】

信伟工厂2017年12月份发生下列经济业务。

1．12月2日，用银行存款向灾区捐款80 000元。

2．12月4日，用银行存款支付违约金10 000元。

3．12月6日，将确定无法支付的应付账款60 000元予以转销。

4．12月31日，结转损益类收入账户的余额，其中：主营业务收入500 000元，其他业务收入40 000元，营业外收入60 000元。

5．12月31日，结转损益类费用账户的余额，其中：主营业务成本250 000元，其他业务成本30 000元，营业外支出90 000元，销售费用28 000元，税金及附加4 000元，管理费用45 000元，财务费用6 800元。

6．12月31日，按本月实现利润总额的25%计算并结转应交所得税。

7．12月31日，年末结转全年实现的净利润240 000元。

8．12月31日，按全年实现的净利润的10%提取法定盈余公积。（假定该企业无未弥补亏损）

9．12月31日，经研究决定，向投资者分配利润80 000元。

10．12月31日，用银行存款支付向投资者分配的利润80 000元。

【实训要求】

1．根据以上经济业务编制会计分录。

2．计算本月实现的营业利润、利润总额、所得税费用、净利润。

3．根据以上经济业务编制收、付、转记账凭证。

【实训用具】实训用凭证：付款凭证3张、转账凭证8张，见表5-40～表5-50。

表 5-40 付款凭证十五

付款凭证

贷方科目：______ 日期： 年 月 日 字第 号

对方单位（或领款人）	摘要	借方科目		金额										记账
		总账科目	明细科目	千	百	十	万	千	百	十	元	角	分	√
附件 张		合计金额												

会计主管 记账 稽核 出纳 制单

表 5-41 付款凭证十六

付款凭证

贷方科目：______ 日期： 年 月 日 字第 号

对方单位（或领款人）	摘要	借方科目		金额										记账
		总账科目	明细科目	千	百	十	万	千	百	十	元	角	分	√
附件 张		合计金额												

会计主管 记账 稽核 出纳 制单

表 5-42 转账凭证二十二

转账凭证

分号______

日期： 年 月 日

总号______

摘要	总账科目	明细科目	借方金额											贷方金额											记账
			亿	千	百	十	万	千	百	十	元	角	分	亿	千	百	十	万	千	百	十	元	角	分	√
附件 张	合计																								

会计主管 记账 复核 制单

表 5-43 转账凭证二十三

转账凭证

分号______

日期： 年 月 日

总号______

摘要	总账科目	明细科目	借方金额											贷方金额											记账
			亿	千	百	十	万	千	百	十	元	角	分	亿	千	百	十	万	千	百	十	元	角	分	√
附件 张	合计																								

会计主管 记账 复核 制单

表5-44 转账凭证二十四

转 账 凭 证

分号_____

日期：　　年　　月　　日

总号_____

摘　要	总账科目	明细科目	借方金额											贷方金额											记账
			亿	千	百	十	万	千	百	十	元	角	分	亿	千	百	十	万	千	百	十	元	角	分	√
附件　张	合　计																								

会计主管　　记账　　复核　　制单

表5-45 转账凭证二十五

转 账 凭 证

日期：　　年　　月　　日

第_____号

摘　要	总账科目	明细科目	借方金额											贷方金额											记账
			亿	千	百	十	万	千	百	十	元	角	分	亿	千	百	十	万	千	百	十	元	角	分	√
附件　张	合　计																								

会计主管　　记账　　复核　　制单

表5-46 转账凭证二十六

转 账 凭 证

分号_____

日期：　　年　　月　　日

总号_____

摘　要	总账科目	明细科目	借方金额											贷方金额											记账
			亿	千	百	十	万	千	百	十	元	角	分	亿	千	百	十	万	千	百	十	元	角	分	√
附件　张	合　计																								

会计主管　　记账　　复核　　制单

表5-47 转账凭证二十七

转 账 凭 证

分号_____

日期：　　年　　月　　日

总号_____

摘　要	总账科目	明细科目	借方金额											贷方金额											记账
			亿	千	百	十	万	千	百	十	元	角	分	亿	千	百	十	万	千	百	十	元	角	分	√
附件　张	合　计																								

会计主管　　记账　　复核　　制单

表 5-48　转账凭证二十八

转 账 凭 证

分号＿＿＿

日期：　　年　　月　　日

总号＿＿＿

摘　　要	总 账 科 目	明 细 科 目	借 方 金 额											贷 方 金 额											记　账
			亿	千	百	十	万	千	百	十	元	角	分	亿	千	百	十	万	千	百	十	元	角	分	√
附件　张	合　　计																								

会计主管　　　　记账　　　　复核　　　　制单

表 5-49　转账凭证二十九

转 账 凭 证

分号＿＿＿

日期：　　年　　月　　日

总号＿＿＿

摘　　要	总 账 科 目	明 细 科 目	借 方 金 额											贷 方 金 额											记　账
			亿	千	百	十	万	千	百	十	元	角	分	亿	千	百	十	万	千	百	十	元	角	分	√
附件　张	合　　计																								

会计主管　　　　记账　　　　复核　　　　制单

表 5-50　付款凭证十七

付 款 凭 证

贷方科目：＿＿＿＿　　日期：　年　月　日　　字第　　号

对方单位（或领款人）	摘　　要	借 方 科 目		金　　额										记　账
		总账科目	明细科目	千	百	十	万	千	百	十	元	角	分	√
附件　　张		合 计 金 额												

会计主管　　　　记账　　　　稽核　　　　出纳　　　　制单

项目六 会计账簿 06

术语释义

1．会计账簿

2．序时账簿

3．分类账簿

4．平行登记

5．对账

6．结账

填空题

1．账簿按照用途可以划分为____________、_____________和_____________。账簿按照

所使用的账页格式可以划分为＿＿＿＿＿＿＿、＿＿＿＿＿＿＿、＿＿＿＿＿＿＿、＿＿＿＿＿＿＿和＿＿＿＿＿＿＿。账簿按照外形特征可以划分为＿＿＿＿＿＿＿、＿＿＿＿＿＿＿和＿＿＿＿＿＿＿。

2．序时账又称＿＿＿，特种日记账一般包括＿＿＿＿＿＿＿和＿＿＿＿＿＿＿。序时账一般采用＿＿＿形式。

3．登记会计账簿的依据是＿＿＿＿。

4．设置和登记账簿是＿＿＿＿＿＿的基础。

5．会计账簿的基本内容有＿＿＿＿＿、＿＿＿＿＿和＿＿＿＿＿。

6．错账更正的方法一般有＿＿＿＿＿、＿＿＿＿＿和＿＿＿＿＿。

单项选择题（请将最佳选项代号填入括号中）

1．下列各账簿中，必须逐日逐笔登记的是（　　）。

A．库存现金总账　　B．银行存款日记账
C．应收账款明细账　　D．应付票据登记簿

2．企业开出转账支票 1 790 元购买办公用品，编制记账凭证时，误记金额为 1 970 元，科目及方向无误并已记账，应采用的更正方法是（　　）。

A．补充登记 180 元　　B．红字冲销 180 元
C．在凭证中划线更正　　D．把错误凭证撕掉重编

3．下列明细分类账中，一般不适宜采用三栏式账页格式的是（　　）。

A．应收账款明细账　　B．应付账款明细账
C．实收资本明细账　　D．原材料明细账

4．根据记账凭证登账，误将 100 元记为 1 000 元，应采用（　　）进行更正。

A．红字更正法　　B．补充登记法　　C．划线更正法　　D．平行登记法

5．下列说法正确的是（　　）。

A．企业应收应付账款明细账与对方单位账户记录核对属于账账核对
B．所有账簿，每年必须更换新账
C．除结账和更正错账外，一律不得用红色墨水登记账簿
D．账簿记录正确并不一定保证账实相符

6．企业临时租入的固定资产应在（　　）中登记。

A．总分类账簿　　B．明细分类账簿
C．备查账簿　　D．无须在账簿中作任何登记

7．在登记账簿过程中，每一账页的最后一行及下一页第一行都要办理转页手续，是为了（　　）。

A．便于查账　　B．防止遗漏
C．防止隔页　　D．保持记录的连续性

8．下列对账工作中属于账实核对的是（　　）。

A．银行存款日记账与银行对账单核对

B．总分类账与所属明细分类账核对

C．会计部门的财产物资明细账与财产物资保管部门的有关明细账核对

D．总分类账与日记账核对

9．下列账户中，必须采用订本式账簿的是（　　）。

A．原材料明细账　　B．库存商品明细账

C．银行存款日记账　　D．固定资产登记簿

10．企业生产车间因生产产品领用材料50 000元，在填制记账凭证时，将借方科目记为“管理费用”并已登记入账，应采用的错账更正方法是（　　）。

A．划线更正法　　B．红字更正法

C．补充登记法　　D．重填记账凭证法

11．从银行提取库存现金，登记库存现金日记账的依据是（　　）。

A．库存现金收款凭证　　B．银行存款收款凭证

C．库存现金付款凭证　　D．银行存款付款凭证

12．下列明细分类账中，适用于登记材料采购业务的是（　　）。

A．三栏式明细分类账　　B．多栏式明细分类账

C．数量金额式明细分类账　　D．横线登记式明细分类账

13．下列明细账中，既适用于金额核算，又适用于数量核算的是（　　）。

A．库存商品明细账　　B．应收账款明细账

C．在途物资明细账　　D．制造费用明细账

14．下列不属于账账核对的是（　　）。

A．明细分类账簿之间的核对

B．总分类账簿与所属明细分类账簿之间的核对

C．总分类账簿与序时账簿之间的核对

D．会计账簿与原始凭证之间的核对

15．会计账簿暂由本单位财务会计部门保管（　　），期满之后，由财务会计部门编造清册移交本单位的档案部门保管。

A．1年　　B．3年　　C．5年　　D．10年

16．在启用之前就已将账页装订在一起，并对账页进行了连续编号的账簿称为（　　）。

A．订本账　　B．活页账　　C．卡片账　　D．联合式账

17．将每一相关的业务登记在一行，从而可依据每一行各个栏目的登记是否齐全来判断该项业务进展情况的明细分类账格式属于（　　）。

A．三栏式　　B．多栏式　　C．数量金额式　　D．横线登记式

18．下列错账中，可以采用补充登记法更正的是（　　）。

A．在结账前发现账簿记录有文字或数字错误，而记账凭证没有错误

B．记账后在当年内发现记账凭证所记的会计科目错误

C．记账后在当年内发现记账凭证所记金额大于应记金额

D．记账后发现记账凭证填写的会计科目无误，只是所记金额小于应记金额

19．下列项目中，不能作为登记总分类账依据的是（　　）。

A．记账凭证　　B．原始凭证

C．科目汇总表　　　　D．汇总记账凭证

20．下列做法中，不符合会计账簿记账规则的是（　　）。

A．账簿中书写的文字和数字一般应占格距的 1/2

B．登记后在记账凭证上注明已经登账的符号

C．使用圆珠笔登账

D．按账簿页次顺序连续登记，不得跳行隔页

多项选择题（每题有两个或两个以上的答案，请将正确选项代号填入括号中）

1．（　　）提供的核算信息是编制会计报表的主要依据。

A．序时账　　B．总账　　C．明细账　　D．备查账

2．登记账簿的依据可以是（　　）。

A．原始凭证　　B．记账凭证

C．记账凭证汇总表　　D．原始凭证汇总表

3．下列说法中正确的有（　　）。

A．短期借款明细账应采用三栏式账页格式

B．应收账款明细账应采用订本式账簿

C．多栏式明细账一般适用于成本费用、收入和利润类的明细账

D．对账的内容包括账证核对、账账核对、账实核对

4．库存现金日记账应根据（　　）登记。

A．库存现金收款凭证　　B．库存现金付款凭证

C．部分银行存款收款凭证　　D．部分银行存款付款凭证

5．下列各账户中，只需反映金额指标的有（　　）。

A．“实收资本”账户　　B．“原材料”账户

C．“库存商品”账户　　D．“短期借款”账户

6．以下内容中，属于对账范围的有（　　）。

A．账簿记录与有关会计凭证的核对

B．库存商品明细账余额与库存商品的实存数核对

C．日记账余额与有关总分类账户余额的核对

D．账簿记录与报表记录的核对

7．记账后发现记账凭证中应借、应贷会计科目正确，只是金额发生错误，可采用的错账更正方法是（　　）。

A．划线更正法　　B．横线登记法　　C．红字更正法　　D．补充登记法

8．下列明细账中，一般采用多栏式明细分类账的有（　　）。

A．应收账款明细账　　B．库存商品明细账

C．生产成本明细账　　D．本年利润明细账

9．下列可以作为登记明细账依据的有（　　）。

A．记账凭证　　B．原始凭证　　C．汇总原始凭证　　D.汇总记账凭证

10．总账与明细账平行登记的要点包括（　　）。

A．所依据的会计凭证相同

B．借贷方向相同

C．所属会计期间相同

D．记入总账的金额与记入所属明细账金额合计相等

判断题（正确的打“√”，错误的打“×”）

1．序时账和分类账所提供的核算信息是编制会计报表的主要依据。（　）

2．从银行提取库存现金的业务应同时根据库存现金收款凭证登记库存现金日记账和银行存款日记账。（　）

3．明细分类账的登记依据只能是记账凭证。（　）

4．所有账簿，每年必须更换新账。（　）

5．在会计核算中，一般应通过财产清查进行账实核对。（　）

6．设置和登记账簿是编制会计报表的基础，是连接会计凭证与会计报表的中心环节。（　）

7．应收账款明细账应采用三栏式账页的订本账。（　）

8．总分类账户平时不必每日结出余额，只需每月结出月末余额。（　）

9．账簿只是一个外在形式，账户才是它的真实内容，账簿与账户的关系是形式和内容的关系。（　）

10．登记账簿要用蓝黑墨水或碳素墨水书写，因此账簿记录中不可能出现红字。（　）

11．每一账页登记完毕结转下页时，应当结出本页合计数及余额，写在本页最后一行和下页第一行有关栏内，并在摘要栏内注明“过次页”和“承前页”字样。（　）

12．按照平行登记中同时期登记的要求，每项经济业务必须在记入总分类账户的当天记入所属的明细分类账户。（　）

实训题

实训一

【实训目的】熟悉库存现金日记账的格式，掌握现金日记账的登记方法。

【实训资料】

佳华工厂2017年5月初“现金日记账”借方余额为2 200元，2015年5月发生下列经济业务。

1．5月4日，厂供销科业务员王军出差，预支差旅费1 000元，付现金。

2．5月10日，从银行提取现金40 000元。

3．5月11日，用现金支付职工工资40 000元。

4．5月12日，用现金支付厂办工作人员市内交通费65元。

5．5 月 20 日，王军出差归来报销差旅费，退回现金 270 元。

【实训要求】

1．根据上述经济业务编制与库存现金有关会计分录。

2．登记库存现金日记账（格式见表 6-1）。

表 6-1 库存现金日记账一

年		凭证		摘要	对方科目	借方	贷方	余额
月	日	种类	编号					

实训二

【实训目的】熟悉银行存款日记账的格式，掌握银行存款日记账的登记方法。

【实训资料】

某工业企业 2016 年 12 月 31 日银行存款借方余额为 45 460 元，2017 年 1 月 1～10 日发生以下经济业务。

1．1 月 1 日，开出转账支票一张，支付上月所欠购料款 15 600 元。

2．1 月 3 日，预收大华公司货款 5 668 元，款项已存入银行。

3．1 月 4 日，开出现金支票一张，提取现金 1 200 元。

4．1 月 8 日，以现金 350 元支付购买材料的运杂费。

5．1 月 9 日，收到红光公司投入货币资金 100 000 元，款项存入银行。

6．1 月 10 日，开出转账支票一张，缴纳厂部办公费 950 元。

【实训要求】

1．根据上述经济业务编制会计分录。

2．根据所给资料，登记银行存款日记账（格式见表 6-2）。

表6-2 银行存款日记账一

年		凭证		摘要	对方科目	借方	贷方	余额
月	日	种类	编号					

↗ 实训三

【实训目的】练习库存现金日记账、银行存款日记账、生产成本明细账、原材料明细账的登记。

【实训资料】

华信公司2017年8月31日库存现金日记账余额2 500元（借方）；银行存款日记账余额900 000元（借方）；原材料总账余额30 000元（借方），其中甲材料3 600千克，每千克5元，计18 000元，乙材料3 000千克，每千克4元，计12 000元；“生产成本——A产品”月初余额18 000元，其中直接材料7 000元，直接人工6 700元，制造费用4 300元。2015年9月发生下列经济业务。

1．9月2日，收到好运公司投入一笔款项100 000元，已存入本公司存款账户。

2．9月5日，购入甲材料1 000千克，每千克5元，计5 000元，增值税额850元；乙材料2 000千克，每千克4元，计8 000元，增值税额1 360元，货款及税金均以银行存款支付。材料已验收入库，结转材料采购成本。

3．9月7日，从银行提取现金18 000元备发工资。

4．9月8日，用现金发放职工工资18 000元。

5．9月9日，购入甲材料2 000千克，每千克5元，计价款10 000元，增值税额为1 700元，货款及税款当即以银行存款支付。材料已验收入库，结转材料采购成本。

6．9月15日，车间采购员王海出差，预借差旅费1 000元。

7．9月18日，王海报销差旅费1 200元，不足部分用现金补足。

8．9月19日，仓库发出材料，用于产品生产，资料如下：

A产品领用：甲材料2 000千克，计10 000元；
乙材料3 000千克，计12 000元。

B产品领用：甲材料500千克，计2 500元；
乙材料1 000千克，计4 000元。
车间领用甲材料500千克，计2 500元。
厂部领用乙材料500千克，计2 000元。

9．9月20日，分配结转本月职工工资100 000元，其中：

A产品生产工人工资 50 000元
B产品生产工人工资 30 000元
车间管理人员工资 5 000元
厂部管理人员工资 15 000元

10．9 月 21 日，本月销售 A 产品 10 000 件，每件 10 元，增值税税额 17 000 元；B 产品 5 000 件，每件 40 元，增值税税额 34 000 元，货款及税款已收存银行。

11．9 月 22 日，以现金支付车间办公用品费 900 元。

12．9 月 30 日，分配结转本月制造费用（按生产工人工资比例分配）。

13．9 月 30 日，结转本月完工入库产品成本（假设 A 产品 12 000 件全部完工，B 产品全部未完工）。

14．9 月 30 日，收回方兴公司前欠货款 50 000 元，存入银行。

15．9 月 30 日，本月销售 A 产品的生产成本为 75 000 元，B 产品的生产成本为 180 000 元，结转本月产品销售成本。

【实训要求】

1．根据上述经济业务编制会计分录。

2．根据上述经济业务，登记相关账簿。

【实训用具】实训用会计账簿：库存现金日记账（见表 6-3）、银行存款日记账（见表 6-4）、生产成本明细账（见表 6-5）、原材料总分类账（见表 6-6）及其明细账（见表 6-7、表 6-8）。

表 6-3　库存现金日记账二

年		凭证		摘要	对方科目	借方	贷方	余额
月	日	种类	编号					

表 6-4　银行存款日记账二

年		凭证		摘要	对方科目	借方	贷方	余额
月	日	种类	编号					

表 6-5 生产成本明细账

产品名称________ 完工产量________

年		凭证号数	摘要	借方发生额	成本项目		
月	日				直接材料	直接人工	制造费用

表 6-6 总分类账户一

账户名称：原材料 （单位：元）

年		凭证号数	摘要	借方	贷方	借或贷	余额
月	日						

表 6-7 原材料明细分类账户一

账户名称：甲材料 （单位：元）

年		凭证号数	摘要	收入			发出			结余		
月	日			数量	单价	金额	数量	单价	金额	数量	单价	金额

表 6-8 原材料明细分类账户二

账户名称：乙材料 （单位：元）

年		凭证号数	摘要	收入			发出			结余		
月	日			数量	单价	金额	数量	单价	金额	数量	单价	金额

实训四

【实训目的】熟悉和掌握错账更正方法。

【实训资料】

某企业会计人员在结账前进行对账时，发现下列错账。

1．职工预借差旅费 5 000 元，编制的记账凭证中的科目及金额为：

借：管理费用　　5 000

　　贷：库存现金　　5 000

2．计提管理用固定资产的折旧 10 000 元，编制的记账凭证中的科目及金额为：

借：管理费用　　1 000

　　贷：累计折旧　　1 000

3．生产产品领用材料 6 000 元，编制的记账凭证中的科目及金额为：

借：生产成本　　60 000

　　贷：原材料　　60 000

4．行政管理部门购买办公用品 500 元，编制的记账凭证中的科目及金额为：

借：管理费用　　500

　　贷：银行存款　　500

但是登记账簿时，误将“管理费用”账户登记为 50 元。

【实训要求】

1．指出上述错账应采用何种更正方法。

2．编制错账更正后的会计分录。

项目七　财产清查　07

术语释义

1．财产清查

2．实地盘存制

3．永续盘存制

4．未达账项

5．盘盈

6．盘亏

填空题

1．财产清查是指通过对________、________和________的盘点或核对，确定其________，查明________与________是否相符的一种专门方法。

2．财产清查按对象和范围可分为________和________两种，按________可分为定期清查和不定期清查两种。

3．实物资产的清查主要有________和________两种。

4．当企业和银行之间存在未达账项时，应编制＿＿＿＿＿＿＿＿＿＿，但它不能作为记账的原始依据，企业应在收到＿＿＿＿＿＿＿＿后再进行有关账务处理。

5．往来款项的清查一般采取＿＿＿＿＿＿的方法进行核对。

单项选择题（请将最佳选项代号填入括号中）

1．因企业合并、改制、重组进行的财产清查，应属于（　　）。

A．重点清查　　B．全面清查　　C．局部清查　　D．定期清查

2．对库存现金进行清查应采用的方法是（　　）。

A．技术推算法　　B．实地盘点法　　C．询证核对法　　D．抽查法

3．下列记录可以作为调整账面数字的原始凭证的是（　　）。

A．盘存单　　B．实存账存对比表

C．银行存款余额调节表　　D．往来款项对比表

4．财产清查中发现账外机器一台，其市场价格为 80 000 元，估计六成新，则该固定资产的入账价值为（　　）元。

A．80 000　　B．48 000　　C．32 000　　D．128 000

5．“待处理财产损溢”账户未转销的借方余额表示（　　）。

A．等待处理的财产盘盈

B．等待处理的财产盘亏

C．尚待批准处理的财产盘盈数大于尚待批准处理的财产盘亏和毁损数的差额

D．尚待批准处理的财产盘盈数小于尚待批准处理的财产盘亏和毁损数的差额

6．对银行存款进行清查时，应将企业的（　　）与银行对账单逐笔核对。

A．银行存款总账　　B．银行存款日记账

C．银行支票备查簿　　D．现金日记账

7．在实际工作中，企业一般以（　　）作为财产物资的盘存制度。

A．收付实现制　　B．权责发生制　　C．永续盘存制　　D．实地盘存制

8．库存现金清查中，对无法查明原因的多余款，经批准应计入（　　）。

A．其他应收款　　B．其他应付款　　C．营业外收入　　D．管理费用

9．银行对账单余额为 48 000 元，银行已收而企业未收的款项为 3 000 元，企业已收而银行未收款项为 200 元，企业已付而银行未付款项为 3 200 元，则调整后存款余额为（　　）元。

A．45 000　　B．46 000　　C．47 000　　D．51 000

10．下列事项中，属于账实核对的是（　　）。

A．原始凭证与记账凭证的核对

B．总分类账与明细分类账的核对

C．银行存款日记账与银行对账单的核对

D．会计报表与账簿的核对

11．现金出纳人员发生变动时，应对其保管的库存现金进行清查，这种财产清查属于（　　）。

A．全面清查和定期清查　　B．局部清查和不定期清查
C．全面清查和不定期清查　　D．局部清查和定期清查

12．在财产清查中发现库存材料实存数小于账面数，其原因为自然损耗所致，经批准后，会计人员应列作（　　）处理。

A．增加营业外收入　　B．增加管理费用
C．减少管理费用　　D．增加营业外支出

13．在财产清查中，实物盘点的结果应如实登记在（　　）。

A．盘存单　　B．账存实存对比表
C．对账单　　D．盘盈盘亏报告表

14．对实物资产进行清查盘点时，（　　）必须在场。

A．实物保管员　　B．记账人员　　C．会计主管　　D．单位领导

多项选择题（每题有两个或两个以上的答案，请将正确选项代号填入括号中）

1．下列财产的清查一般采用实地盘点法的有（　　）。

A．库存现金　　B．应收账款　　C．银行存款　　D．实物资产

2．下列单据中，属于原始凭证的有（　　）。

A．发票　　B．盘存单
C．账存实存对比表　　D．库存现金盘点表

3．与外单位核对账目的方法适用于（　　）。

A．库存现金的清查　　B．银行存款的清查
C．往来款项的清查　　D．材料的清查

4．全面清查一般是在（　　）时进行。

A．年末　　B．季末
C．月末　　D．一次性清产核资

5．月末企业银行存款日记账与银行对账单不一致，造成企业账面存款余额大于银行对账单存款余额的原因有（　　）。

A．企业已收款入账，而银行尚未入账　　B．企业已付款入账，而银行尚未入账
C．银行已收款入账，而企业尚未入账　　D．银行已付款入账，而企业尚未入账

6．对于盘亏、毁损的存货，经批准后进行账务处理时，可能涉及的借方账户有（　　）。

A．“其他应收款”　　B．“营业外支出”　　C．“管理费用”　　D．“原材料”

7．下列业务中需要通过“待处理财产损溢”账户核算的是（　　）。

A．库存现金丢失　　B．原材料盘亏
C．无法支付应付账款　　D．无法收回应收账款

8．以下情形中，应该对财产进行不定期清查的是（　　）。

A．发现库存现金被盗　　B．与其他企业合并
C．年终决算时　　D．自然灾害造成部分财产损失

9．财产物资的盘存制度有（　　）。

A．权责发生制　　B．收付实现制　　C．实地盘存制　　D．永续盘存制

10．与“待处理财产损溢”账户借方发生对应关系的账户可能有（　　）。

A．原材料　　B．库存现金　　C．应收账款　　D．营业外收入

判断题（正确的打“√”，错误的打“×”）

1．银行存款的清查，主要是将银行存款日记账与总账进行核对。（　　）

2．未达账项是造成企业银行存款日记账与银行对账单余额不等的唯一原因。（　　）

3．从财产清查的对象和范围看，年终决算前对企业财产物资所进行的清查一般属于全面清查。（　　）

4．在采用永续盘存制下，还需要再对各项财产物资进行实地盘点。（　　）

5．在清查盘点实物时，可以由盘点人员单方面清点即可，保管人员不需在场。（　　）

6．对于价值低、品种杂、进出频繁的商品或材料物资的清查，应采用实地盘存制。（　　）

7．实物盘点后，应根据“实存账存对比表”作为调整账面余额记录的原始依据。（　　）

8．对于盘盈或盘亏的财产物资，需在期末结账前处理完毕，如在期末结账前尚未经批准处理的，等批准后进行处理。（　　）

9．财产清查中，对于银行存款、各种往来款项至少每月与银行或有关单位核对一次。（　　）

10．存货清查过程中发现的超定额损耗应记入“营业外支出”账户。（　　）

实训题

实训一

【实训目的】练习银行存款对账方法。

【实训资料】

利民工厂2017年6月30日“银行存款日记账”账面余额为32 400元，开户银行送达的对账单银行存款余额为31 910元。经核查，发现有以下几笔未达账项：

1．6月28日，企业开出支付购料货款的转账支票7 600元，银行尚未入账。

2．6月29日，企业存入购货单位开来的转账支票8 840元，银行尚未入账。

3．6月29日，银行为企业代付电费6 500元，企业尚未入账。

4．6月30日，银行为企业代收销售产品的货款9 250元，企业尚未入账。

5．6月30日，企业开出预付房租的现金支票1 500元，银行尚未入账。

6．6月30日，银行为企业代付水费3 500元，企业尚未入账。

【实训要求】根据资料编制"银行存款余额调节表"（见表7-1），指出企业的银行存款实有数额。

表7-1 银行存款余额调节表

2017年6月30日 （单位：元）

项目	金额	项目	金额
企业银行存款日记账余额 加：银行已收、企业未收 减：银行已付、企业未付		银行对账单余额 加：企业已收、银行未收 减：企业已付、银行未付	
调节后存款余额		调节后存款余额	

实训二

【实训目的】练习存货盘盈、盘亏的处理。

【实训资料】

1. 中天公司2017年6月30日进行材料盘点，情况如下：

（1）A材料：账面结存1 250千克，单价20元/千克，实际盘存数1 240千克。

（2）B材料：账面结存380千克，单价40元/千克，实际盘存数390千克。

（3）C材料：账面结存579千克，单价50元/千克，实际盘存数569千克。

2. 上述材料盈亏情况原因已查明，经批准分别处理如下：

（1）A材料盘亏系自然损耗，按规定予以转销。

（2）B材料盘盈系发料计算差错所致，经批准冲减管理费用。

（3）C材料盘亏系保管员工作失误造成，由保管员全额赔偿，款项尚未收到。

【实训要求】根据资料编制存货盘盈、盘亏批准前、后的会计分录。

实训三

【实训目的】练习存货毁损的处理。

【实训资料】清扬公司2017年6月30日因水灾造成库存商品发生毁损，账面价值150 000元，残料估价10 000元，作为原材料入库，由保险公司赔偿130 000元，款项尚未收到，其余损失经批准列作营业外支出（暂不考虑增值税）。

【实训要求】根据资料编制存货毁损批准前、后的会计分录。

项目八　财务会计报告　08

术语释义

1．财务会计报告

2．资产负债表

3．利润表

4．中期财务会计报表

填空题

1．______________是财务会计报告的核心。

2．一套完整的财务会计报表至少应当包括下列组成部分：（1）______________；（2）__________；（3）______________；（4）____________________；（5）__________。

3．会计报表编制的根据是____________。

4．依照我国的会计准则，资产负债表采用的格式为__________。

5．依照我国的会计准则，利润表采用的格式为__________。

6．“应收账款”账户所属明细账户如有贷方余额，应在资产负债表____________项目中反映。

7．编制会计报表时，以“资产=负债+所有者权益”这一会计等式作为编制依据的会计报表是____________。

8．编制会计报表时，以“收入–费用=利润”这一会计等式作为编制依据的会计报表是＿＿＿＿＿＿。

9．资产负债表中的资产项目应按其＿＿＿＿＿程度大小顺序排列。

10．在利润表上，利润总额减去＿＿＿＿＿＿＿后，得出净利润。

单项选择题（请将最佳选项代号填入括号中）

1．资产负债表中，“应收账款”项目应根据（　　）填列。

A．“应收账款”总分类账户的期末余额

B．“应收账款”总分类账户所属各明细分类账户期末借方余额合计数

C．“应收账款”总分类账户所属各明细分类账户期末贷方余额合计数

D．“应收账款”和“预收账款”总分类账户所属各明细分类账户期末借方余额合计数减去“坏账准备”账户中有关应收账款计提的坏账准备期末余额后的金额

2．资产负债表是反映企业（　　）财务状况的会计报表。

A．某一特定日期　　B．一定时期内

C．某一年份内　　D．某一月份内

3．在下列各个会计报表中，属于企业对外的静态报表的是（　　）。

A．利润表　　B．所有者权益变动表

C．资产负债表　　D．现金流量表

4．某年12月31日编制的利润表中“本期金额”一栏反映了（　　）。

A．12月31日利润或亏损的形成情况

B．12月份累计利润或亏损的形成情况

C．12月份利润或亏损的形成情况

D．第4季度利润或亏损的形成情况

5．某企业“应付账款”明细账期末余额情况如下：A企业贷方余额为20 000元，B企业借方余额为18 000元，C企业贷方余额为30 000元。假如该企业“预付款项”明细账均为借方余额，则根据以上数据计算的反映在资产负债表上“应付账款”项目的数额为（　　）元。

A．68 000　　B．50 000　　C．32 000　　D．18 000

6．下列直接根据总分类账户余额填列资产负债表项目的是（　　）。

A．“短期借款”　　B．“应收账款”　　C．“未分配利润”　　D．“存货”

7．资产负债表的下列项目中，需要根据几个总账账户的期末余额进行汇总填列的是（　　）。

A．“应付职工薪酬”　　B．“短期借款”　　C．“货币资金”　　D．“资本公积”

8．资产负债表中的“存货”项目，应根据（　　）。

A．“存货”账户的期末借方余额直接填列

B．“原材料”“工程物资”和“库存商品”等账户的期末借方余额之和填列

C．“原材料”“生产成本”和“库存商品”等账户的期末借方余额之和填列

D．“原材料”“在产品”和“库存商品”等账户的期末借方余额之和填列

9．下列各项中，不会影响营业利润金额增减的是（ ）。

A.“资产减值损失” B.“财务费用” C.“投资收益” D.“营业外支出”

10．编制利润表主要是根据（ ）。

A．资产、负债及所有者权益各账户的本期发生额

B．资产、负债及所有者权益各账户的期末余额

C．损益类各账户的本期发生额

D．损益类各账户的期末余额

11．在编制资产负债表时，下列各项中，需要根据其明细账户及“预收款项”账户相关明细账户的余额填列的有（ ）。

A.“应付债券” B.“应收账款” C.“实收资本” D．“存货”

12．资产负债表中的“应付账款”项目，应（ ）。

A．直接根据“应付账款”总账账户的期末贷方余额填列

B．根据“应付账款”账户的期末贷方余额和“应收账款”账户的期末借方余额计算填列

C．根据“应付账款”账户的期末贷方余额和“应收账款”账户的期末贷方余额计算填列

D．根据“应付账款”账户和“预付款项”账户所属相关明细账户的期末贷方余额计算填列

13．按照我国现行会计制度规定，企业每个（ ）都要编制资产负债表。

A．月末 B．季末 C．半年末 D．年末

14．H公司年末“应收账款”账户的借方余额为100万元（其中有一明细账贷方余额为5万元），“预收款项”账户贷方余额为150万元，其中，明细账的借方余额为15万元，贷方余额为165万元。“应收账款”对应的“坏账准备”期末余额为8万元，该企业年末资产负债表中“应收款项”项目的金额为（ ）万元。

A．165 B．150 C．120 D．112

15．下列各项中，不会影响利润总额增减变化的是（ ）。

A.“销售费用” B.“管理费用” C.“所得税费用” D.“营业外收入”

多项选择题（每题有两个或两个以上的答案，请将正确选项代号填入括号中）

1．利润表中的“营业成本”项目填列所依据的是（ ）。

A.“营业外支出”发生额 B.“主营业务成本”发生额

C.“其他业务成本”发生额 D.“税金及附加”发生额

2．下列属于利润表提供信息的有（ ）。

A．实现的营业收入 B．发生的营业成本

C．营业利润 D．企业的利润或亏损总额

3．下列各项中，属于资产负债表中流动资产项目的有（ ）。

A.“货币资金” B.“预收款项” C.“应收账款” D.“存货”

4. 编制资产负债表时，需根据有关总账账户期末余额分析、计算填列的项目有（　　）。
A.“货币资金”　B.“预付款项”　C.“存货”　D.“短期借款”
5. 资产负债表中的“存货”项目应根据（　　）总账账户的合计数填列。
A.“周转材料”　B.“在途物资”　C.“生产成本”　D.“工程物资”
6. 在编制资产负债表时，应根据总账账户的期末借方余额直接填列的项目有（　　）。
A.“固定资产清理”　B.“交易性金融资产”　C.“短期借款”　D.“应付利息”
7. 下列影响利润总额计算的项目有（　　）。
A.“营业收入”　B.“营业外支出”　C.“营业外收入”　D.“投资收益”
8. 以下资产负债表项目中，直接根据总分类账户余额填列的有（　　）。
A.“应交税费”　B.“应付职工薪酬”　C.“实收资本”　D.“短期借款”
9. 下列资产负债表项目中，不能直接根据总分类账户余额填列的有（　　）。
A.“应付票据”　B.“货币资金”　C.“存货”　D.“预收账款”
10. 下列账户中，可能影响资产负债表中“应付账款”项目金额的有（　　）。
A.“应收账款”　B.“预收账款”　C.“应付账款”　D.“预付账款”
11. 资产负债表中“预收款项”项目应根据（　　）总分类账户所属各明细分类账户期末贷方余额合计填列。
A.“预付账款”　B.“应收账款”　C.“应付账款”　D.“预收款项”
12. 资产负债表的数据来源，可以根据（　　）取得。
A. 总账账户余额直接填列　B. 总账账户余额计算填列
C. 记账凭证直接填列　D. 明细账户余额计算填列
13. 以下项目中，会影响营业利润计算的有（　　）。
A.“营业外收入”　B.“税金及附加”
C.“营业成本”　D.“管理费用”
14. 下列各项中，属于资产负债表中流动负债项目的有（　　）。
A.“应付职工薪酬”　B.“应付利息”　C.“应交税费”　D.“应付票据”
15. 利润表中的“营业收入”项目填列所依据的是（　　）。
A.“主营业务收入”发生额　B.“其他业务收入”发生额
C.“本年利润”发生额　D.“投资收益”发生额
16. 资产负债表中的“预付款项”项目，应根据（　　）之和填列。
A.“预付账款”明细账户的借方余额　B.“预付账款”明细账户的贷方余额
C.“应付账款”明细账户的借方余额　D.“应付账款”明细账户的贷方余额

判断题（正确的打“√”，错误的打“×”）

1. 会计报表按其反映的内容，可以分为静态会计报表和动态会计报表，资产负债表是反映在某一时期企业财务状况的会计报表。（　　）
2. 会计报表按照报送对象不同，可以分为个别会计报表和合并会计报表。（　　）
3. 资产负债表中的“期末余额”栏各项目主要是根据总账或有关明细账本期发生额直

接填列的。（　）

4．资产负债表中“货币资金”项目，应根据“银行存款”账户的期末余额直接填列。（　）

5．资产负债表中“固定资产”项目，应根据“固定资产”账户余额减去“累计折旧”、“固定资产减值准备”等账户的期末余额后的金额填列。（　）

6．利润表中“营业成本”项目，反映企业销售产品和提供劳务等主要经营业务的各项销售费用和实际发生的销售成本。（　）

7．资产负债表中资产项目是按资产流动性由小到大的顺序排列的。（　）

8．利润表中的各项目应根据有关损益类账户的本期发生额或余额分析计算填列。（　）

9．个别报表和合并报表都是由企业在自身会计核算基础上对账簿记录进行加工而编制的会计报表。（　）

10．账户式资产负债表分左右两方，右方为负债及所有者权益项目，一般按求偿权先后顺序排列。（　）

11．会计报表项目数据的直接来源是原始凭证和记账凭证。（　）

12．资产负债表是总括反映企业特定日期资产、负债和所有者权益情况的静态报表，通过它可以了解企业的资产构成、资金的来源构成和企业债务的偿还能力。（　）

13．中期财务报表是指以一年的中间日为资产负债表日编制的财务报表。（　）

14．在资产负债表中，“其他应收款”项目应根据“其他应收款”账户总账余额直接填列。（　）

15．向不同会计资料使用者提供财务会计报告，其编制依据应当一致。（　）

实训题

实训一

【实训目的】学会资产负债表中项目金额的计算方法。

【实训资料】

三亚有限公司 2017 年 2 月 28 日有关账户的余额资料，见表 8-1。

表 8-1　三亚有限公司账户的余额　　（单位：元）

账　户	借方余额	贷方余额
库存现金	7 800	
银行存款	158 000	
其他货币资金	24 000	
在途物资	15 600	
原材料	57 000	
周转材料	13 000	
库存商品	121 000	
生产成本	36 800	
应收利息	6 000	

（续）

账　户	借方余额	贷方余额
应付利息		4 000
应收账款	48 000	
其中：A公司	56 000	
B公司		8 000
应付账款		32 000
其中：C公司	16 000	
D公司		48 000
预付款项	52 000	
其中：甲公司	64 000	
乙公司		12 000
预收款项		11 000
其中：丙公司		18 000
丁公司	7 000	
应付职工薪酬	25 400	
本年利润		16 900
利润分配		5 100

【实训要求】计算该公司月末资产负债表中下列项目的金额。

（1）货币资金=

（2）存货=

（3）应收账款=

（4）应付账款=

（5）预付款项=

（6）预收款项=

（7）应付职工薪酬=

（8）未分配利润=

（9）应收利息=

（10）应付利息=

实训二

【实训目的】学会利润表中项目金额的计算方法。

【实训资料】

五星有限公司2017年6月份有关账户的发生额资料，见表8-2。

表8-2　五星有限公司账户发生额表　（单位：元）

科　目	借方发生额	贷方发生额	科　目	借方发生额	贷方发生额
主营业务收入		590 000	其他业务收入		3 800
主营业务成本	350 000		其他业务成本	1 700	
税金及附加	45 500		投资收益		2 700
销售费用	8 400		营业外收入		4 800
管理费用	18 700		营业外支出	3 200	
财务费用	2 400		所得税费用	42 850	

【实训要求】编制五星有限公司 2017 年 6 月份利润表，见表 8-3。

表 8-3 利润表一

编制单位：五星有限公司 2017 年 6 月 （单位：元）

项目	本期金额
一、营业收入	
减：营业成本	
税金及附加	
销售费用	
管理费用	
财务费用	
加：投资收益	
二、营业利润（亏损以“-”号填列）	
加：营业外收入	
减：营业外支出	
三、利润总额（亏损以“-”号填列）	
减：所得税费用	
四、净利润（亏损以“-”号填列）	

实训三

【实训目的】学会资产负债表及利润表中项目金额的计算方法。

【实训资料】

升华有限公司 2017 年 12 月有关账户的发生额及余额资料，见表 8-4。

表 8-4 总分类账户发生额及余额表 （单位：元）

账户	期初余额		本期发生额		期末余额	
	借方	贷方	借方	贷方	借方	贷方
库存现金	8 262.50		5 130	6 380	7 012.50	
银行存款	1 012 503.60		2 661 600	3 483 343.78	190 759.82	
其他货币资金	234 000			70 200	163 800.00	
应收票据			1 123 200		1 123 200	
应收账款	468 000		1 579 500		2 047 500	
预付账款	50 000				50 000	
其他应收款	43 000		4 000	4 000	43 000	
在途物资	76 000		60 000	136 000	0	
库存商品	1 314 000		4 440 855.20	1 314 000	4 440 855.20	
原材料	1 755 000		332 000	1 923 000	164 000	
周转材料	56 800				56 800	
生产成本	132 000		4 308 855.20	4 440 855.20		
制造费用			594 678.80	594 678.80		
固定资产	28 000 000				28 000 000	
累计折旧		8 400 000		199 960		8 599 960
在建工程	557 575		284 959.70		842 534.70	
无形资产	270 000				270 000	
累计摊销		108 000		2 250		110 250

（续）

账户	期初余额		本期发生额		期末余额	
	借方	贷方	借方	贷方	借方	贷方
短期借款		500 000	500 000	600 000		600 000
应付票据				108 225		108 225
应付账款		237 600	158 794	114 829		193 635
预收账款		1 053 000	1 053 000			0
其他应付款		8 000		150 000		158 000
应付职工薪酬		56 358.10	3 158 000	3 158 000		56 358.10
应交税费		310 683	680 408.00	4 070 866.57		3 701 141.57
应付利息		7 500	7 500	4 500		4 500
应付股利				3 846 696.28		3 846 696.28
实收资本		14 000 000		1 500 000		15 500 000
资本公积		600 000				600 000
盈余公积		74 000		757 139.26		831 139.26
本年利润		8 500 000	12 190 850	3 690 850		0
利润分配		122 000	9 207 671.08	12 175 228.09		3 089 557.01
主营业务收入			3 690 000	3 690 000		
主营业务成本			1 314 000	1 314 000		
税金及附加			58 160.83	58 160.83		
营业外收入			850	850		
所得税费用			398 797.52	398 797.52		
管理费用			361 649.40	361 649.40		
财务费用			8 250	8 250		
销售费用			353 599.70	353 599.70		
合计	33 977 141.10	33 977 141.10	48 536 309.43	48 536 309.43	37 399 462.22	37 399 462.22

【实训要求】编制升华有限公司 2017 年 12 月份的资产负债表及利润表，见表 8-5 和表 8-6。

表 8-5 资产负债表

编制单位： 年 月 日 （单位：元）

资产	期末余额	年初余额	负债和所有者权益	期末余额	年初余额
流动资产：		（本栏略）	流动负债：		（本栏略）
货币资金			短期借款		
交易性金融资产			交易性金融负债		
应收票据			应付票据		
应收账款			应付账款		
预付款项			预收款项		
应收利息			应付职工薪酬		
应收股利			应交税费		
其他应收款			应付利息		
存货			应付利润		
一年内到期的非流动资产			其他应付款		
其他流动资产			一年内到期的非流动负债		

（续）

资　　产	期末余额	年初余额	负债和所有者权益	期末余额	年初余额
流动资产合计			其他流动负债		
非流动资产：			流动负债合计		
可供出售金融资产			非流动负债：		
持有至到期投资			长期借款		
长期应收款			应付债券		
长期股权投资			长期应付款		
投资性房地产			专项应付款		
固定资产			预计负债		
在建工程			递延所得税负债		
工程物资			其他非流动负债		
固定资产清理			非流动负债合计		
生产性生物资产			负债合计		
油气资产			所有者权益（或股东权益）：		
无形资产			实收资本（或股本）		
开发支出			资本公积		
商誉			减：库存股		
长期待摊费用			盈余公积		
递延所得税资产			未分配利润		
其他非流动资产			所有者权益（或股东权益）合计		
非流动资产合计					
资产总计			负债和所有者权益（或股东权益）总计		

表 8-6　利润表二

编制单位：　　　　　　　　　　　年　　月　　　　　　　　　　（单位：元）

项　　目	本期金额	累计金额
一、营业收入		（本栏略）
减：营业成本		
税金及附加		
销售费用		
管理费用		
财务费用		
资产减值损失		
加：公允价值变动收益（损失以“-”号填列）		
投资收益（损失以“-”号填列）		
其中：对联营企业和合营企业的投资收益		
二、营业利润（亏损以“-”号填列）		
加：营业外收入		
减：营业外支出		
其中：非流动资产处置损失		
三、利润总额（亏损总额以“-”号填列）		
减：所得税费用		
四、净利润（净亏损以“-”号填列）		

项目九　会计核算程序 09

术语释义

1. 会计核算程序

2. 记账凭证核算程序

3. 科目汇总表核算程序

4. 科目汇总表

填空题

1. 在实际工作中，会计核算程序主要有________________、________________和________________。

2. 记账凭证核算程序的特点是________________________。

3. 科目汇总表也称____________，其编制原理是________________________。

单项选择题（请将最佳选项代号填入括号中）

1. 不同的会计核算程序，其区别主要体现在（　　）。

   A. 编制记账凭证的依据不同　　　　B. 登记明细账的依据不同

C．登记总账的依据不同　　D．编制会计报表的依据不同

2．科目汇总表定期汇总的是各账户的（　　）。

A．期初余额　　B．期末余额

C．本期借、贷方发生额　　D．本期增加额

3．科目汇总表是根据（　　）编制的。

A．汇总原始凭证　　B．汇总记账凭证

C．原始凭证　　D．记账凭证

4．设计会计核算程序是（　　）的一项重要内容。

A．会计凭证设计　　B．会计报表设计

C．会计制度设计　　D．会计账簿设计

5．在各种会计核算程序中，不能作为登记总账依据的是（　　）。

A．记账凭证　　B．汇总原始凭证

C．汇总记账凭证　　D．科目汇总表

6．记账凭证会计核算程序的特点是根据记账凭证逐笔登记（　　）。

A．总分类账　　B．明细分类账　　C．日记账　　D．备查账

7．会计核算程序的核心是（　　）。

A．凭证组织　　B．账簿组织　　C．记账程序　　D．报表组织

8．下列属于记账凭证会计核算程序的主要缺点的是（　　）。

A．不能体现账户的对应关系　　B．不便于查对账目

C．不便于会计合理分工　　D．登记总账的工作量较大

多项选择题（每题有两个或两个以上的答案，请将正确选项代号填入括号中）

1．会计核算组织程序是下列（　　）内容的合理组织过程。

A．会计凭证　　B．会计分录　　C．会计账簿　　D．会计报表

2．下列是登记明细账依据的有（　　）。

A．原始凭证　　B．科目汇总表　　C．汇总原始凭证　　D．记账凭证

3．以下不属于科目汇总表会计核算程序特点的有（　　）。

A．简化了编制报表的工作量　　B．简化了登记总账的工作量

C．便于分工核算　　D．反应账户的对应关系，便于查账

4．在各会计核算程序中，原始凭证是（　　）的依据。

A．编制汇总原始凭证　　B．登记日记账的依据

C．填制记账凭证的依据　　D．登记明细账的依据

5．以下属于科目汇总表会计核算程序特点的是（　　）。

A．根据原始凭证和原始凭证汇总表填制记账凭证

B．根据记账凭证编制记账凭证汇总表

C．根据记账凭证汇总表登记总分类账

D．根据总分类账和明细分类账编制会计报表

6．下列可以作为登记总账依据的有（　　）。

A．汇总原始凭证　　B．汇总收款凭证

C．汇总转账凭证　　　　D．记账凭证汇总表

7．在常见的会计核算程序中，共同的账务处理工作有（　　）。

A．填制和取得原始凭证　　　　B．填制记账凭证

C．编制科目汇总表　　　　D．设置和登记总账

8．在科目汇总表核算形式下，记账凭证可以采用（　　）。

A．通用的记账凭证

B．收款、付款、转账三种专用格式的记账凭证

C．汇总记账凭证

D．原始凭证汇总表

9．为了便于科目汇总表的编制，平时编制记账凭证时，应尽可能避免账户间（　　）的对应关系。

A．一借一贷　　B．一借多贷　　C．一贷多借　　D．多借多贷

10．常用的各种会计核算程序，它们在（　　）方面有共同之处。

A．编制记账凭证的依据　　　　B．登记日记账的依据

C．编制会计报表的依据　　　　D．登记总账的依据

11．在科目汇总表会计核算程序下，不能作为登记总账直接依据的是（　　）。

A．原始凭证　　　　B．汇总原始凭证

C．科目汇总表　　　　D．汇总记账凭证

12．常用的会计核算程序主要有（　　）。

A．记账凭证会计核算程序　　　　B．汇总记账凭证会计核算程序

C．科目汇总表会计核算程序　　　　D．日记总账会计核算程序

判断题（正确的打“√”，错误的打“×”）

1．科目汇总表会计核算程序的主要特点是，根据汇总记账凭证登记总分类账。（　　）

2．在各会计核算程序中，必须设置专用记账凭证，即分别设置收款凭证、付款凭证、转账凭证。（　　）

3．汇总记账凭证和记账凭证汇总表的编制依据相同，但其编制方法不同。（　　）

4．记账凭证会计核算程序一般适用于规模小，但业务复杂，凭证较多的单位。（　　）

5．原始凭证可以作为登记明细分类账的直接依据。（　　）

6．科目汇总表必须按旬汇总。（　　）

7．各会计核算程序是以其登记总分类账的依据命名的。（　　）

8．在各种会计核算程序下，登记日记账的依据是相同的。（　　）

9．会计核算程序，就是指登记日记账、总账、明细账的记账程序。（　　）

10．无论采用哪种会计核算程序，企业均应根据日记账、总账、明细账编制会计报表。（　　）

11．同一企业可以同时采用几种不同的账务处理程序。（　　）

12．记账凭证汇总表也是一种记账凭证。（　　）

13．各种会计核算形式的共同特点之一是编制会计报表的方法相同。（　　）

14．库存现金日记账和银行存款日记账不论在何种会计核算形式下，都是根据收、付款凭证逐日逐笔登记的。（　　）

15．原始凭证可以作为登记各种账簿的直接依据。（　　）

实训题

实训一

【实训目的】掌握记账凭证核算程序。

【实训资料】

1．光明公司2017年4月初有关总分类账户余额见表9-1。

表9-1　总分类账户余额表　　（单位：元）

账户名称	借方余额	账户名称	贷方余额
库存现金	800	短期借款	150 000
银行存款	120 000	应付账款	75 000
应收账款	67 200	应付利息	3 500
原材料	20 000	应交税费	4 500
库存商品	160 000	累计折旧	280 000
固定资产	850 000	实收资本	600 000
		利润分配	105 000
合　计	1 218 000	合　计	1 218 000

2．光明公司2017年4月发生如下经济业务：

（1）4月2日，金宁公司投入不需要安装的设备一台，价值150 000元，当即投入使用（不考虑增值税）。

（2）4月2日，从银行借入短期借款180 000元。

（3）4月5日，以银行存款95 000元购入汽车一辆（不考虑增值税）。

（4）4月8日，购入材料一批，买价80 000元，进项税额13 600元，材料验收入库，款项未付。

（5）4月9日，从银行提取现金2 000元备用。

（6）4月10日，采购员预借差旅费1 500元，当即以现金支付。

（7）4月11日，以银行存款支付8日的购料款93 600元。

（8）4月11日，销售产品一批，售价100 000元，增值税税额17 000元，款项已收存银行。

（9）4月13日，生产产品领用材料60 000元，厂部领用材料3 000元。

（10）4月15日，预收A企业货款90 000元，存入银行。

（11）4月16日，从银行提取现金60 000元，备发工资。

（12）4月16日，以现金发放工资60 000元。

（13）4月17日，采购员报销差旅费1 380元，余款120元以现金退回。

（14）4月18日，销售给A企业产品一批，售价75 000元，增值税税额12 750元，同时将多余款项2 250元退回。

（15）4月19日，以银行存款支付广告费6 000元。

（16）4月20日，以现金支付厂部办公用品费500元。

（17）4月23日，收回前欠货款45 000元，存入银行。

（18）4月27日，将银行存款3 000元捐给希望工程。

（19）4月30日，分配结转本月应付工资：生产工人50 000元，车间管理人员4 000元，厂部管理人员6 000元。

（20）4月30日，预提本月短期借款利息4 000元。

（21）4月30日，计提本月固定资产折旧：车间负担1 040元，厂部负担580元。

（22）4月30日，将本月制造费用转入生产成本（假设该公司仅生产一种产品并设置“制造费用”账户核算间接生产费用）。

（23）4月30日，结转完工产品成本（假设无月初和月末在产品）。

（24）4月30日，结转本月已销售产品成本110 000元。

（25）4月30日，将本月的收入转入“本年利润”账户。

（26）4月30日，将本月的成本费用转入“本年利润”账户。

【实训要求】

1. 根据经济业务编制记账凭证（收款、付款和转账凭证见表9-2～表9-27。）。

表9-2 收款凭证八

收 款 凭 证

借方科目：________ 日期： 年 月 日 字第 号

对方单位（或缴款人）	摘要	贷方科目		金额										记账
		总账科目	明细科目	千	百	十	万	千	百	十	元	角	分	√
附件 张		合计金额												

会计主管 记账 稽核 出纳 制单

表9-3 收款凭证九

收 款 凭 证

借方科目：________ 日期： 年 月 日 字第 号

对方单位（或缴款人）	摘要	贷方科目		金额										记账
		总账科目	明细科目	千	百	十	万	千	百	十	元	角	分	√
附件 张		合计金额												

会计主管 记账 稽核 出纳 制单

表 9-4　收款凭证十

收款凭证

借方科目：________　　日期：　年　月　日　　字第　号

对方单位（或缴款人）	摘　要	贷方科目		金　额										记账
		总账科目	明细科目	千	百	十	万	千	百	十	元	角	分	√
附件　张		合计金额												

会计主管　　记账　　稽核　　出纳　　制单

表 9-5　收款凭证十一

收款凭证

借方科目：________　　日期：　年　月　日　　字第　号

对方单位（或缴款人）	摘　要	贷方科目		金　额										记账
		总账科目	明细科目	千	百	十	万	千	百	十	元	角	分	√
附件　张		合计金额												

会计主管　　记账　　稽核　　出纳　　制单

表 9-6　付款凭证十八

付款凭证

贷方科目：________　　日期：　年　月　日　　字第　号

对方单位（或领款人）	摘　要	借方科目		金　额										记账
		总账科目	明细科目	千	百	十	万	千	百	十	元	角	分	√
附件　张		合计金额												

会计主管　　记账　　稽核　　出纳　　制单

表 9-7　付款凭证十九

付款凭证

贷方科目：________　　日期：　年　月　日　　字第　号

对方单位（或领款人）	摘　要	借方科目		金　额										记账
		总账科目	明细科目	千	百	十	万	千	百	十	元	角	分	√
附件　张		合计金额												

会计主管　　记账　　稽核　　出纳　　制单

表 9-8　付款凭证二十

付 款 凭 证

贷方科目：______　　　　日期：　年　月　日　　　　字第　号

对方单位（或领款人）	摘　要	借方科目		金　额										记账
		总账科目	明细科目	千	百	十	万	千	百	十	元	角	分	√
附件　张		合计金额												

会计主管　　记账　　稽核　　出纳　　制单

表 9-9　付款凭证二十一

付 款 凭 证

贷方科目：______　　　　日期：　年　月　日　　　　字第　号

对方单位（或领款人）	摘　要	借方科目		金　额										记账
		总账科目	明细科目	千	百	十	万	千	百	十	元	角	分	√
附件　张		合计金额												

会计主管　　记账　　稽核　　出纳　　制单

表 9-10　付款凭证二十二

付 款 凭 证

贷方科目：______　　　　日期：　年　月　日　　　　字第　号

对方单位（或领款人）	摘　要	借方科目		金　额										记账
		总账科目	明细科目	千	百	十	万	千	百	十	元	角	分	√
附件　张		合计金额												

会计主管　　记账　　稽核　　出纳　　制单

表 9-11　付款凭证二十三

付 款 凭 证

贷方科目：______　　　　日期：　年　月　日　　　　字第　号

对方单位（或领款人）	摘　要	借方科目		金　额										记账
		总账科目	明细科目	千	百	十	万	千	百	十	元	角	分	√
附件　张		合计金额												

会计主管　　记账　　稽核　　出纳　　制单

表 9-12　付款凭证二十四

付款凭证

贷方科目：______　　日期：　　年　月　日　　字第　　号

对方单位（或领款人）	摘　要	借方科目		金　额										记　账
		总账科目	明细科目	千	百	十	万	千	百	十	元	角	分	√
附件　　张		合计金额												

会计主管　　记账　　稽核　　出纳　　制单

表 9-13　付款凭证二十五

付款凭证

贷方科目：______　　日期：　　年　月　日　　字第　　号

对方单位（或领款人）	摘　要	借方科目		金　额										记　账
		总账科目	明细科目	千	百	十	万	千	百	十	元	角	分	√
附件　　张		合计金额												

会计主管　　记账　　稽核　　出纳　　制单

表 9-14　付款凭证二十六

付款凭证

贷方科目：______　　日期：　　年　月　日　　字第　　号

对方单位（或领款人）	摘　要	借方科目		金　额										记　账
		总账科目	明细科目	千	百	十	万	千	百	十	元	角	分	√
附件　　张		合计金额												

会计主管　　记账　　稽核　　出纳　　制单

表 9-15　转账凭证三十

转账凭证

分号______

日期：　　年　月　日　　总号______

摘　要	总账科目	明细科目	借方金额											贷方金额											记　账
			亿	千	百	十	万	千	百	十	元	角	分	亿	千	百	十	万	千	百	十	元	角	分	√
附件　张	合　　计																								

会计主管　　记账　　复核　　制单

表 9-16 转账凭证三十一

转账凭证

分号____

日期： 年 月 日 总号____

摘要	总账科目	明细科目	借方金额											贷方金额											记账
			亿	千	百	十	万	千	百	十	元	角	分	亿	千	百	十	万	千	百	十	元	角	分	√
附件 张	合计																								

会计主管 记账 复核 制单

表 9-17 转账凭证三十二

转账凭证

分号____

日期： 年 月 日 总号____

摘要	总账科目	明细科目	借方金额											贷方金额											记账
			亿	千	百	十	万	千	百	十	元	角	分	亿	千	百	十	万	千	百	十	元	角	分	√
附件 张	合计																								

会计主管 记账 复核 制单

表 9-18 转账凭证三十三

转账凭证

分号____

日期： 年 月 日 总号____

摘要	总账科目	明细科目	借方金额											贷方金额											记账
			亿	千	百	十	万	千	百	十	元	角	分	亿	千	百	十	万	千	百	十	元	角	分	√
附件 张	合计																								

会计主管 记账 复核 制单

表 9-19　转账凭证三十四

转账凭证

分号____

日期：　年　月　日

总号____

摘要	总账科目	明细科目	借方金额											贷方金额											记账
			亿	千	百	十	万	千	百	十	元	角	分	亿	千	百	十	万	千	百	十	元	角	分	√
附件　张	合计																								

会计主管　　记账　　复核　　制单

表 9-20　转账凭证三十五

转账凭证

分号____

日期：　年　月　日

总号____

摘要	总账科目	明细科目	借方金额											贷方金额											记账
			亿	千	百	十	万	千	百	十	元	角	分	亿	千	百	十	万	千	百	十	元	角	分	√
附件　张	合计																								

会计主管　　记账　　复核　　制单

表 9-21　转账凭证三十六

转账凭证

分号____

日期：　年　月　日

总号____

摘要	总账科目	明细科目	借方金额											贷方金额											记账
			亿	千	百	十	万	千	百	十	元	角	分	亿	千	百	十	万	千	百	十	元	角	分	√
附件　张	合计																								

会计主管　　记账　　复核　　制单

表 9-22　转账凭证三十七

转账凭证

分号____

日期：　年　月　日

总号____

摘要	总账科目	明细科目	借方金额											贷方金额											记账
			亿	千	百	十	万	千	百	十	元	角	分	亿	千	百	十	万	千	百	十	元	角	分	√
附件　张	合计																								

会计主管　　记账　　复核　　制单

表 9-23 转账凭证三十八

转账凭证

分号____

日期: 年 月 日 总号____

摘要	总账科目	明细科目	借方金额											贷方金额											记账
			亿	千	百	十	万	千	百	十	元	角	分	亿	千	百	十	万	千	百	十	元	角	分	√
附件 张	合计																								

会计主管　　记账　　复核　　制单

表 9-24 转账凭证三十九

转账凭证

分号____

日期: 年 月 日 总号____

摘要	总账科目	明细科目	借方金额											贷方金额											记账
			亿	千	百	十	万	千	百	十	元	角	分	亿	千	百	十	万	千	百	十	元	角	分	√
附件 张	合计																								

会计主管　　记账　　复核　　制单

表 9-25 转账凭证四十

转账凭证

分号____

日期: 年 月 日 总号____

摘要	总账科目	明细科目	借方金额											贷方金额											记账
			亿	千	百	十	万	千	百	十	元	角	分	亿	千	百	十	万	千	百	十	元	角	分	√
附件 张	合计																								

会计主管　　记账　　复核　　制单

表 9-26 通用记账凭证三

通用记账凭证

日期: 年 月 日 第____号

摘要	总账科目	明细科目	借方金额											贷方金额											记账
			亿	千	百	十	万	千	百	十	元	角	分	亿	千	百	十	万	千	百	十	元	角	分	√
附件 张	合计																								

会计主管　　记账　　复核　　制单

表 9-27 通用记账凭证四

通用记账凭证

日期：　　年　　月　　日　　　　　　　　　　第____号

摘　要	总账科目	明细科目	借方金额											贷方金额											记账
			亿	千	百	十	万	千	百	十	元	角	分	亿	千	百	十	万	千	百	十	元	角	分	√
附件　张	合　计																								

会计主管　　　　　　记账　　　　　　复核　　　　　　制单

2．根据上述记账凭证登记现金日记账、银行存款日记账和有关总分类账（见表 9-28～表 9-30），并结出期末余额。

表 9-28　库存现金日记账三

年		凭　证		摘　要	对方科目	借　方	贷　方	余　额
月	日	种类	编号					

表 9-29　银行存款日记账三

年		凭　证		摘　要	对方科目	借　方	贷　方	余　额
月	日	种类	编号					

表 9-30　总分类账户二

账户名称：

年		凭证号数	摘　要	借　方	贷　方	借或贷	余　额
月	日						

实训二

【实训目的】掌握科目汇总表核算程序。

【实训资料】实训一的资料2及编制的相关记账凭证。

【实训要求】

1．编制科目汇总表，每半个月汇总一次，见表9-31。

表9-31 科目汇总表

年 月 日至 月 日 汇字第 号

会计科目	本期发生额		总账页数	记账凭证起讫号数
	借方	贷方		
合计				

2．根据科目汇总表登记总分类账，并结出余额，见表9-32。

表9-32 总分类账户三

账户名称： （单位：元）

年		凭证号数	摘要	借方	贷方	借或贷	余额
月	日						

项目十　会计档案　10

术语释义

1．会计档案

2．会计档案归档

3．会计档案的保管期限

4．会计档案的查阅和复制

5．会计档案的销毁

填空题

1．会计档案是指__________、__________和_____________会计核算专业材料，它是记录和反映经济业务的重要史料和证据。

2．加强会计档案的管理具有__________作用、__________作用、__________作用和__________作用。

3．会计档案按管理期限可分为______________和______________。

4．定期会计档案保管期限分为__________、__________、__________、三类。

单项选择题（请将最佳选项代号填入括号中）

1．原始凭证和记账凭证的保管期限为（　　）。
A．30年　　B．25年　　C．3年　　D．10年

2．企业的库存现金日记账、银行存款日记账的保管期限为（　　）。
A．3年　　B．30年　　C．25年　　D．永久

3．企业的总账保管期限为（　　）。
A．30年　　B．3年　　C．25年　　D．永久

4．银行存款余额调节表、银行对账单应当保存（　　）。
A．3年　　B．永久　　C．5年　　D．10年

5．企业月度、季度财务报告需要保管的期限为（　　）。
A．15年　　B．10年　　C．30年　　D．永久

6．企业年度财务报告（决算）的保管期限为（　　）。
A．5年　　B．10年　　C．30年　　D．永久

7．下列会计资料不属于会计档案的有（　　）。
A．记账凭证　　B．会计移交清册　　C．年度财务计划　　D．银行对账单

8．一般企事业单位销毁保管期满的会计档案时由（　　）负责。
A．本单位的档案机构和会计机构共同派人
B．主管部门派人
C．同级财政部门派人
D．同级财政和审计部门派人

9．本单位如果因特殊原因需要使用原始凭证时，经本单位负责人批准（　　）。
A．可以借出　　B．只可以查阅不能复制
C．不可查阅或复制　　D．可以查阅或复制

10．根据《会计档案管理办法》，单位合并后原单位解散或者一方存续其他方解散的，原各单位的会计档案应当由（　　）保管。
A．档案局　　B．合并前单位的主管部门
C．财政部门　　D．合并后的单位（存续方）统一

多项选择题（每题有两个或两个以上的答案，请将正确选项代号填入括号中）

1．会计档案包括（　　）。

A．会计凭证类　　　　B．会计账簿类
C．财务会计报告类　　　　D．其他会计资料

2．下列档案中需要永久保管的会计档案有（　　）。
A．记账凭证　　　　B．会计档案销毁清册
C．企业总账　　　　D．年度财务会计报告

3．下列属于企业会计档案的有（　　）。
A．原始凭证　　B．固定资产卡片　　C．会计移交清单　　D．银行对账单

4．下列关于会计档案管理的说法中正确的是（　　）。
A．会计档案的保管期限，从会计档案形成后的第一天算起
B．单位合并后原各单位仍然存续的，其会计档案仍应当由原各单位保管
C．出纳人员不得兼任会计档案的保管工作
D．单位负责人应在会计档案销毁清册上签署意见

判断题（正确的打“√”，错误的打“×”）

1．会计档案的定期保管期限，应为5年、10年、30年。（　　）
2．会计档案的保管期限，从会计年度终了后的第一天算起。（　　）
3．当年形成的会计档案，在会计年度终了后，可暂由本单位会计机构保管1年。（　　）
4．采用电子计算机进行会计核算的单位，不需要保存纸质会计档案。（　　）
5．单位内部人员查阅会计档案时，经单位负责人批准后，可以借出查阅。（　　）

实训题

【实训目的】掌握会计档案的保管年限。
【实训资料】见表10-1。

表10-1　会计档案保管年限配对表

档案名称	保管年限
原始凭证	
记账凭证	10年
总账	
明细账	
日记账	
月、季度财务会计报告	30年
年度财务会计报告（决算）	
会计档案保管清册	永久
银行余额调节表	
银行对账单	

【实训要求】用直线连接以上所列档案名称和其对应的保管年限。